CRIPTOECONOMIA

Principi Fondamentali di Bitcoin

Eric Voskuil

Criptoeconomia, Principi Fondamentali di Bitcoin, 2ª Edizione

Versione 1.2.3, Edizione cartacea

Editore
Pubblicato negli Stati Uniti da Eric Voskuil

Autore
Eric Voskuil

Curatore ed Illustratore
James Chiang

Traduzione Italiana
Parsevalbtc

ISBN: 978-1-7350608-8-0

9 781735 060880

L'Autore

Eric Voskuil

Eric Voskuil è tra i principali contributori di Libbitcoin[1], una suite di strumenti di sviluppo Bitcoin libera ed *open source* ad elevate prestazioni. Eric si è laureato in Informatica presso il Rensselaer Polytechnic Institute[2], ha venduto la sua prima start-up, DesktopStandard[3], a Microsoft[4] e la seconda, BeyondTrust[5], a Veritas Capital[6]. Ha lavorato allo sviluppo di base di Bitcoin a partire da inizio 2014 e viene invitato a conferenze e meetup a livello globale. È anche un imprenditore seriale, *angel investor*, ed ex-pilota di caccia della U.S. Navy[7].

Ad inizio 2020 ha organizzato ad Hanoi CryptoEcon[8], la prima conferenza dedicata alla teoria criptoeconomica, ha co-fondato il Libbitcoin Institute[9] per aiutare a finanziare lo sviluppo di base di Bitcoin, ha sponsorizzato la prima escursione motociclistica dei Bitbikers[10] attraverso il Vietnam del Nord e ha pubblicato la prima edizione di *Cryptoeconomics.*

Riferimenti

[1] https://libbitcoin.info

[2] https://rpi.edu

[3] https://www.eweek.com/enterprise-apps/microsoft-buys-desktopstandard

[4] https://microsoft.com

[5] https://beyondtrust.com

[6] https://veritascapital.com

[7] https://www.navy.mil

[8] https://cryptoecon.org

[9] https://libbitcoininstitute.org

[10] https://bitbikers.org

Il Curatore ed Illustratore

James Chiang

James è un contributore open-source dei i progetti Libbitcoin[1] e Bitcoin Core[2]. Ha letto il suo primo capitolo di *Cryptoeconomics*, il Principio del Costo Dedicato[3], a inizio 2018 e ha cominciato a realizzare dei disegni schematici per supportare lo studio dei principi sottostanti. Sta attualmente conducendo delle ricerche relative alla sicurezza formale degli *smart contract*. James è candidato PhD presso la Technical University of Denmark[4] e, in precedenza, ingegnere aerospaziale presso il Jet Propulsion Lab[5].

Riferimenti

[1] https://libbitcoin.info

[2] https://bitcoincore.org

[3] Capitolo: Principio del Costo Dedicato

[4] https://www.dtu.dk/english

[5] https://www.jpl.nasa.gov

Il Traduttore

Introduzione alla Traduzione Italiana di Parsevalbtc

I tempi recenti, nella loro straordinarietà, ci offrono l'opportunità, forse addirittura ci impongono di riflettere attivamente sull'evoluzione sociale, tecnologica ed economica che ci ha condotti fino ad oggi. In questa riflessione non si può non includere Bitcoin, la cui sola definizione ed inquadramento rappresentano già un compito notevole e tutt'altro che semplice. *Un asset digitale scarso, spendibile ma non duplicabile? Una riserva di valore? Una moneta? Un fenomeno sociale*? Una combinazione delle precedenti e di numerose altre definizioni apparse nel corso della sua ancora giovane esistenza potrebbe essere sufficiente a descriverlo esaustivamente?

Qualunque persona si avvicini a questo nuovo mondo non necessita solo di un insieme definizioni, talvolta già superate, o di sofisticati modelli predittivi, ma al contrario di un vero e proprio inquadramento economico razionale. L'assiduo lavoro di Eric Voskuil[1], che ha portato alla stesura di *Cryptoeconomics*, risponde con rigore a questa essenziale necessità. Tra le numerose caratteristiche pressoché uniche di questa raccolta di argomenti di economia, il lettore non potrà non apprezzare l'estrema capacità di razionalizzazione e sintesi dei concetti economici strutturati in capitoli ed espressi in larga parte per "Principi" e "Fallacie". Questo approccio non è limitato al solo inquadramento delle proprietà di Bitcoin ma ai più fondamentali principi economici, come la produzione ed il consumo[2], le proprietà della moneta[3], la preferenza temporale[4]

Riferimenti

[1] https://twitter.com/evoskuil

[2] Capitolo: Produzione e Consumo

[3] Capitolo: Tassonomia della Moneta

[4] Capitolo: Fallacia della Preferenza Temporale

solo per citarne alcuni, e che necessariamente si intersecano con le proprietà del nuovo bene digitale.

L'opera è pienamente tributaria della grande - ma sfortunatamente ancora troppo poco diffusa - tradizione della Scuola Austriaca di Economia[1] che, partendo da un insieme ristretto di principi primi, applica rigorosamente la logica deduttiva per arrivare a comprendere le conseguenze delle preferenze umane. Tale Scuola Economica è infatti l'unica nel vasto panorama di teorie economiche ad abbracciare senza riserve i principi di libertà e del diritto di proprietà. Con questa premessa viene rigettata ogni forma di supposta "verità" universale di tipo ideologico o politico, supportata dalle più disparate ipotesi aggiuntive; un approccio che sempre, nel corso della storia, è stato foriero dello spreco e del furto di preziose risorse e, troppo spesso, anche delle più nefaste e distruttrici conseguenze per la vita degli individui.

Il mio auspicio, derivato dall'esperienza personale, è che la lettura di *Cryptoeconomics*, grazie alla sua struttura estremamente flessibile e sintetica, possa portare allo studio approfondito delle opere della Scuola Austriaca. Mi riferisco in particolare, all'Azione Umana[2] di Ludwig von Mises e a Man, Economy and State[3] di Murray Rothbard, a più riprese discussi criticamente nella raccolta, ma che, tuttavia, per monumentalità, complessità e soprattutto tempo richiesto per la loro lettura, scoraggerebbero anche il più motivato lettore senza il forte incentivo di espandere e completare la sua comprensione della conoscenza economica.

Con il corretto inquadramento teorico della Scuola Austriaca, non è possibile non avvertire quanto Bitcoin stesso ed il suo intero sviluppo siano una naturale conseguenza di quegli stessi principi economici: un prodotto genuino della volontà e dell'azione

Riferimenti

1 https://mises.org/what-austrian-economics

2 https://mises.org/library/human-action-0

3 https://mises.org/library/man-economy-and-state-power-and-market

umana sviluppato nel corso di numerosi anni di ricerche e tentativi[1] nei più disparati campi del sapere teorico ed applicativo. Grazie ad un livello di cooperazione senza precedenti che ha portato, e porta tutt'ora, all'incessante scambio di un immenso capitale di conoscenze distribuite, lo sviluppo di Bitcoin sta dando risposta positiva ad una tra le più fondamentali necessità ricercate dall'umanità: un più elevato grado di protezione delle libertà individuali[2] che viene raggiunto attraverso la possibilità di conservare e scambiare valore su base volontaria, per la prima volta in forma digitale. Un genere di libertà che è stato in ogni tempo fortemente limitato e ostacolato.

Ho cercato di procedere con una traduzione il più fedele possibile al testo originale, mantenendo molti termini in lingua inglese poiché ormai entrati nel lessico tecnico e impiegati correntemente anche in italiano; l'utilizzo nel testo del carattere corsivo e i collegamenti al glossario[3] dovrebbero aiutare rispettivamente alla loro individuazione e comprensione. Allo stesso modo anche una parte notevole dei *link* è stata mantenuta in lingua originale perché, o non esistente, o non abbastanza esaustiva in lingua italiana. Spero di riuscire in futuro ad arricchire la raccolta con alcuni commenti e con le correzioni ed i suggerimenti[4] che i lettori vorranno segnalare. A questo proposito desidero riportare una definizione contenuta nella raccolta che mi ha particolarmente colpito: la definizione di miner onesto. Benché, come in ogni valutazione del valore, anche l'onestà sia una valutazione soggettiva, credo che questa definizione rappresenti fedelmente lo spirito di tutti coloro che contribuiscono, anche per piccola parte, a Bitcoin così come al progresso genuino di molteplici discipline del sapere umano: l'aggiunta del proprio blocco al di sopra dei blocchi costruiti da altri. Quale sarà dunque il prossimo blocco?

Riferimenti

[1] https://bitcointalk.org/index.php?topic=5126554.0

[2] Capitolo: La Value Proposition

[3] Capitolo: Glossario

[4] https://twitter.com/parsevalbtc/

Ringraziamenti

Questo progetto è cominciato sotto forma di tweet[1] e poi pubblicato nel wiki repository[2] del software Libbitcoin[3]. Dopo un po' di tempo, è stato raccolto abbastanza contenuto e suscitato abbastanza interesse da ricevere delle richieste per farne un libro. Poi sono arrivate anche le offerte per effettuare la traduzione. Infine, **James Chiang** ha provato a procedure con la pubblicazione. È quasi arrivato a completare la prima edizione, che includeva le proprie illustrazioni. Le sue profonde domande mi hanno portato a ripensare il Principio di Inflazione[4], cosa che ha portato ad un'importante scoperta economica. Tuttavia, le mie continue aggiunte e cambiamenti hanno reso il completamento dell'opera praticamente impossibile. Alla fine, James è passato a progetti più grandi, ma il suo lavoro e le sue illustrazioni hanno ispirato la futura pubblicazione. Non potrò mai ringraziarlo abbastanza.

Nel corso dell'anno passato **Parsevalbtc** ha lavorato alla traduzione italiana. I suoi commenti hanno aiutato a migliorare questa edizione. Le sue perplessità relative alla Relazione del Risparmio[5], alla fine, mi hanno portato a ridurne le conclusioni. Sono stato fortunato ad averlo come membro attivo del board editoriale di questa edizione. Cerco sempre di essere il critico più severo di me stesso quando provo a dimostrare una conclusione nell'ambito della criptoeconomia. Tuttavia, James e Parsevalbtc hanno chiaramente dimostrato il valore di lavorare con un'altra controparte impegnata.

Bitcoin è cominciato per me con Libbitcoin. Appena iniziai a lavorarci volai in Spagna per incontrare **Amir Taaki**. Egli aveva creato la comunità Libbitcoin e supervisionato il

Riferimenti

[1] https://twitter.com

[2] https://github.com/libbitcoin/libbitcoin-system/wiki/Cryptoeconomics

[3] https://libbitcoin.info

[4] Capitolo: Principio di Inflazione

[5] Capitolo: Relazione del Risparmio

progetto fino al suo viaggio nel Rojava[1]. È stato oltremodo paziente con me mentre stavo recuperando le mie abilità nel C++ e imparando le idiosincrasie di Bitcoin. Libbitcoin è una comunità speciale all'interno dell'universo dello sviluppo base di Bitcoin, e Amir merita il riconoscimento di ciò. È stato il tentativo di riconciliare l'*hype* attorno a Bitcoin con le mie esperienze relative ad esso ad aver portato a *Cryptoeconomics*. Le scelte fatte per lo sviluppo sono direttamente collegate con la struttura economica sottostante. Dovevamo spiegare ciò che stavamo facendo a noi stessi e agli altri. In ultima analisi il suo lavoro e le sue intuizioni hanno portato a quest'opera, e ciò è stato così opportuno ed apprezzato che ha accettato di scriverne la Premessa[2].

Mi riferisco spesso a **Phillip Mienk** come alla persona più brillante che io conosca. Venne assunto in un team Microsoft[3] dal prestigioso programma di dottorato in Informatica della University of Illinois, Urbana-Champaign[4]. All'epoca stavo mettendo in piedi un nuovo team di sviluppo. Non ero entusiasta di dover addestrare i neoassunti che Microsoft mi aveva affidato. Realizzai velocemente di quanto fossi stato fortunato. Quando lasciai il lavoro, egli si unì a me per una terza start-up, e il giorno in cui anch'essa chiuse i battenti partecipò con me a Libbitcoin. Egli è stato per me un partner fondamentale nell'ultimo decennio, sempre in grado di arrivare al cuore dei problemi più complessi. Sono davvero grato del suo supporto nei tempi più difficili e infine per il suo contributo a quest'opera.

Neill Miller in qualche modo ha trovato Libbitcoin e ha apportato degli importanti contributi al codice del nostro wallet e all'interfaccia server, e ha anche mantenuto i nostri server di comunità per diversi anni. **Kulpreet Singh** è entrato in contatto con me alla conferenza Baltic Honeybadger[5] del 2019 e mi ha chiesto numerose informazioni su

Riferimenti

[1] https://en.wikipedia.org/wiki/Amir_Taaki

[2] Capitolo: Premessa

[3] https://microsoft.com

[4] https://cs.illinois.edu

[5] https://twitter.com/hashtag/bh2019?src=hashtag_click

Libbitcoin. Da allora ha apportato fondamentali contributi alla nostra suite database di test e ha continuato a lavorare ai miglioramenti di design nella memoria sottostante. Assieme a Phillip, Neill e Kulpreet sono stati la colonna portante di Libbitcoin. Senza il loro supporto sarebbe stato impossibile per me dedicare così tanto tempo allo scrivere parole quando avrei dovuto dedicarlo allo scrivere codice[1].

Il Libbitcoin Institute[2] è il frutto dell'ingegno di **Thomas Pacchia**. Tom ha riunito me e **Lucas Betschart** per formare un'organizzazione con lo scopo di raccogliere fondi per finanziare lo sviluppo di software libero[3] in seno a Libbitcoin e contenuto educativo in ambito Bitcoin. Ha portato avanti tutto il tedioso lavoro per ottenere la qualifica 501c3[4] con l'IRS. Ad oggi l'IRS non ha soddisfatto la richiesta, ma l'istituto rimane un veicolo per supportare il lavoro necessario ad avanzare la value proposition[5] di Bitcoin. Tom e Lucas sono stati degli incredibili sostenitori e buoni amici.

La prima edizione di *Cryptoeconomics* è stata distribuita solamente ai partecipanti a CryptoEcon[6] del 2020 ad Hanoi. L'intenzione era quella di effettuare una veloce pubblicazione online, ma la vita si è messa in mezzo. Le rimanenze si trovano in un negozio di moto su Tay Ho Street. Ma CryptoEcon, un progetto del Libbitcoin Institute, ha aiutato a spargere la voce. I contributi di HODL Capital[7] (tramite **Thomas Pacchia**) e di Lemniscap[8] (tramite **Roderik van der Graaf**) hanno reso possibile lo svolgimento della conferenza. Con Tom ci siamo conosciuti a Building on Bitcoin[9] del 2018 a Lisbona, e con

Riferimenti

[1] https://www.activism.net/cypherpunk/manifesto.html

[2] https://libbitcoininstitute.org

[3] https://en.wikipedia.org/wiki/Free_Software_Foundation

[4] https://www.irs.gov/charities-non-profits/charitable-organizations/exemption-requirements-501c3-organizations

[5] Capitolo: La Value Proposition

[6] https://cryptoecon.org

[7] https://www.hodl.capital

[8] https://lemniscap.com

[9] https://building-on-bitcoin.com

Roderik ci siamo incontrati al Baltic Honeybadger del 2019 a Riga. Essi hanno preso l'iniziativa, e mi hanno ispirato a completare il libro per la conferenza.

Le persone che hanno contribuito maggiormente nell'avermi ispirato gli argomenti del libro e le critiche costruttive alle idee in esso contenute sono troppe per essere menzionate tutte. Esse includono organizzatori di conferenze e meetup, presentatori di podcast, partecipanti e uditori, ed un flusso apparentemente interminabile di commentatori di Twitter. Ho imparato molto di più approfondendo le idee fallaci rispetto alle idee robuste. Tuttavia, senza avere interrottamente a fianco delle voci a supporto, questo tipo di iniziativa sarebbe stato molto più difficile da realizzare.

Infine, desidero ringraziare i miei amici e la mia famiglia per avermi supportato in un periodo difficile.

CONTENUTO

Indice

PREMESSA

Premessa

Di Amir Taaki

La cripto-anarchia[1] non è una strategia volta ad imporre una qualche egemonia politica o volta a screditare altre possibili attitudini o fini. È semplicemente un insieme di concetti o idee che possono essere utilizzati tatticamente per realizzare modi alternativi di vivere. La Storia è il risultato della volontà e dell'azione umana, ma ciò ha luogo all'interno di una struttura di convinzioni, credenze e rappresentazione che apportano significato e orientamento per ogni obiettivo. In questo modo, la cripto-anarchia cerca di dotare l'individuo di potenti strumenti concettuali che gli consentono di costruire le proprie visioni creative.

L'economia riveste un ruolo importante poiché essa è lo studio della meccanica fondamentale delle azioni umane e delle loro conseguenze. L'Economia Razionale analizza l'attività umana accettandone nello stesso tempo le limitazioni imposte dalla conoscenza. A partire da un semplice insieme di assunzioni che includono quelle secondo cui gli uomini agiscono[2] e preferiscono avere le cose prima rispetto ad averle più tardi[3], i teoremi vengono derivati usando le regole di inferenza[4]. Il risultato è molto potente in quanto esso è necessariamente vero se le assunzioni sono vere. Lo sviluppo di questi teoremi ci permette di dotarci di semplici costrutti che possiamo utilizzare per circoscrivere e analizzare fenomeni più complessi.

Riferimenti

[1] https://en.wikipedia.org/wiki/Crypto-anarchism

[2] https://en.wikipedia.org/wiki/Action_axiom

[3] https://en.wikipedia.org/wiki/Time_preference

[4] https://it.wikipedia.org/wiki/Regola_di_inferenza

Il concetto di criptovaluta[1] si è sviluppato dalla cripto-anarchia e dall'economia di libero mercato, ma da allora il fenomeno è cresciute ben oltre le sue stesse radici fino a diventate un'entità contemporanea con caratteristiche uniche. Questo ci ha imposto di ritornare sulle nostre stesse idee e assunzioni per comprendere come le varie discipline coinvolte siano collegate tra loro. Questo nuovo campo di studio va sotto il nome di criptoeconomia.

Criptovalute come il Bitcoin rappresentano un tipo di moneta che, per la prima volta nella storia umana, è contemporaneamente globale, non censurabile e di libero accesso per ciascuno. Ci sono stati notevoli avanzamenti nelle tecnologie di anonimizzazione, non solo per le criptovalute ma anche per altri strumenti finanziari e attività umane. Le criptovalute sono quindi un fenomeno unico del quale le caratteristiche fondamentali necessitano di studio.

L'importanza dell'economia sta nel fornirci un modo per comprendere le attività degli esseri umani. Questo significa poter fare dei piani su dove applicare le nostre risorse e la nostra conoscenza tecnica. L'attuale generazione di aziende che operano nel settore crypto non comprende la portata strategica di tutto ciò e non sarà pronta a trarre vantaggio dalle nuove tendenze geopolitiche. In questo momento c'è troppa divergenza nella scelta degli obiettivi su cui concentrarsi - l'industria *crypto* non è abbastanza selettiva.

I concetti della teoria dell'evoluzione possono aiutarci a prevedere quali tipi di strategie organizzative risulteranno vincenti nel lungo termine. Ad esempio, la Strategia di Selezione r/K[2] afferma che dopo grandi eventi di estinzione i primi organismi che vanno ad occupare le nicchie sono le specie aventi un gran numero di giovani individui che giungono velocemente a maturazione e che hanno a disposizione poche risorse lasciate

Riferimenti

[1] https://it.wikipedia.org/wiki/Criptovaluta

[2] https://it.wikipedia.org/wiki/Strategia_r-K

investite dai genitori per loro (selezione-r[1]). Tuttavia, nel lungo periodo, essi vengono spodestati da organismi che contano un minor numero di individui giovani ma che sono maggiormente specializzati per occupare le nicchie e che richiedono maggiore tempo per arrivare a maturazione (selezione-K[2]). Questi cripto-organismi derivati da selezione-K sono quelli che saranno maggiormente adattati ad avvantaggiarsi delle nuove nicchie economiche che si stanno aprendo.

Un'altra ipotesi presa dalla teoria dell'evoluzione è quella della Regina Rossa[3] che spiega come gli organismi siano in una costante battaglia tesa alla loro evoluzione. Ciò significa che dobbiamo costantemente adattarci ed evolvere in un ambiente in continuo cambiamento, con attori in continua evoluzione.

Questo avviene attraverso il processo di applicazione della nostra conoscenza al fine di riconoscere schemi e costruire modelli concettuali, modificando tali modelli in maniera retroattiva al fine di migliorarne l'accuratezza o mettere in discussione i paradigmi sottostanti.

L'attuale gruppo di cripto-società perirà abbastanza in fretta. Al suo posto emergerà una nuova generazione di organizzazioni. Queste, in sintonia con le tendenze geopolitiche, avranno un altissimo grado di adattamento e saranno ottimizzate per sopravvivere in uno stato di perenne disequilibrio. Per sostenere queste condizioni questa nuova generazione dovrebbe essere fondata su una sintesi che combini le astuzie della cripto-economia con la stessa cripto-anarchia - che di fatto, nella sua essenza, è una semplice dottrina: il motore del cambiamento storico non è semplicemente innovazione tecnologica, ma concetti, modelli e idee che ci danno il potere sulla realtà materiale.

Riferimenti

[1] https://it.wikipedia.org/wiki/Strategia_r-K#Strategia_R

[2] https://it.wikipedia.org/wiki/Strategia_r-K#Strategia_K

[3] https://it.wikipedia.org/wiki/Ipotesi_della_Regina_Rossa

La mia esperienza con Eric risale al 2013 quanto cominciammo a lavorare su un sistema software Bitcoin [1]che fosse al contempo veloce e scalabile. Eric è uno sviluppatore di alto livello che da solo può svolgere il lavoro di un intero team per la creazione di software a livello produzione - un'abilità estremamente rara. Oltre a ciò, egli vanta un ampio spettro di esperienze di vita avendo volato con gli aerei della Marina degli Stati Uniti e fondato numerose società di successo. Egli combina una forte conoscenza pratica con un altrettanto forte supporto teorico corroborati da un profondo interesse e conoscenza di teoria politica ed economica.

Le singolari intuizioni di Eric sui concetti fondamentali ci forniscono un quadro essenziale per guidare la futura direzione del campo della criptoeconomia. Egli applica rigorosamente la teoria economica razionale alle criptovalute, e si avventura al di là del livello finanziario per spiegare come l'attività umana plasmi il futuro a venire.

Riferimenti

[1] https://github.com/libbitcoin

PREFAZIONE

Prefazione

Questo progetto è iniziato come un modo per evitare di riscrivere le stesse idee, 140 caratteri[1] alla volta. Operando su quel tipo di piattaforma gli argomenti erano stati sviluppati nella maniera più breve ed informale possibile. Non pensavo di scrivere un libro e tuttora non sono nelle condizioni per farlo. La maggior parte degli argomenti (incluso questo) sono stati scritti sul mio telefono a bordo di un aereo, di un treno, o presso un caffè. Molti di questi argomenti sono veloci osservazioni che nascono da un'intima conoscenza del codice alla base di Bitcoin o da lungo studio ed esperienza personali in varie discipline.

Nel tempo gli argomenti hanno iniziato a collegarsi reciprocamente; è emersa necessariamente una tassonomia e quello che era stato un processo casuale di osservazione *ad hoc* è iniziato a diventare un lavoro. **Gli argomenti sono stati scritti nella forma più breve possibile e presuppongono una certa conoscenza sia di Bitcoin che dell'economia.** Ho cercato di fare uno sforzo genuino per razionalizzare i collegamenti e la terminologia, ma la mia attenzione si è concentrata sulla coerenza[2] e sull'espansione della comprensione della materia. Fortunatamente altre persone si sono affiancate per aggiungere le illustrazioni, sistemare l'organizzazione degli argomenti e per la pubblicazione.

Ho impiegato i termini Catallattica[3] e Prasseologia[4] per descrivere la disciplina sottostante a cui le persone si riferiscono anche con il termine Scuola Austriaca di Economia[5]. Ho trovato ognuno di questi termini insoddisfacente; quindi ho iniziato a

Riferimenti

[1] https://it.wikipedia.org/wiki/Twitter

[2] https://it.wikipedia.org/wiki/Coerenza_(logica_matematica)

[3] https://en.wikipedia.org/wiki/Catallactics

[4] https://it.wikipedia.org/wiki/Prasseologia

[5] https://it.wikipedia.org/wiki/Scuola_austriaca

riferirmi a questa disciplina con il termine "Economia Razionale" (da non confondere con il razionalismo economico[1]), un sistema basato interamente sul ragionamento deduttivo[2] a partire da un insieme di assiomi[3].

Fu Mises[4] a fondare esplicitamente un sistema economico su base razionale, tuttavia questo approccio non si è diffuso nell'intera Scuola Austriaca (che è antecedente a Mises). Rothbard[5] aggiunge rigore e chiarezza a Mises derivando alcune importanti e nuove conclusioni. Tuttavia, Mises (come la maggior parte delle persone) ha commesso degli errori significativi[6] che purtroppo sono stati portati avanti da Rothbard. Altri errori comunemente amplificati nella Scuola Austriaca rappresentano chiaramente delle errate interpretazioni.

Ogni volta che Mises commette un errore sta criticando la moneta fiat di stato[7]. In altre parole, sembra sacrificare la sua obiettività alla sua passione. Tuttavia, il suo sistema razionale, correttamente applicato, mette in luce facilmente tali errori. La moneta di stato è meritoria di critica, e i Bitcoiner raramente perdono l'opportunità di manifestarla. Eppure, ciò necessita di una critica *accurata*; ogni cosa al di sotto di tale livello è controproducente. Con un'analisi corretta è possibile identificare le forze specifiche che governano sia la moneta fiat di monopolio (e.g. il Dollaro) che la moneta fiat di mercato (e.g. il Bitcoin). Un'analisi condotta correttamente può limitare lo spreco di prezioso capitale dietro ad affermazioni irrazionali[8].

Riferimenti

[1] https://it.wikipedia.org/wiki/Max_Weber

[2] https://it.wikipedia.org/wiki/Deduzione

[3] https://it.wikipedia.org/wiki/Assioma_(matematica)

[4] https://it.wikipedia.org/wiki/Ludwig_von_Mises

[5] https://it.wikipedia.org/wiki/Murray_Rothbard

[6] Capitolo: Principio di Inflazione

[7] Capitolo: Tassonomia della Moneta

[8] Capitolo: Fallacia della Riserva Intera

Un processo rigorosamente razionale non espone solo gli errori, ma produce anche nuove ed interessanti scoperte[1] e semplificazioni[2], non solo in Bitcoin, ma nella teoria economica in generale. Gli argomenti qui presentati formano un grafo sul quale nessun ordinamento completo sembra essere appropriato. L'indice rappresenta un ordine imposto in maniera blanda. Nonostante sia stato fatto qualche progresso in questo senso, consiglio di leggere gli argomenti per come sono stati scritti, per soddisfare una curiosità.

Riferimenti

[1] Capitolo: Proprietà di Resistenza alla Censura

[2] Capitolo: Principio di Svalutazione

INTRODUZIONE

Introduzione

Pensi di sapere qualcosa di Bitcoin e della Scuola Austriaca di Economia[1]? Se così fosse, potresti essere pronto per *Cryptoeconomics*. Questo non è un libro per il principiante. Non è un libro di narrativa e non contiene opinioni. Il contenuto è denso – non si ripete. Non è un contributo alla cassa di risonanza, non ti mostrerà come impostare un wallet, informazioni sul prezzo futuro, o indicazioni su cosa fare.

Cryptoeconomics applica i principi dell'economia razionale a Bitcoin, dimostrando i difetti e le inutili complessità all'interno di essi e nella comune comprensione di Bitcoin. Migliorerà la tua comprensione di entrambi. Bitcoin richiede una nuova, rigorosa ed esauriente disciplina. **Questo è quanto.**

Bitcoin è qualcosa di nuovo. Sembra sfuggire alla comprensione. Vi è mai stata una moneta dall'offerta fissa? Vi è mai stato un caso in cui il costo di produzione variasse direttamente con il prezzo del prodotto? È mai esistito qualcos'altro avente un livello di transabilità dipendente dalla competizione ma fisso allo stesso tempo? Per vedere al di là dell'*hype*, comprendere la *value proposition*, il modello di sicurezza, ed il comportamento economico, questa potrebbe essere la tua sola fonte.

Bitcoin è economia, tecnologia, e sicurezza. Senza incorporare tutti questi aspetti, si commettono degli errori. Economisti, tecnologi, esperti di sicurezza, e anche esperti di numerologia[2] hanno provato a spiegarlo. Ognuno ha portato una prospettiva limitata, non riuscendo ad incorporare gli aspetti fondamentali. L'autore ritiene di possedere il grado di qualifica unico necessario per integrarli.

Riferimenti

[1] https://en.wikipedia.org/wiki/Austrian_School

[2] https://twitter.com/100trillionusd

Il suo lavoro in Bitcoin è cominciato con un hardware wallet. Egli ha dedicato un intero anno analizzandone le minacce, lavorando a stretto contatto con esperti di progettazione elettronica, di sfruttamento di falle hardware, e di sorveglianza di stato. Egli ha scelto la libreria software Libbitcoin[1], poiché il prototipo di Satoshi non è stato progettato in ottica di sviluppo ed è stato finanziato in larga parte dalla Bitcoin Foundation[2], un consorzio di aziende. Successivamente si è dedicato a Libbitcoin, finendo per scrivere o modificare ciascuna nelle circa 500'000 righe di codice. Pochi hanno avuto un'esperienza paragonabile con una simile architettura Bitcoin.

In qualità di pilota esperto di combattimento per la U.S. Navy[3] ha affrontato le minacce di stato. È diventato un Istruttore di Tattiche da Combattimento[4] altamente qualificato, il cui ruolo principale è stato quello di analisi tattica e rappresentazione della minaccia. Ha anche fornito consulenza alla Marina relativamente ai programmi Strike Fighter Training System[5], Joint Strike Fighter[6], ai primi armamenti GPS[7], e ai sistemi del caccia F/A-18[8]. La sua comprensione della natura fisica di ogni aspetto della sicurezza è stata potenziata da decenni di addestramento nelle arti marziali giapponesi che lo hanno portato ad ottenere la cintura nera in cinque di queste discipline.

La sua laurea[9] e la sua esperienza in informatica abbinata ad un'ampia esperienza lavorativa lo hanno portato a fondare diverse società. Ha lavorato per IBM[10] e come

Riferimenti

[1] https://libbitcoin.info

[2] https://bitcoinfoundation.org

[3] https://www.navy.mil

[4] https://en.wikipedia.org/wiki/United_States_Navy_Strike_Fighter_Tactics_Instructor_program

[5] https://www.globalsecurity.org/military/library/policy/navy/ntsp/SFTS.htm

[6] https://en.wikipedia.org/wiki/Joint_Strike_Fighter_program

[7] https://en.wikipedia.org/wiki/Guided_bomb#Satellite

[8] https://en.wikipedia.org/wiki/McDonnell_Douglas_F/A-18_Hornet

[9] https://www.rpi.edu

[10] https://ibm.com

Principal Architect in Microsoft[1], due fra le più grandi società del mondo. Quest'ultima ha acquistato la sua prima start-up, mentre la seconda è stata acquisita da Veritas Capital[2]. Gli sono stati riconosciuti tre brevetti negli Stati Uniti[3]. Infine, è diventato un *angel investor* che condivide la sua esperienza con altri imprenditori.

In qualità di CTO[4] ha pubblicato tre studi di sicurezza informatica attraverso il Computer Emergency Response Team[5]. Ciascuno di essi è derivato interamente dalla lettura della documentazione utente. Successivamente ha ottenuto una posizione nel board del DHS[6] Open Vulnerability Assessment Language[7] grazie al suo lavoro di *software patching*. Negli ultimi anni ha scoperto delle rilevanti falle nella sicurezza delle prime tre versioni di un popolare hardware wallet dotato di "*secure element*", ancora una volta attraverso la revisione della documentazione utente.

Trent'anni di studio individuale dell'economia di libero mercato sono stati rafforzati da numerosi viaggi per il mondo. Visitando oltre 80 paesi ha interagito con le persone dei cinque continenti. Spesso viaggiando su una moto con solo una sacca sulle spalle, ha ottenuto un'intima conoscenza della realtà economica globale. Dai trader del mercato nero della valuta dello Zimbabwe, ai raccoglitori di caffè della Tanzania, ai rifugiati del Venezuela, ai pastori della Mongolia, ai musicisti jazz di Okinawa, ai monaci Lao, etc. – spesso il mondo non è così come viene presentato.

L'abilità di integrare queste differenti e significative esperienze ha portato a *Cryptoeconomics*. Questa è la tua prossima fermata.

Riferimenti

[1] https://microsoft.com

[2] https://www.veritascapital.com

[3] https://www.uspto.gov

[4] https://en.wikipedia.org/wiki/Chief_technology_officer

[5] https://en.wikipedia.org/wiki/CERT_Coordination_Center

[6] https://dhs.gov

[7] https://oval.cisecurity.org

MODELLO DI SICUREZZA

Assioma di Resistenza

Nella logica moderna un assioma[1] è una premessa, non può essere provata. È una assunzione di partenza attraverso la quale possono essere dimostrate altre proposizioni. Per esempio, nella geometria Euclidea[2] non è possibile dimostrare che due rette parallele non si incontrino mai. Questa premessa definisce semplicemente il particolare tipo di geometria.

Provare delle affermazioni su Bitcoin richiede di affidarsi ad un sistema assiomatico specificamente basato su matematica[3], probabilità[4], e catallattica[5]; e quindi sulle assunzioni su cui si basano queste discipline. Tuttavia, Bitcoin si basa anche su un assioma che non è presente in questi sistemi.

Satoshi vi allude in una delle sue prime dichiarazioni[6]:

> > Non è possibile trovare una soluzione ai problemi politici nella crittografia.
>
> Ma possiamo vincere una grande battaglia nella corsa agli armamenti e guadagnare una nuova frontiera di libertà per diversi anni.
>
> I governi sono bravi a tagliare le teste delle reti controllate centralmente come Napster, ma le reti puramente P2P come Gnutella e Tor sembrano sopravvivere.
>
> *Satoshi Thu Nov 6 15:15:40 EST 2008*

Riferimenti

1 https://it.wikipedia.org/wiki/Assioma_(matematica)

2 https://it.wikipedia.org/wiki/Geometria_euclidea

3 https://it.wikipedia.org/wiki/Teoria_degli_insiemi_di_Zermelo-Fraenkel

4 https://it.wikipedia.org/wiki/Assiomi_di_Kolmogorov

5 https://en.wikipedia.org/wiki/Catallactics

6 http://satoshi.nakamotoinstitute.org/emails/cryptography/4

In altre parole, viene fatta l'assunzione che un sistema *possa* resistere al controllo dello stato. Ciò non viene accettato come un fatto compiuto, ma si ritiene che possa essere una assunzione ragionevole basata sul comportamento di sistemi simili.

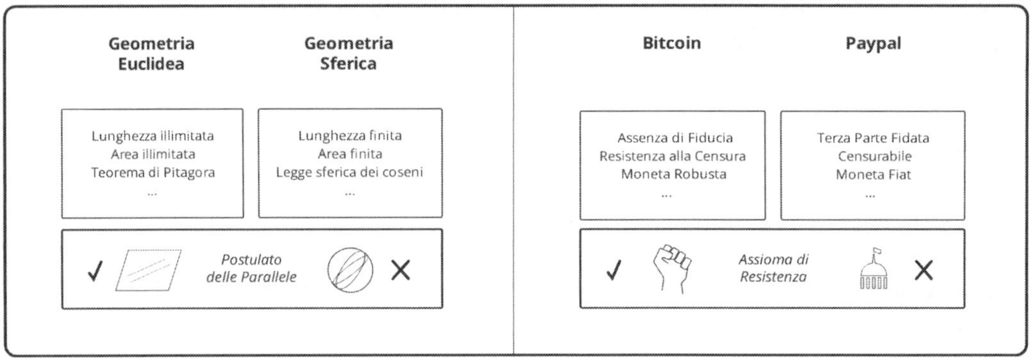

Chi non accetta l'assioma di resistenza sta prendendo in considerazione un sistema completamente diverso da Bitcoin. Se si assume che un sistema *non possa* resistere al controllo dello stato, le conclusioni non hanno alcun senso nel contesto di Bitcoin – così come le conclusioni della geometria sferica[1] contraddicono quella Euclidea. Come potrebbe funzionare in Bitcoin l'assenza di permesso[2] e la resistenza alla censura[3] senza l'assioma? La contraddizione porta a commettere evidenti errori[4] nel tentativo di dare una spiegazione razionale alla stessa.

Tra le persone è prassi comune riferirsi cinicamente ad un sistema simile a Bitcoin, che però escluda l'assioma di resistenza, come ad un'altra "PayPal"; una denominazione, invero, non priva di merito. Confinity[5], originariamente, aveva tentato di creare un

Riferimenti

[1] https://it.wikipedia.org/wiki/Geometria_sferica

[2] Capitolo: Principio dell'Assenza di Permesso

[3] Capitolo: Proprietà di Resistenza alla Censura

[4] Capitolo: L'Errore di Hearn

[5] https://en.wikipedia.org/wiki/Confinity

sistema con una value proposition[1] simile a quella di Bitcoin. Avendo fallito nel tentativo, ha rigettato l'assioma facendo nascere la PayPal[2] che conosciamo oggi.

Riferimenti

[1] Capitolo: La Value Proposition

[2] https://it.wikipedia.org/wiki/PayPal

Proprietà di Resistenza alla Censura

La resistenza alla censura è una conseguenza delle commissioni di transazione. L'applicazione della censura è di fatto indistinguibile dall'applicazione di un soft fork, dove la maggioranza dell'hash power rifiuta i blocchi che non applicano la censura. Senza questo tipo di azione le transazioni sono confermate su base economica razionale, a dispetto della soggettività individuale del singolo miner.

Un miner avente la maggioranza è finanziariamente profittevole. Per questa ragione non sopporta un costo nell'acquisire i mezzi per porre in atto la censura. Poiché il mining è necessariamente una attività anonima[1] è sempre possibile per ogni potenziale soggetto acquisire e sviluppare la maggioranza dell'*hash power* e controllarla ad ogni istante. Come mostrato nella Fallacia della Proof-of-Work[2], gli hard fork non possono essere usati per sconfiggere selettivamente la forza censurante ma, al contrario, accelerano il collasso della moneta.

Nel caso di una censura attiva, le commissioni delle transazioni che non vengono confermate possono essere aumentate. Questo premio sulle commissioni va a creare un maggiore profitto potenziale per i miner che confermano le transazioni censurate. Se portata ad un livello sufficiente, questa opportunità produce una competizione addizionale e quindi un incremento complessivo di hash rate.

Se il crescente hash power di tipo non censurante eccede quello del censore, il controllo di quest'ultimo fallisce. Il censore si trova quindi di fronte alla scelta di sussidiare le operazioni o di abbandonarle. Solo lo stato può sussidiare perpetuamente le operazioni in quanto può imporre la tassazione. Allo stesso tempo esso ottiene un guadagno dalla preservazione del suo stesso regime valutario. **Per mantenere il controllo della censura**

Riferimenti

[1] Capitolo: Principio di Condivisione del Rischio

[2] Capitolo: Fallacia della Proof of Work

lo stato deve consumare un quantitativo di tasse almeno pari al livello del premio delle commissioni.

Una moneta senza commissioni integrate ricadrebbe sotto il controllo di un censore o evolverebbe in un mercato parallelo delle commissioni. Come mostrato nella Fallacia della Commissione a Parte[1] non è necessario che le commissioni siano integrate nel protocollo, tuttavia l'integrazione delle stesse rappresenta una importante tecnica di anonimizzazione. In ogni caso, la resistenza alla censura deriva unicamente dal premio sulle commissioni. La parte di sussidio della ricompensa del blocco non contribuisce alla resistenza alla censura in quanto il censore guadagna lo stesso sussidio degli altri miner.

È possibile che l'applicazione della censura posso portare ad un collasso del prezzo, causando una perdita alle operazioni del censore. Tuttavia, in questo caso, il suo obiettivo è stato raggiunto, non lasciando alcuna opportunità all'economia di contrapporsi ad esso. Questo collasso può essere ottenuto ad un costo irrisorio semplicemente dimostrando l'intenzione di porre in essere la censura. E' anche possibile che un *soft fork* creato per applicare la censura possa portare ad un *aumento* del prezzo, in quanto le attività del mercato legale si associano a tale misura applicata dallo stato. Cionondimeno, affinché la moneta sopravviva, la sua economia deve continuare a generare un premio in termini di commissioni sufficiente a sopraffare il censore.

Non può essere dimostrato che l'economia sia in grado di generare un livello di commissioni sufficiente a sopraffare il censore. In maniera simile, non può essere dimostrato che il censore sia disponibile e capace di sussidiare le proprie operazioni ad ogni livello. Non è quindi possibile dimostrare la resistenza alla censura. Questo è il motivo per cui la resistenza al controllo dello stato è assiomatica[2].

Riferimenti

[1] Capitolo: Fallacia della Commissione a Parte

[2] Capitolo: Assioma di Resistenza

Rischio di Centralizzazione

La debolezza[1] di Bitcoin deriva dalla centralizzazione e dal raggruppamento. Le forze che producono il mining in forma aggregata sono chiamate pressioni al raggruppamento[2] (*pooling pressures*). Mentre il raggruppamento indebolisce la sicurezza della conferma, la centralizzazione indebolisce la sicurezza delle regole di consenso. La debolezza è dovuta al minor numero di persone con le quali condividere il rischio[3].

Il rischio del consenso è condiviso solo tra i commercianti attivi, in quanto essi sono le persone che hanno la possibilità di rifiutare uno scambio di proprietà con unità che non sono conformi alle loro regole. Le forze di natura finanziaria che riducono il numero di commercianti sono chiamate pressioni alla centralizzazione. Il problema della delegazione è che essa è di solito collegata alla centralizzazione, come avviene tipicamente nei web wallet[4]. Il *wallet* non ha la sola funzione di detenere le unità risparmiate, ma tipicamente controlla anche la validazione delle unità ricevute in uno scambio. **L'ultima funzione riduce il potere sulle regole di consenso ad una sola persona per tutti i wallet ricompresi nel medesimo servizio.**

Le pressione alla centralizzazione includono:

- La difficoltà nell'applicare lo sconto ai valori di scambio.
- L'applicazione di sconti nel *settlement on-chain.*

Se uno scambio è difficile per un cliente, il commerciante deve scontare la merce in modo da accettare la moneta. Se lo scambio è difficile per il commerciante si incorre in un costo addizionale. Quando ci si appoggia ad una terza parte fidata per il pagamento, essa porta

Riferimenti

[1] Capitolo: Modello di Sicurezza Qualitativo

[2] Capitolo: Rischio della Pressione al Raggruppamento

[3] Capitolo: Principio di Condivisione del Rischio

[4] https://bitcoin.org/en/wallets/web

a ridurre la dimensione dello sconto e/o del costo e di conseguenza il ritorno sul capitale viene aumentato.

Il trasferimento comporta commissioni che richiedono anch'esse lo sconto della merce da parte di un commerciante. Quando viene impiegato un intermediario fidato per finalizzare i trasferimenti *off*-chain le commissioni vengono ridotte e conseguentemente viene ridotto lo sconto aumentando il ritorno sul capitale.

La centralizzazione di manifesta sotto forma di:

- Fornitori di servizi di pagamento.
- Wallet di tipo web e wallet fiduciari.
- *Hosted* API per monitorare la catena.

In un ambiente a basso livello di minaccia[1] il commerciante ha un ridotto incentivo finanziario a sussidiare la sicurezza di Bitcoin. Quando il costo delle alternative[2] aumenta lo sconto diventa inevitabile. A quel punto, o il cliente decide di pagare un prezzo più elevato oppure il commerciante chiude la sua attività in quanto il suo capitale va alla ricerca di tassi di ritorno a livello di mercato.

Riferimenti

[1] Capitolo: Paradosso del Livello di Minaccia

[2] https://en.wikipedia.org/wiki/Foreign_exchange_controls

Fallacia dello Scarafaggio

Vi è una teoria secondo la quale l'aggregazione non riduca materialmente la sicurezza offerta dalla condivisione del rischio[1], in quanto i miner e l'economia si disperderanno quando necessario, in maniera simile agli scarafaggi che si sparpagliano quando vengono disturbati dalla luce. **La teoria implica, irrazionalmente, che la sicurezza effettivamente esista perché può esistere.** Si tratta essenzialmente di un rifiuto nell'accettare il Paradosso del Livello di Minaccia[2], il quale suggerisce che la sicurezza, sottoposta ad una minaccia persistente, evolva nel tempo.

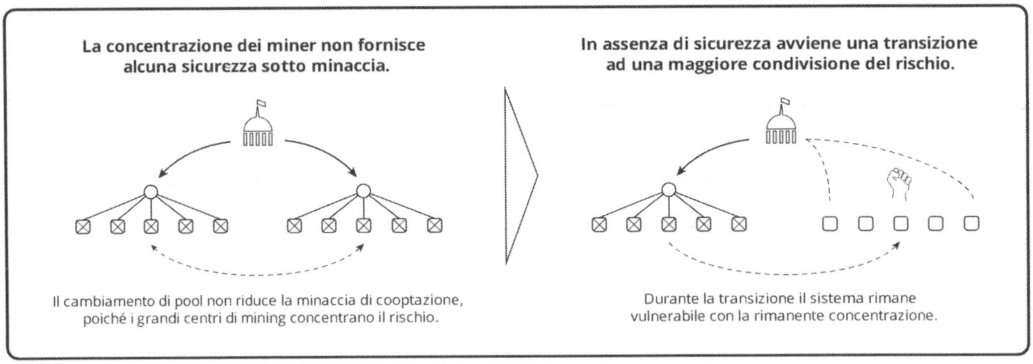

La teoria in questione poggia sulla mutevole lealtà degli operatori dei dispositivi di mining. Questa teoria, a sua volta, è basata sulla Fallacia del Bilanciamento del Potere[3], che assume, in maniera scorretta, che siano i miner a rappresentare la minaccia. Un cambiamento di hash power da un centro di mining ad un altro non riduce il raggruppamento ed il rischio ad esso associato[4]. Il rischio è che gli stati cooptino grandi

Riferimenti

[1] Capitolo: Principio di Condivisione del Rischio

[2] Capitolo: Paradosso del Livello di Minaccia

[3] Capitolo: Fallacia del Bilanciamento del Potere

[4] Capitolo: Rischio della Pressione al Raggruppamento

quantità di *hash power*, riducendo sostanzialmente il costo dell'attacco. È un errore pensare che gli stati non collaborino[1] in difesa del signoraggio[2].

> Il Fondo Monetario Internazionale è una organizzazione formata da 189 paesi che lavora per favorire la cooperazione monetaria globale...
>
> *imf.org*

Per questa ragione non è possibile assumere che tutti i grossi centri di mining possano operare al di fuori del controllo[3] dello stato. Una riduzione del raggruppamento richiede un aumento del numero di miner, in particolare di quelli che sono disponibili ed hanno le capacità per operare sotto copertura[4]. Questo richiede che questi operatori soffrano l'incremento di costo associato al loro ridotto raggruppamento.

Tuttavia, non ci si può aspettare che le persone lavorino contro i propri stessi interessi finanziari. Affinché la condivisione del rischio aumenti, la pressione finanziaria contro di essa deve cambiare direzione. Assumere il contrario è irrazionale dal punto di vista economico.

La teoria, inoltre, ignora la centralizzazione e la delegazione economiche. E' un errore assumere che l'economia possa decentralizzarsi rapidamente, e inoltre, sarebbe molto probabilmente infattibile annullare i rapporti di delega in essere nel caso di un attacco da parte dello stato poiché, solitamente, il controllo[5] della valuta limita i trasferimenti.

Riferimenti

[1] http://www.imf.org/external/index.htm

[2] https://en.wikipedia.org/wiki/Seigniorage

[3] Capitolo: Paradosso del Livello di Minaccia

[4] https://www.theatlantic.com/magazine/archive/2017/09/big-in-venezuela/534177/

[5] https://en.wikipedia.org/wiki/Foreign_exchange_controls

Proprietà del Consenso

Generalmente le persone pensano al consenso nel contesto di una appartenenza fissata, come ad esempio a quella di una giuria[1]. In questo modello il consenso implica che tutti i suoi membri siano obbligati a concordare. **Ma poiché l'appartenenza a Bitcoin non necessita di permesso e non è quindi fissata, vi è sempre completo accordo tra i suoi membri, per come implicato da questa definizione di appartenenza.** In questo modello il consenso si riferisce alla dimensione dell'appartenenza (l'economia), non ad una condizione dell'accordo.

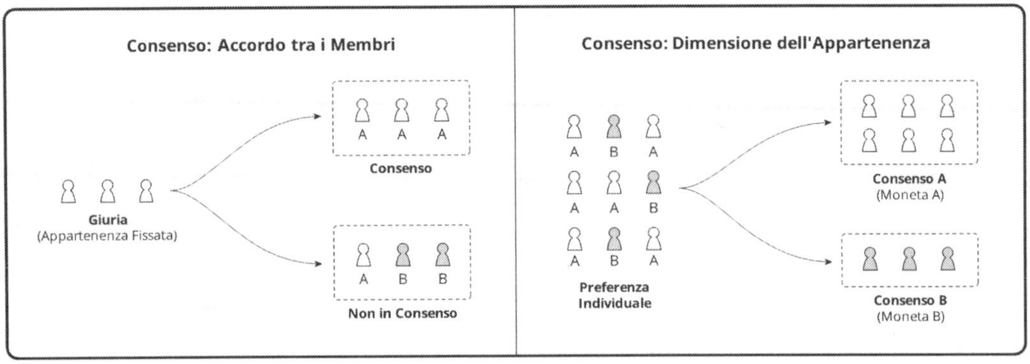

Un consenso può frammentarsi[2] o consolidarsi[3]. Generalmente un consenso più esteso porta ad una maggiore utilità e ad una maggiore sicurezza data da una maggiore condivisione del rischio[4].

Riferimenti

[1] https://en.m.wikipedia.org/wiki/Hung_jury

[2] Capitolo: Principio di Frammentazione

[3] Capitolo: Principio di Consolidamento

[4] Capitolo: Principio di Condivisione del Rischio

Principi della Criptodinamica

Criptodinamica è un termine definito in questa raccolta con lo scopo di riferirsi facilmente ai principi fondamentali di Bitcoin. Ciò è fatto con l'intento sia di aiutare nella comprensione di Bitcoin sia di differenziarlo da altre tecnologie. Questi principi rappresentano il sottoinsieme minimo di principi criptoeconomici necessari per raggiungere questo obiettivo.

Benché la scelta del nome non sia troppo importante, il razionale sottostante viene sviluppato di seguito.

Cripto[1]

> "Una criptovaluta è una [moneta] che impiega crittografia robusta per proteggere transazioni finanziarie, controllare la creazione di unità addizionali, e verificare il trasferimento [di unità]."
>
> *Wikipedia*

Dinamica[2]

> "La dinamica è quella branca della matematica applicata [...] che si occupa dello studio delle forze [...] e del loro effetto sul moto."
>
> *Wikipedia*

Riferimenti

[1] https://en.m.wikipedia.org/wiki/Cryptocurrency

[2] https://en.m.wikipedia.org/wiki/Dynamics_(mechanics)

Cripto + Dinamica

La criptodinamica è l'insieme delle forze che proteggono le transazioni Bitcoin controllando (1) la definizione delle unità, e (2) il trasferimento delle unità.

Principi

La forza della sicurezza è interamente umana in natura. Le persone devono agire per proteggere qualsiasi cosa, incluso Bitcoin. Vista come sistema economico, la sicurezza di Bitcoin prevede che le persone agiscano in una maniera economicamente razionale (proprio interesse). Come tale, le forze di sicurezza di Bitcoin sono basate interamente sulle azioni di singoli individui a tutela del proprio interesse, specificamente:

- Condivisione del Rischio[1]
- Spesa Energetica[2]
- Bilanciamento del Potere[3]

Tali forze dipendono, in quest'ordine, l'una dall'altra. Senza condivisione dei rischi, l'energia non può essere spesa nel sistema per bilanciare il potere di un'entità censurante. Se queste tre forze rimangono integre Bitcoin può essere protetto. In mancanza di una sola di esse una tecnologia non può essere definita Bitcoin.

Data l'esistenza di queste tre forze, non si può assumere[4] che un'implementazione di Bitcoin possa essere protetta in senso assoluto. Inoltre, un'implementazione potrebbe

Riferimenti

[1] Capitolo: Principio di Condivisione del Rischio

[2] Capitolo: Fallacia della Proof of Stake

[3] Capitolo: Proprietà di Resistenza alla Censura

[4] Capitolo: Assioma di Resistenza

essere più sicura di un'altra. **L'unico criterio di distinzione è quello secondo il quale una tecnologia è Bitcoin se include queste forze, mentre non è Bitcoin se non le include.**

La possibilità di protezione permessa da queste forze si definisce "sicurezza criptodinamica". Così, ad esempio, una "blockchain *permissioned*" viola il principio di condivisione dei rischi, una tecnologia basata strettamente su proof-of-stake viola il principio di spesa energetica e una moneta che si affida interamente alla componente di sussidio per ricompensare la conferma delle transazioni viola il principio di bilanciamento del potere. Nessuno di questi esempi è criptodinamicamente sicuro.

Principio del Rischio di Custodia

Quando un contratto rappresenta un asset, il contratto è un reclamo che si basa sull'asset detenuto dal custode. Questo reclamo è spesso chiamato un titolo (*security*), cosa che implica, in maniera sottintesa, che il reclamo è "garantito" rispetto al possibile diniego, da parte del custode, di scambiare l'asset secondo i termini del contratto. Il valore monetario della *security* è quello dell'asset sottostante al netto dei costi di transazione e di esecuzione del reclamo.

Il rischio di custodia è un aspetto centrale di ogni moneta[1]. L'utilità di una moneta è limitata dall'affidabilità del suo custode. Poiché un custode è un essere umano, la sua affidabilità non può essere garantita. Nel caso di una moneta di stato, l'unico custode è lo stato medesimo. Come mostrato nel Principio di Riserva[2], ciò fornisce un beneficio allo stato solamente perché il suo ruolo di custode può essere abrogato, sia attraverso la liquidazione delle riserva che attraverso l'emissione di titoli fraudolenti. In altre parole, il default del custode è la ragione dell'esistenza della moneta di stato.

Il valore monetario di un'unità di Bitcoin è strettamente una funzione di ciò che può essere acquistato nello scambio. Se nessuno lo accetta, una sua unità non è utile in alcun modo al suo proprietario. Bitcoin non necessita di custodi (n.d.t. è un asset *non-custodial*) ma, nell'ottica di stabilire un principio generale, è possibile considerare l'insieme di tutti i commercianti come il custode collettivo di Bitcoin. Per come è posto, il rischio di custodia è distribuito attraverso tutta l'economia.

Nel caso di Bitcoin, i commercianti offrono la loro proprietà in cambio di moneta. Per questa ragione, non è implicata nessuna trasformazione della proprietà in un titolo. Un commerciante può smettere di accettare qualsiasi moneta, cosa che porta a ridurre

Riferimenti

[1] Capitolo: Tassonomia della Moneta

[2] Capitolo: Principio di Riserva

l'utilità della moneta stessa. Questo può essere considerato come un rischio di custodia, ma non come un fallimento in quanto il commerciante non ha accettato alcun obbligo a priori di commerciare con quella moneta. Come mostrato nel Principio di Frammentazione, il cambiamento dell'accettazione da parte dei commercianti è la natura di una separazione.

Come mostrato nella Fallacia della Blockchain[1], la "tecnologia blockchain" non può offrire alcuna protezione contro il default del custode. Un asset "tokenizzato" è una *security*. L'opportunità, da parte del custode, di perpetrare una frode o un furto, sia in maniera diretta che sotto la costrizione dello stato, non viene ridotta. **Così come per le monete commodity, come l'oro, la riduzione del rischio di custodia offerta da Bitcoin non deriva della tecnologia o da una obbligazione contrattuale, ma dalla dimensione della sua economia.** Ironicamente sono le "*security*" ad essere insicure.

Riferimenti

[1] Capitolo: Fallacia della Blockchain

L'Errore di Hearn

Esiste una teoria secondo la quale lo stato non possa proibire le cose popolari.

Questo implica che un elevato volume (*throughput*) di transazioni permetta una difesa efficace contro gli attacchi e la coercizione. Ciò, a propria volta, implica che Bitcoin possa essere difeso accettando la forza centralizzante di un elevato volume di transazioni.

Questa teoria è invalida in quanto è basata su osservazioni empiriche che tuttavia derivano da un errore fattuale. **È evidente che lo stato preferisca, in realtà, proibire le cose popolari.** Qui di seguito vi è un breve elenco di cose popolari che vengono comunemente proibite:

- Droga
- Gioco d'azzardo
- Prostituzione
- Religione
- Libertà di Espressione
- Libertà di Assemblea
- Commercio
- Immigrazione
- Armi
- Lavoro
- Libri
- Moneta

Questo errore può derivare dal non accettare l'Assioma di Resistenza[1] pur continuando a lavorare nell'ambito di Bitcoin. Questo probabilmente può dar luogo a dissonanza cognitiva[2]. La successiva ricerca di sollievo può portare a questo punto. Tuttavia, alla fine, l'errore diventa innegabile, cosa che può portare ad una furiosa uscita di scena[3].

Riferimenti

[1] Capitolo: Assioma di Resistenza

[2] https://it.wikipedia.org/wiki/Dissonanza_cognitiva

[3] https://en.wikipedia.org/wiki/Wikipedia:Rage_quit

Fallacia dell’Accumulo

Esiste una teoria secondo la quale un maggiore livello di accumulo in una moneta produca un maggiore livello di sicurezza. Questa teoria è simile a quella descritta nella Fallacia del Dumping[1], ma non è necessariamente basata su un evento di separazione.

Il supposto beneficio, in termini di sicurezza, dato da un più elevato livello di accumulo deriva dalla teoria secondo la quale un possessore possa influenzare la validazione e possa agire in modo da impedire all'economia di accettare ciò che i possessori stessi, collettivamente, considerano moneta invalida. Tuttavia, i possessori non agiscono fino a quando non scambiano unità per un qualche bene e, in questo caso, è il commerciante ad applicare le regole di consenso. **La possibilità che i possessori agiscano all'unisono non aumenta questo livello di controllo minimo. La teoria è quindi invalida.**

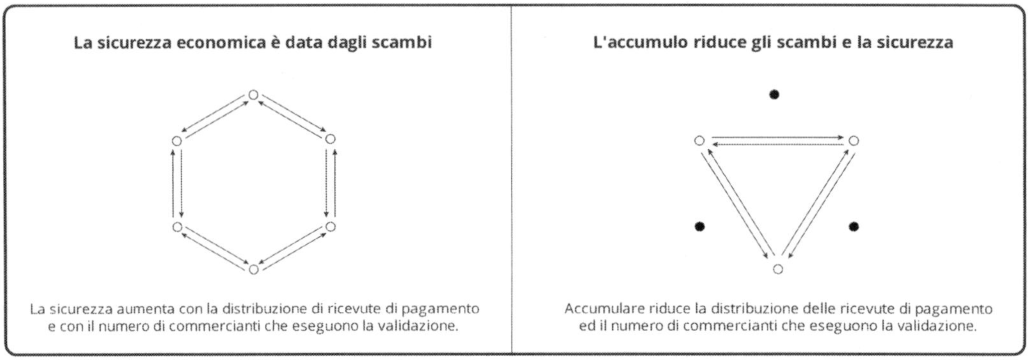

La sicurezza aumenta con la distribuzione di ricevute di pagamento e con il numero di commercianti che eseguono la validazione.

Accumulare riduce la distribuzione delle ricevute di pagamento ed il numero di commercianti che eseguono la validazione.

Un incremento può essere descritto solamente se riferito a qualche livello base. Se una persona è convinta che un più elevato livello di sicurezza derivi da un maggiore accumulo collettivo, la teoria afferma che la persona possa decidere di accumulare più di ciò che altrimenti sarebbe definito ottimale per sé stessa (i.e. il livello base di accumulo di quella persona). Questo modo di agire si configura come un costo individuale a fronte di un

Riferimenti

[1] Capitolo: Fallacia del Dumping

presupposto beneficio socializzato. In altre parole, la teoria dipende da un comportamento economicamente irrazionale, anche nel caso in cui il beneficio sia reale in termini di sicurezza, ed è quindi invalida.

La teoria implica che un minor numero di scambi effettuati con la moneta produca un maggiore sicurezza. Ciò è il contrario di quanto avviene in realtà. Come mostrato nel Modello di Sicurezza Qualitativo[1], l'applicazione delle regole di consenso richiede degli scambi continui. Il prezzo di un'unità della moneta sotto forma di un altro bene[2] o moneta è arbitrario, ma può salire temporaneamente se gli individui sono indotti a perseguire nella fallacia. Il beneficio di questo aumento va a favore dei proprietari già esistenti. La teoria secondo la quale il prezzo possa solamente salire è collegata ad un errore di tipo speculativo affrontato nella Fallacia Lunare[3]. Anche un dimostrabile e perpetuo aumento generale del prezzo non porterebbe a confermare questa teoria, in quanto essa è collegata solamente ad un fenomeno di aumento relativo e temporaneo causato da decisioni finanziarie individuali sub-ottimali.

Riferimenti

[1] Capitolo: Modello di Sicurezza Qualitativo

[2] Capitolo: Principio di Inflazione

[3] Capitolo: Fallacia Lunare

Fallacia dell'Arbitraggio Giurisdizionale

Esiste una teoria secondo la quale, poiché è improbabile che tutti gli stati si uniscano in una messa al bando di Bitcoin, la moneta sopravviverebbe grazie allo spostamento del mining e di altre attività negli stati maggiormente permissivi.

Dal punto di vista dell'autorità emittente, coloro che non rispettassero tale divieto risulterebbero operare nel mercato nero[1]. Sempre da questo punto di vista, uno stato che violasse tale proibizione verrebbe considerato uno stato canaglia[2]. Una messa al bando è una semplice azione politica contro la quale Bitcoin non offre alcuna protezione.

Vi è una fallacia collegata[3] che afferma che questa azione sarebbe praticamente impossibile da realizzare nel caso in cui Bitcoin goda di popolarità. Ciò si si basa sull'idea che Bitcoin sia reso sicuro dal voto, cosa che riduce il suo modello di sicurezza a quello della moneta di stato, eliminando di fatto la value proposition[4] di Bitcoin.

Per definizione, le operazioni nel mercato legale vengono fatte cessare da una messa al bando. Quindi, la teoria implica che Bitcoin è essenzialmente reso sicuro dalla protezione degli stati canaglia. Ciò si riduce ad un modello di sicurezza garantito attraverso il voto. Inoltre, va considerato che gli stati più potenti hanno numerosi strumenti[5] di tipo coercitivo per forzare l'azione degli altri stati, fino al punto di ingaggiare un conflitto aperto contro di essi. Questi strumenti sono comunemente usati in numerose guerre, come quelle condotte contro la droga, il riciclaggio di denaro ed il terrorismo. Una messa

Riferimenti

[1] https://it.wikipedia.org/wiki/Mercato_nero

[2] https://it.wikipedia.org/wiki/Stato_canaglia

[3] Capitolo: L'Errore di Hearn

[4] Capitolo: La Value Proposition

[5] https://en.m.wikipedia.org/wiki/United_States_embargoes

al bando di Bitcoin potrebbe utilizzare come giustificazione di facciata ciascuno di questi conflitti internazionali in corso.

Tuttavia, Bitcoin è specificamente progettato per operare senza il permesso di alcuno stato. Il suo funzionamento continuo come moneta del mercato nero potrebbero portare uno o più stati a provare a sopprimerlo attraverso la censura[1]. Sebbene tale azione possa essere intrapresa da un singolo stato, è pratica comune che gli stati collaborino per preservare il potere di tassazione[2] delle loro monete. Questo è lo scopo del Fondo Monetario Internazionale[3].

Questa azione può essere intrapresa più efficacemente[4] da una singola entità geografica. In questo scenario gli stati canaglia non offrono alcuna difesa, non solo perché essi stanno rinunciando al beneficio derivante dalla tassazione delle loro monete, ma perché stanno donando i rispettivi proventi per resistere alla censura. **Non si può assumere che gli stati canaglia possano sopraffare l'autorità censurante e inoltre, ogni dipendenza da essi riduce Bitcoin ad una moneta resa sicura dalla politica.** Per questa ragione la teoria è invalida.

Riferimenti

[1] Capitolo: Principio degli Altri Mezzi

[2] https://en.m.wikipedia.org/wiki/Seigniorage

[3] https://www.imf.org

[4] Capitolo: Rischio della Pressione al Raggruppamento

Principio degli Altri Mezzi

Bitcoin è un atto di resistenza[1] un tentativo di "guadagnare un nuovo spazio di libertà". La libertà viene ridotta dalla costante pressione derivante dal finanziamento obbligatorio allo stato. È un fatto ordinario che la libertà venga conquistata attraverso spargimenti di sangue, con lo specifico obiettivo di ridurre il potere dello stato. Bitcoin non può eliminare la necessità di correre rischi personali nel perseguire questo obiettivo. Tuttavia, attraverso la condivisione del rischio[2] esso può potenzialmente ridurre la tassa[3] dell'inflazione senza spargimento di sangue. Ciò non eliminerà la tassazione in maniera generale, tuttavia potrà ridurre il potere dello stato rendendo la tassa significativamente più visibile.

Questo conflitto tra stato ed individui per il controllo della moneta[4] passerà, al massimo, attraverso quattro fasi previste dal modello di sicurezza[5] di Bitcoin. Queste fasi possono sovrapporsi e variare su base regionale, ma ciascuna di esse è chiaramente identificabile.

1. Luna di miele
2. Mercato nero
3. Competizione
4. Resa

Riferimenti

[1] Capitolo: Assioma di Resistenza

[2] Capitolo: Principio di Condivisione del Rischio

[3] https://en.wikipedia.org/wiki/Seigniorage

[4] Capitolo: Tassonomia della Moneta

[5] Capitolo: Modello di Sicurezza Qualitativo

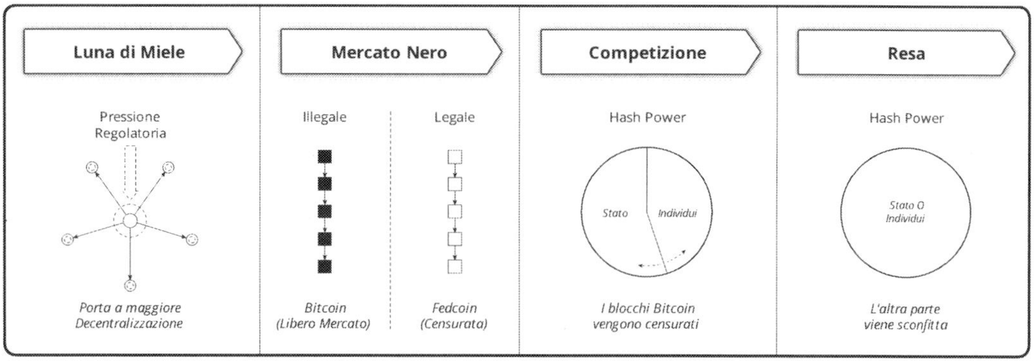

La fase della luna di miele è caratterizzata dal desiderio delle agenzie dello stato di conservare il controllo regolatorio dei movimenti di moneta e dei titoli mobiliari (*security*). Per questo fine viene fatta pressione sui punti di aggregazione. All'aumentare della pressione sui miner che si sono raggruppati e sui commercianti centralizzati, il costo aumenta e l'utilità cala. La moneta diventa quindi maggiormente distribuita per evitare queste spese.

Nel momento in cui diventa evidente che i controlli applicati sui punti di aggregazione risultano insufficienti, ed emerge la consapevolezza che il signoraggio[1] è a rischio, le transazioni ed il mining associato di Bitcoin vengono dichiarati fuorilegge[2]. Poiché gli stati tendono a collaborare al fine di proteggere le loro monete, questa potrebbe diventare una "Guerra al Bitcoin" su scala globale. Ciò potrebbe coincidere con l'adozione di una nuova moneta ufficiale, i.e. la Fedcoin[3]. L'obiettivo sarebbe quello di indurre le persone ad adottare una moneta apparentemente "più sicura" di Bitcoin ma di mantenere nel contempo il signoraggio e i vantaggi derivanti dalla sorveglianza dei sostituti monetari elettronici di stato.

Riferimenti

[1] https://en.wikipedia.org/wiki/Seigniorage

[2] Capitolo: L'Errore di Hearn

[3] Capitolo: Obiettivi di una Fedcoin

Assumendo una sufficiente resistenza, Bitcoin continua ad esistere indipendentemente dalla *Fedcoin* come una moneta del mercato nero. A questo punto lo stato è indotto a concludere che l'unica tattica efficace è quella di competere come miner. Poiché il mining è una attività necessariamente anonima[1], non vi è alcun modo[2] per l'economia di impedire la partecipazione dello stato nel mining. Di conseguenza Bitcoin entra nella fase di competizione[3] con lo stato che prova a perpetrare un attacco del 51% continuativo.

Considerando a parte la continua fase di contrasto al mercato nero, la fase competitiva è caratterizzata da una pacifica battaglia di hash power tra lo stato e gli individui. Lo stato opera in perdita poiché deve escludere le transazioni soggette a censura (n.d.t. nei blocchi da lui minati). Questa perdita è compensata dal gettito fiscale. La pressione dovuta alle commissioni delle transazioni censurate aumenta[4] fino al punto in cui il sussidio derivante dalla tassa sul mining non è compensato da questo livello di commissione. **A questo punto le tasse e le commissioni delle transazioni censurate aumentano entrambe fino al punto in cui uno schieramento del conflitto non dichiara la resa.**

In questo modo Bitcoin può potenzialmente vincere una guerra per altri mezzi[5]. Non si può assumere, tuttavia, che questa resa sia perpetua. Come implicato nel Paradosso del Livello di Minaccia[6], è probabile che la situazione possa riportarsi alle fasi precedenti al diminuire della minaccia.

Riferimenti

[1] Capitolo: Principio dei Dati Pubblici
[2] Capitolo: Fallacia della Proof of Work
[3] Capitolo: Principio degli Altri Mezzi
[4] Capitolo: Proprietà di Resistenza alla Censura
[5] https://it.wikiquote.org/wiki/Carl_von_Clausewitz
[6] Capitolo: Paradosso del Livello di Minaccia

Principio di Resistenza al Brevetto

A differenza del *copyright*, il brevetto è una forza anti-mercato. Un vero contratto di *copyright* è un accordo contrattuale tra il compratore ed il venditore, mentre un brevetto è esclusivamente una concessione di monopolio[1] da parte dello stato. Il brevetto non è un "attacco" esercitato dal detentore del titolo stesso, è una distorsione della pressione al raggruppamento[2] creata dallo stato.

Il processo di mining è altamente competitivo. La protezione di monopolio applicata all'uso di un algoritmo[3] di mining efficiente rappresenta una forte pressione di aggregazione anti-mercato. Bitcoin è reso sicuro dalle persone che resistono[4] alle forze anti-mercato. La resistenza affronta un rischio[5] maggiore quando il miner è fortemente raggruppato e/o non anonimo[6].

Se le persone non oppongono resistenza a queste forze non vi è sicurezza[7] nella moneta. Quando il livello di minaccia[8] aumenta le conseguenze della violazione di brevetto diventano un rischio pari a quello dello stesso mining. **Per questa ragione l'impatto dei brevetti non è rilevante poiché questo aspetto riguarda la sicurezza della moneta.**

Riferimenti

[1] https://mises.org/library/man-economy-and-state-power-and-market/html/p/1075

[2] Capitolo: Rischio della Pressione al Raggruppamento

[3] https://patents.google.com/patent/WO2015077378A1

[4] Capitolo: Assioma di Resistenza

[5] Capitolo: Principio di Condivisione del Rischio

[6] Capitolo: Principio dei Dati Pubblici

[7] Capitolo: Modello di Sicurezza Qualitativo

[8] Capitolo: Paradosso del Livello di Minaccia

Principio dell'Assenza di Permesso

Bitcoin è stato progettato[1] per operare senza il permesso di alcuna autorità. La sua value proposition[2] è interamente basata su questa proprietà.

Dal punto di vista dello stato, un mercato può essere classificato come dotato di autorizzazione (*permissioned*), o non dotato di autorizzazione (*permissionless*). Per semplicità di terminologia, al primo ci si riferisce spesso con il termine "mercato legale" (*white market*) e al secondo con il termine "mercato nero" (*black market*). Gli scambi nel mercato legale, per definizione, richiedono un'autorizzazione mentre quelli del mercato nero non la richiedono.

Per una semplice questione di definizione, **le operazioni in Bitcoin non possono essere contemporaneamente appartenenti al mercato legale e non dotate di autorizzazione.** Ogni persona che opera nel mercato legale necessita di una autorizzazione per fare ciò. Bitcoin è quindi intrinsecamente una moneta del mercato nero. La sua architettura di sicurezza ha come assunzione necessaria quella di operare senza il permesso dello stato[3].

La sicurezza di Bitcoin non si estende quindi ai sistemi che operano nel mercato legale. Ogni sistema dipendente dalla *value proposition* di Bitcoin deve appartenere anche al mercato nero.

Riferimenti

[1] Capitolo: Principi della Criptodinamica

[2] Capitolo: La Value Proposition

[3] Capitolo: Principio degli Altri Mezzi

Fallacia del Dilemma del Prigioniero

Esiste una teoria secondo la quale, ogni stato, individualmente, se messo di fronte alla scelta di unirsi ad una messa al bando di Bitcoin, affronti un dilemma del prigioniero[1]. Una messa al bando significativa implica che uno o più stati (la "prigione") applicheranno (come minimo) delle sanzioni economiche[2] ad altri stati (identificati come "prigionieri") che potrebbero potenzialmente adottare Bitcoin come valuta di riserva[3].

Assumiamo che i prigionieri che decidono di adottare Bitcoin siano partner commerciali. In altre parole, l'uso di Bitcoin come moneta di riserva necessità di un partner con cui transare.

L'utilità ordinale[4] è implicata dal valore soggettivo[5]. Non sono previste situazioni di parità[6], cosa che implica un dilemma in senso forte. Nel seguito sono prese in considerazione sia la configurazione di conoscenza simmetrica che quella asimmetrica.

Il risultato per l'adozione individuale di Bitcoin (Stupidità):

- Sanzioni economiche.
- Nessun partner commerciale (che utilizza il Dollaro).
- Una valuta di riserva inutilizzabile (nessun partner commerciale).

Riferimenti

[1] https://en.wikipedia.org/wiki/Prisoner%27s_dilemma

[2] https://www.cfr.org/backgrounder/what-are-economic-sanctions

[3] https://en.wikipedia.org/wiki/Reserve_currency

[4] https://en.wikipedia.org/wiki/Ordinal_utility

[5] https://en.wikipedia.org/wiki/Subjective_theory_of_value

[6] https://en.wikipedia.org/wiki/Tie_(draw)

Il risultato per una mutua adozione di Bitcoin (Ricompensa):

- Sanzioni economiche.
- Sanzioni economiche al partner commerciale.
- Una valuta di riserva non tassata attraverso il signoraggio.

Il risultato per un'adozione individuale del Dollaro (Tentazione):

- Nessuna sanzione economica.
- Sanzioni economiche al partner commerciale.
- Una valuta di riserva tassata attraverso il signoraggio.

Il risultato per una mutua adozione del Dollaro (Punizione):

- Nessuna sanzione economica.
- Nessuna sanzione economica al partner commerciale.
- Una valuta di riserva tassata attraverso il signoraggio.

Dilemma Simmetrico in Forma Forte con Risultati in Relazione Ordinale

Brasile\Irlanda	Bitcoin	Dollaro
Bitcoin	R\R	S\T
Dollaro	T\S	P\P

Per essere considerato un dilemma del prigioniero deve valere[1] la relazione T > R > P > S, dove:

- T > R e P > S implicano che il Dollaro è la strategia dominante per ciascuno.

Riferimenti

[1] https://plato.stanford.edu/entries/prisoner-dilemma/#Symm2t2PDOrdiPayo

- R > P implica che la mutua adozione di Bitcoin è preferita alla mutua adozione del Dollaro.

Possiamo concludere che valga P > S in quanto una sanzione economica individuale implica che non vi sia nessun *settlement* internazionale e di conseguenza nessun beneficio dall'avere una riserva estera[1], e presumibilmente, le sanzioni rappresentano una conseguenza non desiderabile.

Per determinare se valgano rispettivamente R > P e T > R risulta necessario impiegare un metodo oggettivo per confrontare il solo signoraggio con le sanzioni, in quanto le sanzioni rappresentano, presumibilmente, una conseguenza non desiderabile. Questa relazione d'ordine può essere ottenuta notando che l'Oro non è soggetto né al signoraggio[2] né alle sanzioni. In altre parole, l'Oro fornisce i benefici descritti in precedenza per Bitcoin senza le sanzioni. Tuttavia, l'Oro non è stato scelto come valuta di riserva (ed è stato abbandonato in favore del Dollaro), il che implica che l'utilizzo del Dollaro è preferito a quello dell'Oro e di conseguenza anche all'utilizzo di Bitcoin. Per questa ragione nessuna delle strategie[3] trova applicazione. **Per questa ragione non vi è alcun dilemma.**

Riferimenti

[1] https://en.wikipedia.org/wiki/Foreign-exchange_reserves

[2] https://en.wikipedia.org/wiki/Seigniorage

[3] https://en.wikipedia.org/wiki/Strategic_dominance

Dilemma Asimmetrico in forma Forte con Risultati in Relazione Ordinale

Brasile\Irlanda	Bitcoin	Dollaro
Bitcoin	Rr\Rc	Sr\Tc
Dollaro	Tr\Sc	Pr\Pc

Per essere considerato un dilemma del prigioniero deve valere[1] la relazione Ti > Ri > Pi > Si, dove:

- Tr > Rr e Pr > Sr
- Tc > Rc e Pc > Sc
- Rr > Pr e Rc > Pc

Se valgono tutte queste relazioni l'adozione individuale del Dollaro è preferita a Bitcoin e l'adozione mutua di Bitcoin è preferibile. Poiché queste relazioni sono le stesse valutate nello scenario simmetrico, non vi è alcun dilemma.

Altre Assunzioni

La relazione tra Oro e Bitcoin presume che i costi di clearing[2], rispettivamente di trasporto dell'Oro e di conferma di Bitcoin, siano trascurabili[3] nel contesto del *settlement* internazionale. Il *clearing* richiede movimentazioni periodiche relative alla compensazione della bilancia dei pagamenti tra gli stati.

Riferimenti

[1] https://plato.stanford.edu/entries/prisoner-dilemma/#Asym

[2] https://it.wikipedia.org/wiki/Compensazione_(finanza)

[3] https://www.gold.org/about-gold/history-of-gold/the-gold-standard

> ... ogni correzione degli sbilanciamenti economici verrebbe accelerata e normalmente non sarebbe necessario aspettare fino al punto in cui si rendesse necessario movimentare importanti quantità d'oro tra un paese e l'altro.
>
> *gold.org*

Il Dollaro è stato preferito all'Oro nonostante esso abbia peso simile, ingombro significativamente più grande, e che subisca l'applicazione del signoraggio. La relazione tra Oro e Bitcoin presume che non vi sia alcuna distinzione tra i due in termini di volatilità e liquidità, sebbene l'Oro superi[1] oggettivamente Bitcoin in entrambi i campi. Poiché sia Bitcoin che l'Oro sono monete stabili[2], non viene assunto alcun ritorno speculativo per entrambe. Si presume inoltre che altre proprietà monetarie relative all'Oro, a Bitcoin e al Dollaro siano equivalenti o non rilevanti dal punto di vista di una valuta di riserva di stato.

Riferimenti

[1] https://coinweek.com/bullion-report/bitcoin-vs-gold-10-crystal-clear-comparisons

[2] Capitolo: Proprietà di Stabilità

Fallacia della Chiave Privata

Le chiavi private non rendono sicuro Bitcoin, esse garantiscono la sicurezza delle unità di Bitcoin. **Il controllo della chiave privata si applica alla sicurezza individuale, non alla sicurezza del sistema.** Chiunque controlli le chiavi è il proprietario, e Bitcoin garantisce la sicurezza di quel proprietario anche qualora le chiavi gli venissero rubate. La validazione decentralizzata protegge il consenso e la maggioranza dell'hash power distribuita protegge la conferma, ma la sicurezza della chiave privata è un problema del solo proprietario.

Fallacia della Proof of Work

I commercianti acquistano servizi di mining che soddisfano le loro regole per una commissione soddisfacente. Esiste una teoria secondo la quale i servizi di mining siano entità subordinate in questo scambio. Questa subordinazione è talvolta descritta come "asimmetria" o "regola degli utenti". Questa teoria porta le persone a credere che il mining possa essere fortemente raggruppato a condizione che i commercianti non siano centralizzati, poiché, in questo caso, sarebbe l'economia a controllare il comportamento del mining, rendendo il sistema sicuro. La conseguenza di questa teoria invalida è quella di soprassedere completamente sull'insicurezza generata dal raggruppamento.

I miner controllano la selezione delle transazioni, mentre i commercianti controllano la proprietà offerta nello scambio. Se una parte dell'economia è insoddisfatta con la selezione operata dai miner, essa può offrire in vendita la sua proprietà utilizzando una moneta separata avente diversa regola di lavoro che rende obsoleti tutti i dispositivi di mining. Ciò viene tipicamente descritto come un hard fork della proof-of-work.

Secondo questa teoria i miner incorrerebbero in una perdita catastrofica dovuta all'impossibilità di recuperare l'investimento di capitale impiegato in hardware altamente specializzato. L'*hard fork* potrebbe includere un aggiustamento della difficoltà che permetterebbe la prosecuzione dell'attività di conferma nonostante il calo significativo dell' hash rate. Grazie alla difficoltà più bassa e alla presunta mancanza di hardware specializzato, un numero maggiore di individui sarebbe in grado di unirsi all'attività di mining. Questo introdurrebbe nuovi miner nel settore e ridurrebbe l'aggregazione.

È stato affermato che l'abilità da parte dell'economia di imporre una perdita di capitale sui partner commerciali sia una asimmetria unica nel suo genere se confrontata con altri mercati. Ad esempio, una comunità di acquirenti di mele non può semplicemente "distruggere" i frutteti di tutti i suoi fornitori. **La teoria non riconosce che non vi è alcuna asimmetria in uno scambio commerciale.** Se tutti gli acquirenti di mele decidono di non comprare più mele dai fornitori esistenti significa che essi hanno certamente questo potere.

Analogamente, i fornitori hanno la possibilità di non vendere. Il prezzo rappresenta la continua risoluzione di questa tensione. Questa è la stessa esatta dinamica che ha luogo in ogni mercato.

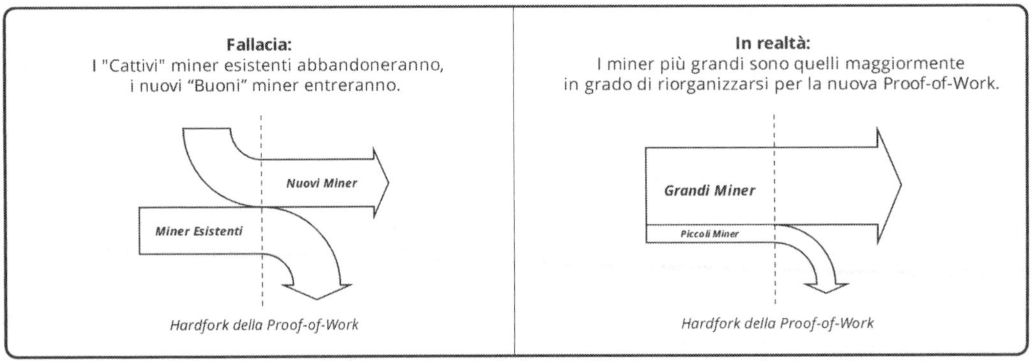

La teoria, inoltre, non riconosce la mancanza di identità. Essa assume che la perdita di capitale causerà l'uscita dall'attività degli attuali miner "cattivi" e l'entrata di nuovi miner "buoni". Questa è un'assunzione insostenibile. Non vi è alcuna ragione di credere che i miner attuali usciranno dall'attività o che i nuovi miner non prenderanno le stesse decisioni dei precedenti dato che sono impegnati nello stesso tipo di attività, tutto ciò ammettendo sia anche solo possibile discernere tra gli uni e gli altri. Almeno nello scenario della vendita di mele un individuo sa da chi sta comprando le mele e può quindi discriminarlo, ciò non è possibile in Bitcoin.

La teoria, inoltre, non tiene conto dell'economia del mining. Vi è infatti un vantaggio di prossimità[1] che permette ai miner con maggiore *hash power* di ottenere ritorni sul capitale più elevati. I miner più grandi sono quindi più profittevoli dei piccoli miner.

Riferimenti

[1] Capitolo: Difetto del Premio di Prossimità

Quindi i primi saranno maggiormente capitalizzati rispetto ai loro concorrenti più piccoli. Al momento del cambiamento della regola di consenso i miner che rimarranno saranno quelli che potranno permettersi di sostituire i dispositivi e che saranno quelli di maggiore dimensione.

È irrazionale assumere che tutti i miner cessino semplicemente l'attività. Ci aspetteremmo che tutti i coltivatori di mele vengano rimpiazzati da nuovi coltivatori? Nel mining non sono forse l'esperienza, la disponibilità di strutture, i contratti energetici, i processi, la disponibilità di macchinari generici i vantaggi più importanti sui nuovi entranti? I miner esistenti hanno un vantaggio intrinseco su coloro che dovrebbero presumibilmente rimpiazzarli. Questo significa che hanno maggiore accesso al capitale. Così, i miner più grandi non solo finirebbero per avere meno competizione, ma tutti i miner rimanenti avrebbero un vantaggio su qualsiasi nuovo miner.

La teoria, inoltre, non riconosce che i commercianti necessitano del mining. Il mining non verrebbe rimpiazzato attraverso la separazione poiché esso manterrebbe un completo controllo della selezione delle transazioni. Se ad esempio i miner "cattivi" fossero gli stati che stanno conducendo un attacco contro la moneta, sia lo stesso stato che i miner cooptati continuerebbero la loro azione distruttiva ad un costo energetico più basso. Poiché gli altri miner fallirebbero a causa di quella che è, a tutti gli effetti, una tassa del 100%, il costo energetico dell'attaccante continuerebbe a scendere. I servizi di mining che sono "buoni" per i commercianti non possono essere prodotti per mezzo di una separazione.

Infine, la teoria non sa riconoscere le conseguenze di tipo assicurativo. Sulla base della precedente perdita di capitale sofferta da tutti i miner di una data moneta, tutti i miner futuri della moneta sostitutiva si assicurerebbero contro la possibilità di un simile evento in futuro. Si potrebbero assicurare in autonomia, ma l'incremento di costo sarebbe inevitabile. Questo ridurrebbe l'*hash rate* a parità di commissione finché la possibilità di un tale evento non venisse ritenuta trascurabile. Così l'economia riduce la sua stessa sicurezza alla doppia spesa e si ritrova con gli stessi miner e maggiore raggruppamento. Ciò rappresenta una riduzione della sicurezza su due livelli, senza alcun beneficio.

Principio dei Dati Pubblici

Dal Principio di Condivisione del Rischio[1] consegue che la sicurezza del sistema dipende dalle attività di mining e di scambio svolte sotto copertura. Una moneta esiste sotto forma di un mercato mutuamente vantaggioso[2] tra i miner e i commercianti basato sulla conferma delle transazioni all'interno dei blocchi in cambio delle commissioni.

Le attività che avvengono necessariamente sotto copertura sono suddivise per ruolo:

Miner

- ottenere i blocchi [sui quali aggiungere nuovi blocchi]
- ottenere transazioni non confermate [da cui guadagnare commissioni]
- creare e distribuire blocchi [affinché altri possano aggiungere nuovi blocchi sopra di essi]
- ricevere pagamenti in cambio di conferme [per finanziare le proprie operazioni]

Commerciante

- ottenere blocchi [per validare i pagamenti dei clienti]
- ottenere transazioni non confermate (opzionale) [per anticipare pagamenti e commissioni]
- creare e distribuire transazioni [per ottenere il pagamento dei clienti]
- effettuare un pagamento in cambio di conferme [per remunerare le conferme]

Riferimenti

[1] Capitolo: Principio di Condivisione del Rischio

[2] Capitolo: Fallacia del Bilanciamento del Potere

Se i blocchi non possono essere ottenuti anonimamente il sistema non è sicuro. L'impossibilità di ottenere i blocchi del ramo più forte disponibile ad altre persone rappresenta una partizione della reta che costituisce una falla localizzata nella sicurezza. Tuttavia, né l'anonimità né il suo opposto, l'identità, possono assicurare che un individuo stia osservando il ramo più forte della catena in ogni istante. In altre parole, ogni sforzo teso a mitigare il partizionamento con l'introduzione dell'identità rappresenta una falsa dicotomia[1] che sacrifica la sicurezza del sistema in cambio dell'erronea pretesa di garantire la sicurezza in forma localizzata.

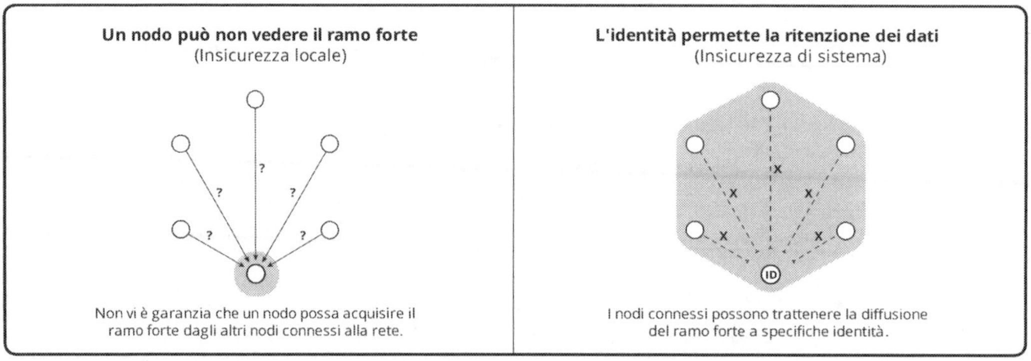

Non è essenziale che tutti i miner o i commercianti vedano tutte le transazioni in ogni momento. Tuttavia, un'ampia visibilità è preferibile in quanto produce la più robusta competizione tra le commissioni e la massima informazione.

In altre parole, un mercato nel quale ogni partecipante vede tutte le transazioni in ogni istante è un mercato in concorrenza perfetta[2]. Richiedere alla rete transazioni specifiche, rispetto a richiederle tutte (o richiedere informazioni riassuntive di tutte) rappresenta una possibile forma di tracciamento e, come tale, deve essere evitata anche nell'interesse della sicurezza.

Riferimenti

[1] https://it.wikipedia.org/wiki/Falsa_dicotomia

[2] https://it.wikipedia.org/wiki/Concorrenza_perfetta

La creazione di blocchi e di transazioni non espone in maniera intrinseca l'identità, tuttavia la distribuzione pubblica degli stessi è la fonte principale del tracciamento. Nella misura in cui i miner rivelano apertamente la loro identità, essi stanno facendo affidamento sull'ipotesi di un ambiente a basso livello di minaccia[1] e non contribuiscono alla sicurezza del sistema. Evitare il tracciamento mentre si inoltrano blocchi e transazioni richiede l'uso di una connessione[2] anonima ad un server della comunità. Questo garantisce che la rete di distribuzione non abbia mai modo di accedere ad informazioni che portino ad identificazione.

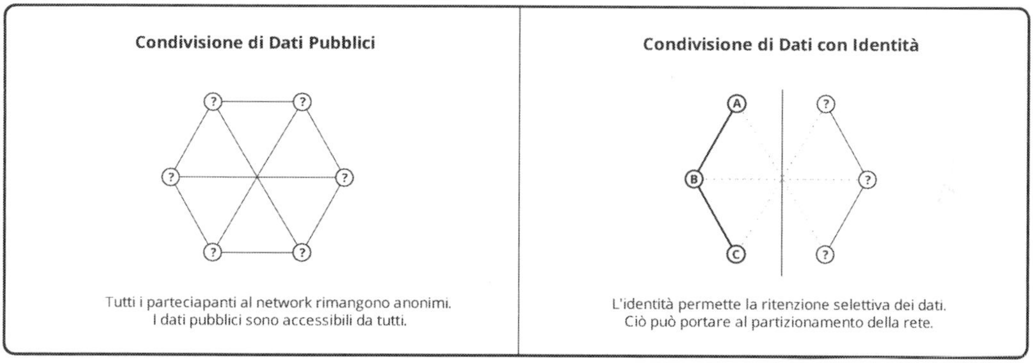

La proof-of-work garantisce l'anonimità dei miner. Infatti, non vi è firma associata al mining e si assume che l'energia sia disponibile in maniera diffusa. Analogamente, l'abilità di pagare anonimamente per ottenere la conferma è la ragione per la quale vengono incluse le commissioni di transazione. È sufficiente[3] pagare un miner direttamente (*off*-chain) per avere conferma della transazione, tuttavia questo espone reciprocamente sia il commerciante che il miner e rende più difficile stimare le commissioni in maniera anonima.

Riferimenti

[1] Capitolo: Paradosso del Livello di Minaccia

[2] https://en.wikipedia.org/wiki/Anonymizer

[3] Capitolo: Fallacia della Commissione a Parte

Bitcoin è un sistema innovativo perché tutte le transazioni finanziarie possono essere validate a partire da dati pubblici e senza l'uso dell'identità. I sistemi finanziari centralizzati si basano sulla fiducia delle connessioni con altre controparti (attraverso l'identificazione in forma crittografica) o sulla fiducia delle firme (verificabili in maniera crittografica) che accompagnano i dati trasmessi. Questa è l'essenza dei sistemi basati sulla fiducia; alcune autorità hanno dei segreti che gli altri usano per verificare la loro autenticità. **La ragione alla base della validazione è quella di eliminare l'uso dell'identità e di conseguenza quello dell'autorità.**

Modello di Sicurezza Qualitativo

Modello di Decentralizzazione

Nel Principio del Social Network[1] è stato mostrato come Bitcoin sia una rete di relazioni umane. Questa rete può essere modellizzata come un grafo diretto[2] dove ogni vertice rappresenta un commerciante e ogni lato rappresenta uno scambio che coinvolge bitcoin. I lati indicano la direzione verso cui si muove la moneta e ne viene data quantificazione attraverso il numero di unità scambiate. Si presume che tutti i proprietari siano stati commercianti quando la moneta è stata ricevuta, anche in qualità di miner (che vendono conferme) e come percettori di beneficenza (che vendono valore intangibile[3]).

Se una persona non accetta personalmente la moneta, o non valida di persona la moneta accettata, questa persona non può rigettare la moneta invalida (n.d.t. falsa). La persona in questione sta affidando questo compito ad una autorità centralizzata. **Tutte le persone che usano la stessa entità delegata vengono ridotte al solo vertice che la rappresenta.**

Per ciascun periodo di tempo, la sicurezza economica è funzione del numero dei commercianti e della somiglianza degli importi transati. L'economia più forte verrebbe ottenuta se tutte le persone del mondo si scambiassero lo stesso quantitativo di unità in un determinato periodo, una situazione ideale che può essere chiamata un'economia "distribuita" (o completamente decentralizzata). L'economia più debole si avrebbe se una sola entità delegata accettasse tutte le unità in scambio in un determinato periodo, che risulterebbe essere un'economia "centralizzata".

Riferimenti

[1] Capitolo: Principio del Social Network

[2] https://en.wikipedia.org/wiki/Graph_(discrete_mathematics)#Directed_graph

[3] https://it.wikipedia.org/wiki/Avviamento_d%27azienda

Più specificamente, il sistema più decentralizzato economicamente è quello che ha il maggior numero di vertici (i commercianti) con il più basso coefficiente di variazione[1] relativo ai lati in arrivo (i pagamenti). Definendo una funzione di distribuzione come l'inverso del coefficiente di variazione otteniamo:

```
decentralizzazione-economica = distribuzione(pagamenti) * commercianti
```

In maniera simile alla sicurezza economica, la sicurezza delle conferme può essere modellizzata come un grafo[2] nullo. Ciascun miner è rappresentato da un vertice sul grafo. Un operatore di un dispositivo di mining non è un miner in quanto egli non ha capacità di scelta e solamente il miner può essere quindi rappresentato. L'hash power totale impiegato da un miner costituisce il peso del vertice.

In ogni periodo di tempo la sicurezza delle conferme è funzione del numero di miner e della somiglianza dell'*hash power* che essi controllano. La più elevata resistenza alla censura verrebbe ottenuta se tutte le persone nel mondo minassero con lo stesso *hash power* in un dato periodo di tempo, una situazione ideale che può essere chiamata sistema di conferma "distribuito" (o completamente decentralizzato). Il sistema più debole sarebbe quello nel quale un solo miner controllasse il 100% dell'*hash power* che equivarrebbe ad un sistema "centralizzato" di conferma.

Più specificamente, il sistema più decentralizzato nella conferma è quello avente il maggior numero di vertici (miner) con la più alta distribuzione in peso (*hash power*):

```
decentralizzazione-nella-conferma = distribuzione(hash-power) * miner
```

Riferimenti

[1] https://it.wikipedia.org/wiki/Coefficiente_di_variazione

[2] https://it.wikipedia.org/wiki/Grafo_nullo

Modello di Sicurezza

La sola decentralizzazione non è sinonimo di sicurezza. La sicurezza è il prodotto dell'attività, della distribuzione di tale attività e della frazione di umanità che vi partecipa.

```
sicurezza = attività * distribuzione * partecipazione
```

Poiché non vi è limite al numero di esseri umani, al numero di scambi o al livello di computazione, il livello di sicurezza è illimitato in ciascun asse. La sicurezza è illimitata anche con una distribuzione perfetta (i.e. infinita decentralizzazione). Un livello minimo pari a zero viene raggiunto sia con una partecipazione nulla che con un'attività nulla. La sicurezza economica e della conferma possono essere quindi definite come:

```
sicurezza-economica = pagamenti * distribuzione(pagamenti) * [commercianti
/ umanità]

sicurezza-nella-conferma = hash-power * distribuzione(hash-power) * [miner
/ umanità]
```

Limiti del Modello

Queste relazioni non dicono nulla sulla assoluta efficacia rappresentata da ciascun valore, o sull'efficacia relativa di ciascuna coppia di valori, tranne per il fatto che un valore maggiore rappresenta una maggiore efficacia. Ciò non è dovuto ad una carenza nel modello. I fattori includono le persone, ed in maniera specifica l'efficacia della loro abilità individuale a resistere[1] e la loro percezione del valore nella moneta. Tutti coloro che validano o che minano offrono un certo livello di resistenza ma non vi è sottintesa

Riferimenti

[1] Capitolo: Assioma di Resistenza

continuità. Ci si riferisce infatti ad un "livello" di sicurezza e non ad un "quantitativo" di sicurezza.

Come mostrato nel Principio dei Dati Pubblici[1], l'anonimità è uno strumento che aiuta a difendere la possibilità di ciascuno di commerciare e/o minare. Per questa ragione, il livello di decentralizzazione non può essere mai misurato; il modello rappresenta un aiuto a livello concettuale. Come mostrato nella Fallacia del Bilanciamento del Potere[2], la sicurezza che viene dedicata da ciascuno dei due sottogruppi è complementare ed indipendente da quella dell'altro. Nonostante le persone possono decidere di commerciare e/o minare indipendentemente in futuro, la Fallacia dello Scarafaggio[3] mostra che essi non stanno contribuendo alla sicurezza finché non decidono di farlo (n.d.t. in maniera attiva). Questo modello è rappresentativo della sicurezza finché essa è presente in un certo periodo di tempo.

Riferimenti

[1] Capitolo: Principio dei Dati Pubblici

[2] Capitolo: Fallacia del Bilanciamento del Potere

[3] Capitolo: Fallacia dello Scarafaggio

Principio di Condivisione del Rischio

Bitcoin non è protetto dalle blockchain[1], dall'hash power, dalla validazione, dalla decentralizzazione, dalla crittografia[2], dall'open source[3] o dalla teoria dei giochi[4] – è protetto dalle persone.

La tecnologia non è mai alla radice della sicurezza di un sistema. La tecnologia è uno strumento che aiuta le persone a proteggere ciò che ha valore per loro. La sicurezza richiede alle persone di agire. Un server non può essere protetto da un *firewall* se non vi è una serratura sulla porta della stanza in cui esso si trova, la quale, a sua volta, non può proteggere la stanza senza un guardiano che la controlli, il quale, a sua volta, non può proteggere la porta senza correre alcun rischio per la propria incolumità.

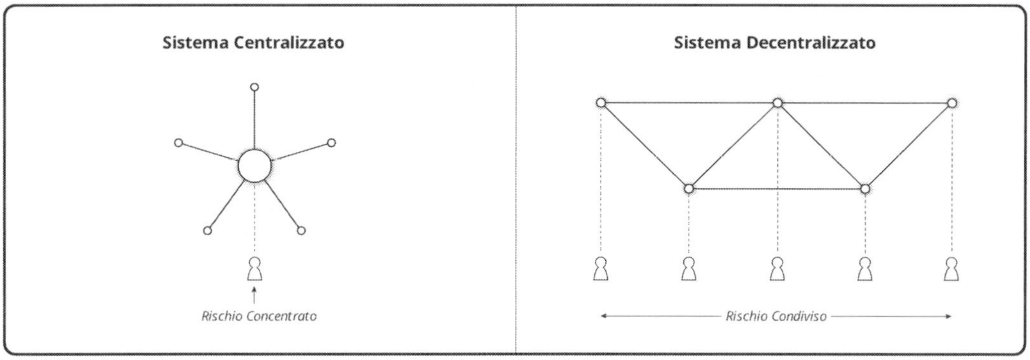

Bitcoin non è diverso da tutto ciò, è protetto dalle persone che corrono un rischio personale nell'utilizzarlo. Condividere questo rischio con altre persone è lo scopo della

Riferimenti

[1] https://it.wikipedia.org/wiki/Blockchain

[2] https://it.wikipedia.org/wiki/Crittografia

[3] https://it.wikipedia.org/wiki/Free_and_Open_Source_Software

[4] Capitolo: Fallacia del Dilemma del Prigioniero

decentralizzazione. Un sistema centralizzato[1] richiede che una sola persona[2] si faccia carico di tutti i rischi ad esso connessi. Un sistema decentralizzato suddivide i rischi tra gli individui[3] che rappresentano la sicurezza del sistema. Coloro che non comprendono il valore della decentralizzazione molto probabilmente non comprendono neanche il ruolo necessario[4] delle persone ai fini della sicurezza.

Bitcoin permette alle persone di condividere il rischio personale di accettare e minare la moneta. E' la sola volontà e abilità di queste persone a resistere[5] che può impedire la coercizione dei loro nodi e la cooptazione dei loro centri di mining, ed in realtà è questo principio ciò che protegge Bitcoin. Se le persone non accettano questi rischi non vi è una sicurezza efficace della moneta. Se un gran numero di persone li accetta, il rischio individuale viene minimizzato. Bitcoin è uno strumento, non è magia.

Riferimenti

[1] https://en.wikipedia.org/wiki/Liberty_Reserve

[2] https://it.wikipedia.org/wiki/Ross_Ulbricht

[3] https://it.wikipedia.org/wiki/BitTorrent

[4] https://www.theatlantic.com/magazine/archive/2017/09/big-in-venezuela/534177

[5] Capitolo: Assioma di Resistenza

Principio del Social Network

Nella terminologia introdotta nell'articolo del 1964 di Paul Baran sulle reti distribuite[1] l'importanza della topologia nella progettazione delle reti risiede nella capacità, da parte delle comunicazioni inviate attraverso di esse, di sopportare la perdita di un certo numero di nodi. Un *network* centralizzato (a stella) cadrà con la perdita del solo nodo centrale. Un *network* distribuito (rete *mesh*) è più resiliente. Un ibrido tra i due è considerato un network decentralizzato.

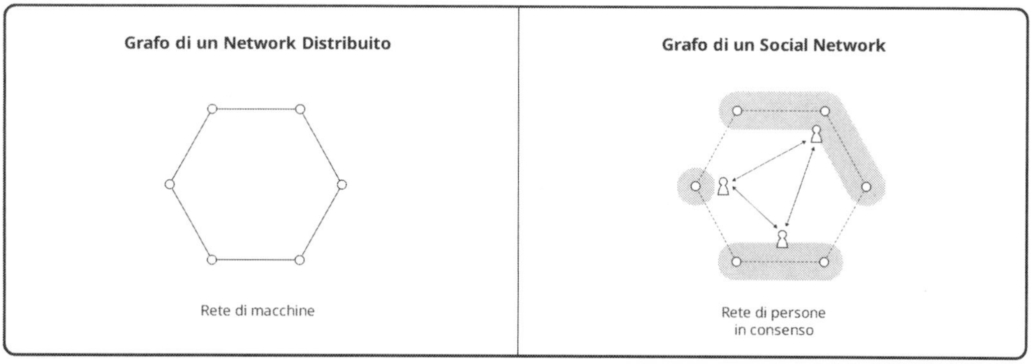

Come moneta, Bitcoin forma un grafo sociale. Solo una persona può decidere di accettare una certa moneta[2] o un'altra in uno scambio. Un insieme di persone che condividono la stessa definizione di una moneta viene chiamato un consenso. L'autorità in un sistema monetario è il potere di definire la moneta. Bitcoin è uno strumento che le persone possono utilizzare per difendersi dalla tendenza verso l'autorità, così da preservare i loro accordi e quindi l'utilità nella moneta.

Nella terminologia dei sistemi distribuiti un "nodo" Bitcoin è una persona e il sistema è la moneta stessa. Non importa quante macchine controlli una persona, la perdita di

Riferimenti

[1] http://web.cs.ucla.edu/classes/cs217/Baran64.pdf

[2] Capitolo: Tassonomia della Moneta

quella persona equivale alla perdita di un nodo del sistema (che include la perdita di tutte le macchine appartenenti ad essa). Una moneta centralizzata non può neanche sopportare la perdita di una sola persona. Se quella persona apporta dei cambiamenti alle regole precedentemente in vigore, la moneta originale cessa di esistere. Come mostrato nel Principio di Condivisione del Rischio[1], Bitcoin si affida alla decentralizzazione per permettere alle persone di resistere[2] all'autorità. Questo assetto decentralizzato permette alla moneta di essere in grado di sopportare la perdita di numerose persone nell'affrontare gli attacchi dello stato. Una perdita, intesa in questo contesto, rappresenta il rifiuto di una persona di commerciare con quella moneta.

Riferimenti

[1] Capitolo: Principio di Condivisione del Rischio

[2] Capitolo: Assioma di Resistenza

Paradosso del Livello di Minaccia

Come implicato dalla Proprietà del Gioco a Somma Zero[1], presumibilmente, l'unico modo per sconfiggere un sussidio esterno[2] è quello di minare in perdita rispetto al ritorno a mercato sul capitale. In maniera simile, sembra che l'unico modo per sconfiggere una tassa, compresa una tassa del 100% (un divieto), sia quello di minare al di fuori della giurisdizione dell'autorità tassante, ad esempio in segreto. Come in tutti i mercati neri[3] vi è un costo maggiore nel condurre un mining di tipo sovversivo[4]. Competere contro un mining sussidiato ne aggrava il costo.

Accettando l'Assioma di Resistenza[5] è necessario assumere che, al fine di ridurre il costo del controllo di Bitcoin, verranno impiegati sia la tassazione che il sussidio. Usando il potere di sussidiare il mining (con il gettito fiscale), gli stati possono indurre il fenomeno del raggruppamento nella regione dove viene applicato il sussidio. Una volta che la maggioranza dell'hash power è stata raggruppata, lo stato può usare il suo potere di tassazione (regolatorio) sulla regione per applicare la censura.

Quindi, per godere dei benefici di uno strumento come Bitcoin, sembrerebbe che le persone siano sostanzialmente costrette a minare in perdita. Tuttavia, la censura crea l'opportunità per altri soggetti di minare in maniera profittevole nella misura in cui le persone (n.d.t. che utilizzano Bitcoin) siano intenzionate a compensare tale costo con le commissioni. Questo mercato nero è l'applicazione della resistenza alla censura in Bitcoin.

Riferimenti

[1] Capitolo: Proprietà del Gioco a Somma Zero

[2] https://it.wikipedia.org/wiki/Sussidio

[3] https://it.wikipedia.org/wiki/Mercato_nero

[4] https://www.theatlantic.com/magazine/archive/2017/09/big-in-venezuela/534177

[5] Capitolo: Assioma di Resistenza

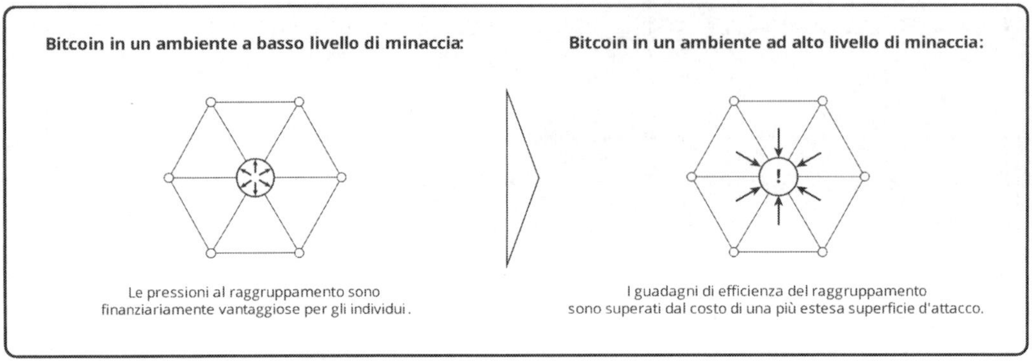

Le persone pagano un prezzo più elevato per certe transazioni, e, al fine di mantenere quel prezzo elevato, lo stato deve subire la stessa spesa a discapito della sua inefficacia.

Paradossalmente, questo tipo di strumento funziona bene quando la moneta è sotto attacco mentre funziona poco bene nelle altre situazioni. Se non vi fosse pressione al raggruppamento[1] *interna* questi scenari si bilancerebbero reciprocamente. Tuttavia la distribuzione del rischio[2] è essenziale per il mining sovversivo e la pressione al raggruppamento lavora *contro* tale distribuzione. Quindi vi è una superficie d'attacco[3] in continua espansione senza che vi sia alcun fattore che induca alla sua contrazione, a meno che delle efficaci alternative monetarie non siano già state soppresse. La soppressione[4] delle alternative aumenta l'utilità della ricompensa per il miner operante nella regione dove ha luogo tale azione coercitiva. Il paradosso si applica anche alle pressioni alla centralizzazione[5].

Riferimenti

[1] Capitolo: Rischio della Pressione al Raggruppamento

[2] Capitolo: Principio di Condivisione del Rischio

[3] https://it.wikipedia.org/wiki/Superficie_di_attacco

[4] https://en.wikipedia.org/wiki/Foreign_exchange_controls

[5] Capitolo: Rischio di Centralizzazione

La conseguenza attesa di questo fenomeno è che Bitcoin non sarà ben preparato agli attacchi, in quanto la preparazione delle difese è finanziariamente svantaggiosa per le persone che vivono in un ambiente caratterizzato da un basso livello di minaccia.

La Value Proposition

Il valore di Bitcoin rispetto alle sue alternative deriva direttamente dal rimuovere il controllo dello stato sia sull'offerta monetaria che sulla censura delle transazioni. I vantaggi includono la libertà dal signoraggio[1], dal controllo[2] sui cambi e dalla sorveglianza finanziaria[3]. Queste proprietà permettono alla moneta di essere trasferita ad ogni persona, in ogni luogo e con qualsiasi tempistica senza la necessità di ottenere il permesso di una terza parte.

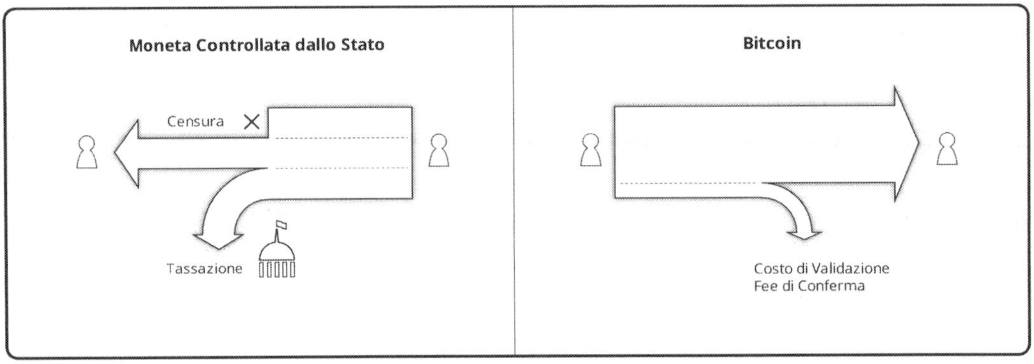

Questi vantaggi rappresentano una riduzione di costo ottenuta evitando la tassazione. Il signoraggio è una forma di tassa diretta mentre il controllo sui cambi porta a limitare la sua evasione. Lo stato medesimo, spesso, sostiene la sua indipendenza politica[4] come un obiettivo volto a limitare questo potere di tassazione. La sorveglianza finanziaria limita l'evasione delle tasse in maniera generale. **Nonostante Bitcoin non possa eliminare la tassazione, esso porta a ridurre il suo gettito e rappresenta un cambio nella natura**

Riferimenti

[1] https://it.wikipedia.org/wiki/Signoraggio

[2] https://en.wikipedia.org/wiki/Foreign_exchange_controls

[3] https://it.wikipedia.org/wiki/Know_your_customer

[4] https://www.federalreserve.gov/faqs/about_12799.htm

della tassazione. Ad ogni modo, per coloro che considerano lo stato un bene sociale, l'opzione di finanziarlo volontariamente rimane sempre aperta.

Sarebbe un errore assumere che questi vantaggi derivino dall'esistenza di una tecnologia più efficiente di quella impiegata dalle monete di monopolio[1]. La tecnologia è in realtà molto meno efficiente[2], tuttavia aiuta le persone[3] a resistere ai controlli dello stato. È questa caratteristica resistenza[4] ad attribuirgli valore.

Riferimenti

[1] Capitolo: Tassonomia della Moneta

[2] Capitolo: Principio di Scalabilità

[3] Capitolo: Principio di Condivisione del Rischio

[4] Capitolo: Assioma di Resistenza

STATALISMO

Obiettivi di una Fedcoin

Come implicato dalla Value Proposition[1] ci sono due aspetti che fanno di Bitcoin un obiettivo del controllo dello stato, ed entrambi rappresentato una minaccia al gettito fiscale.

Nel combattere[2] Bitcoin lo stato potrebbe tentare di introdurre una moneta[3] apparentemente simile, a cui potremmo riferirci con il nome di *Fedcoin* (n.d.t. correntemente viene anche spesso usato il termine *Central Bank Digital Currency* - CBDC). Essa potrebbe essere introdotta attraverso una separazione o come moneta alternativa. L'obiettivo della sua implementazione sarebbe quello di mantenere apparentemente le caratteristiche di Bitcoin eliminando al contempo la sua *value proposition*. Questo porterebbe a proteggere le entrate fiscali pubblicizzando nel frattempo la Fedcoin come un'alternativa "più sicura" di Bitcoin. Una *Fedcoin* non è di per sé rilevante per Bitcoin, eccetto per il fatto che l'imposizione del suo uso richieda una forma di resistenza[4].

Gli aspetti fondamentali che differenziano una *Fedcoin* da Bitcoin consentono allo stato di creare arbitrariamente nuove unità (signoraggio[5]) e di impedire il trasferimento (censura). L'obiettivo del signoraggio può essere raggiunto attraverso un hard fork che introduce una nuova regola di consenso. Questa regola permetterebbe l'introduzione di nuove unità nel caso lo stato avesse firmato una transazione di tipo inflazionario. L'obiettivo di censura potrebbe essere raggiunto attraverso un soft fork che impedisce la conferma di transazioni alle quali manca la firma dello stato.

Riferimenti

[1] Capitolo: La Value Proposition

[2] Capitolo: Principio degli Altri Mezzi

[3] Capitolo: Tassonomia della Moneta

[4] Capitolo: Assioma di Resistenza

[5] https://en.wikipedia.org/wiki/Seigniorage

Impedire allo stato di obbligare l'implementazione di questi fork è lo scopo principale della sicurezza di sistema di Bitcoin. L'economia garantisce la protezione dall'*hard fork* e i miner garantiscono la protezione dal *soft fork*. I rischi[1] che vengono affrontati da queste persone preservano il valore della moneta in contrapposizione alle alternative controllate dallo stato.

Riferimenti

[1] Capitolo: Principio di Condivisione del Rischio

Fallacia della Qualità dell'Inflazione

Esiste una teoria secondo la quale l'inflazione del prezzo[1] causata dal signoraggio[2] porti alla produzione di beni di "qualità" più bassa e/o meno durevoli[3]. La durabilità è uno dei numerosi tipi di qualità cui una persona può attribuire valore confrontando un bene con un altro. **La teoria dà necessariamente per scontato che il valore sia oggettivo contraddicendo quindi la teoria soggettiva del valore.** Per questa ragione la teoria non è valida.

Non esiste infatti una relazione verificabile tra il numero di unità di una moneta[4] richieste per scambiare un bene e le qualità di un bene che una persona possa preferire. Una maggiore ricchezza (che dipende dalla percezione individuale, in quanto il valore è soggettivo[5]) implica una più bassa preferenza temporale[6], come previsto dalla teoria dell'utilità marginale[7]. Tuttavia, anche ipotizzando un'errata percezione di un aumento di ricchezza, la più bassa preferenza temporale non implica una preferenza per beni di "qualità" più bassa. Essa implica solamente una maggiore inclinazione a dare in prestito una più grande porzione del proprio capitale. Rothbard[8] commette questo "sottile" errore in *Cosa ha fatto il Governo ai Nostri Soldi*[9], un errore che continua ad essere perpetuato.

Riferimenti

[1] https://it.wikipedia.org/wiki/Inflazione

[2] https://en.wikipedia.org/wiki/Seigniorage

[3] Capitolo: Principio di Svalutazione

[4] Capitolo: Tassonomia della Moneta

[5] https://en.m.wikipedia.org/wiki/Subjective_theory_of_value

[6] Capitolo: Fallacia della Preferenza Temporale

[7] https://en.wikipedia.org/wiki/Marginal_utility

[8] https://en.wikipedia.org/wiki/Murray_Rothbard

[9] https://mises.org/library/what-has-government-done-our-money/html/p/81

> La qualità del lavoro diminuirà a causa dell'inflazione per una ragione più sottile: le persone si appassioneranno agli schemi di "arricchimento facile", apparentemente comprendendoli come caratteristici del periodo di prezzi sempre crescenti, e spesso disprezzando l'onesto sforzo (n.d.t. impiegato nel lavoro).
>
> *Murray Rothbard: Cosa ha fatto il Governo ai nostri Soldi*

Si presume, e ciò viene fatto sicuramente anche da Rothbard, che le persone preferiscano *sempre* diventare ricche prima che più tardi, come implicato dall'assioma della preferenza temporale. E, come mostrato nell'Ipotesi di Fisher[1], nella misura in cui l'inflazione di prezzo è predicibile, questa viene compensata nel tasso di interesse reale[2]. Nella misura in cui essa non sia predicibile la congettura di Rothbard non può essere applicata.

Il signoraggio è una tassa che rende le persone più povere. Essere poveri *aumenta* la preferenza temporale, l'effetto opposto rispetto a quello descritto dalla teoria. Tutte le tasse - per come è strutturato il loro reale funzionamento ed obiettivo - trasferiscono, senza consenso, la proprietà di alcune persone ad altre persone. Come Rothbard stesso approfondisce nel suo più rigoroso *Man, Economy and State*[3], la struttura di una tassa è economicamente irrilevante.

> Per tutte queste ragioni, l'obiettivo di uniformità della tassazione è impossibile da raggiungere. Non è semplicemente difficile da ottenere in pratica; è concettualmente impossibile e auto-contraddittorio.
>
> *Murray Rothbard: Man Economy and State*

Di conseguenza non può essere mostrato che il signoraggio stesso renda le persone più povere di altri tipi di tasse alle quali potrebbe presumibilmente sostituirsi. Solamente un incremento netto della tassazione porta ad una riduzione della ricchezza.

Riferimenti

[1] https://en.m.wikipedia.org/wiki/Fisher_hypothesis

[2] https://en.m.wikipedia.org/wiki/Real_interest_rate

[3] https://mises.org/library/man-economy-and-state-power-and-market/html/ppp/1393

Principio di Riserva

Il termine “riserva”[1] si riferisce al capitale accumulato che si differenzia dalla porzione dei risparmi che viene investita. Sia gli stati che le persone accumulano capitale per rispondere agli attesi requisiti di liquidità. Il termine “valuta di riserva”[2] si riferisce al capitale accumulato dallo stato che si rende necessario per il settlement[3] delle partite economiche con gli altri stati. Le riserve di moneta delle persone che vivono in uno stato consistono generalmente della moneta emessa dallo stato stesso - principalmente banconote o moneta fiat e un quantitativo minore di moneta metallica[4].

Gli stati acquistano moneta di riserva dalle persone usando moneta di monopolio[5], controllo[6] del cambio estero e tassazione diretta. Usando la loro stessa moneta, essi scontano tali acquisti di un quantitativo pari al signoraggio[7]. Il controllo del cambio estero restringe o proibisce l'uso della valuta di riserva come moneta. Trattando la valuta di riserva come una proprietà ma non come una moneta, lo stato crea una tassa sull’apparente guadagno[8] ottenuto sulla moneta di riserva quando esso svaluta la sua moneta[9] contro la moneta di riserva attraverso l’inflazione monetaria[10]. I tassi di cambio[11] ufficiali creano un'altra tassa sull'uso della valuta di riserva.

Riferimenti

[1] Capitolo: Definizione di Riserva

[2] https://en.wikipedia.org/wiki/Reserve_currency

[3] https://en.wikipedia.org/wiki/Settlement_(finance)

[4] https://it.wikipedia.org/wiki/Moneta_merce

[5] Capitolo: Tassonomia della Moneta

[6] https://en.wikipedia.org/wiki/Foreign_exchange_controls

[7] https://en.wikipedia.org/wiki/Seigniorage

[8] https://www.investopedia.com/articles/personal-finance/081616/understanding-taxes-physical-goldsilver-investments.asp

[9] https://en.wikipedia.org/wiki/Inflation

[10] https://en.wikipedia.org/wiki/Monetary_inflation

[11] https://en.wikipedia.org/wiki/Exchange_rate#Parallel_exchange_rate

Un "*gold standard*" rappresenta uno standard secondo il quale lo stato accumula oro come moneta di riserva, e gli individui tengono a riserva dei titoli di riscossione di un quantitativo "standard" di oro. Nel 1834 venne stabilito[1] che il Dollaro Statunitense potesse essere riscattato in oro al tasso di 20.67 $ per oncia. Per 100 anni lo stato ha acquistato e venduto oro allo stesso tasso. Nel 1934 il Dollaro venne svalutato[2] del 60%, a 35 $ per oncia. A questo punto la sua redimibilità (da parte delle persone) fu abrogata e venne reso illegale accumulare o contrattare in oro. Questo divieto alla redimibilità venne esteso[3] anche agli altri stati nel 1971, ponendo ufficialmente fine al *gold standard* negli Stati Uniti. Non più sotto forma di un debito dello stato, il Dollaro è passato dall'essere una valuta rappresentativa[4] (i.e. una banconota nel senso proprio del termine) ad una valuta fiat.

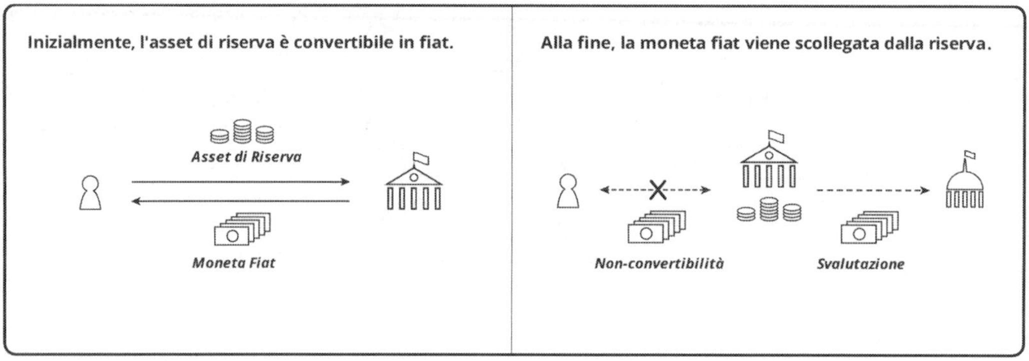

La principale riserva estera degli Stati Uniti è l'oro[5] (74.5%) con il rimanente costituito da valuta estera e titoli equivalenti, al contrario dei cittadini la cui riserva principale è il Dollaro. La stesse banconote o monete fiat dello stato non sono generalmente utilizzabili come moneta di riserva estera, in quanto lo stato può abrogare o svalutare i pagamenti

Riferimenti

[1] https://en.wikipedia.org/wiki/Coinage_Act_of_1834

[2] https://en.wikipedia.org/wiki/Gold_Reserve_Act

[3] https://en.wikipedia.org/wiki/Nixon_shock

[4] https://en.wikipedia.org/wiki/Representative_money

[5] https://en.wikipedia.org/wiki/Gold_reserve

dovuti. Il Tesoro degli Stati Uniti riferisce di detenere[1] oltre 8'000 tonnellate metriche di oro dal valore approssimativo di 400'000'000'000 $. Il potere d'acquisto di una banconota di Dollaro Statunitense del 1834 era all'incirca 30 volte superiore al valore del Dollaro Statunitense fiat del 2019.

Lo scopo di una moneta di riserva è quello di tassare. Per prima cosa lo stato acquista moneta di riserva con titoli[2] di credito promissori negoziabili, successivamente emette più titoli di credito rispetto alla quantità di moneta in riserva, poi abroga i titoli di credito e infine mantiene la riserva originale. La svalutazione delle banconote è il risultato della loro emissione eccessiva (signoraggio) e rappresenta una tassa su coloro che le detengono come riserva. Lo stato raccoglie la moneta di riserva e la detiene come un accumulo che rappresenta la solvibilità rispetto ai debiti contratti con gli altri stati. Nonostante le persone possano ancora accumulare moneta di riserva, essa è soggetta a vincoli[3] onerosi nel suo utilizzo posti al fine di preservare il beneficio di tassazione derivante dal monopolio di stato sulla moneta. Questi vincoli diventano più restrittivi all'aumentare del livello di tassazione.

L'uso dell'oro come riserva di stato non offre alcun beneficio monetario agli individui che sono comunque costretti ad utilizzare la moneta di monopolio negli scambi. Come mostrato nella Fallacia della Valuta di Riserva[4], il Bitcoin come riserva di stato non può rappresentare un miglioramento. Tuttavia, a differenza dell'oro, la definizione di Bitcoin appartiene a coloro che lo accettano nello scambio. Se la maggior parte dei bitcoin fosse in mano allo stato e le persone utilizzassero dei sostituti[5] monetari negli scambi, nessuna

Riferimenti

[1] https://www.treasury.gov/resource-center/data-chart-center/IR-Position/Pages/01042019.aspx

[2] https://en.wikipedia.org/wiki/Promissory_note

[3] https://www.reuters.com/article/us-venezuela-economy/venezuela-loosens-currency-exchange-controls-to-allow-forex-trading-idUSKCN1SD2NC

[4] Capitolo: Fallacia della Valuta di Riserva

[5] https://wiki.mises.org/wiki/Money_substitutes

azione potrebbe impedire allo stato di introdurre arbitrariamente sia inflazione che censura.

Fallacia della Valuta di Riserva

Esiste una teoria secondo la quale, prima o poi, gli stati adotteranno Bitcoin come valuta di riserva[1] e che gli individui transeranno per mezzo di una moneta di monopolio[2] "coperta" da Bitcoin. La teoria sostiene che il volume delle transazioni per far sì che Bitcoin venga usato come valuta per il consumatore sia insufficiente, ma le sue proprietà atte ad impedire l'inflazione monetaria[3] lo rendono un asset di riserva ideale. Le banche centrali e i funzionari da loro autorizzati emetterebbero dei titoli promissori[4] negoziabili detenendo i relativi Bitcoin a riserva. Poiché Bitcoin non può essere inflazionato, prosegue la teoria, la moltitudine di problemi causata dal controllo dello stato sulla moneta verrebbe risolta, dando inizio ad una nuova era di prosperità. Le commissioni di transazione sarebbero basse mentre il volume delle stesse transazioni sarebbe illimitato.

Analizziamo come si svilupperebbe questo scenario. Bitcoin diventa una valuta regolarmente e ampiamente utilizzata ma affetta da diversi problemi quali bassi volumi di transazione, commissioni elevate e lunghi tempi di conferma. Al fine di ottenere una riserva di bitcoin (BTC) lo stato emette dei Certificati negoziabili[5] di Bitcoin (CB) in cambio di bitcoin. Ciò potrebbe essere realizzato sequestrando i conti centralizzati (forzandone la conversione) o attraverso scambi a mercato, ovvero le stesse due modalità che sono state adottate per costituire le riserve auree. Viene istituito un meccanismo di controllo per mezzo del quale le persone possono verificare che i CB emessi non superino le riserve di BTC. Vengono create leggi di corso legale[6] che obbligano le persone ad accettare i CB per fare *settlement* dei debiti, a meno che non venga esplicitamente stabilita una modalità differente. Le persone acquistano i CB con BTC così da poter pagare le tasse

Riferimenti

[1] Capitolo: Principio di Riserva

[2] Capitolo: Tassonomia della Moneta

[3] https://en.wikipedia.org/wiki/Monetary_inflation

[4] https://it.wikipedia.org/wiki/Cambiale

[5] https://it.wikipedia.org/wiki/Titoli_di_credito

[6] https://it.wikipedia.org/wiki/Corso_legale

e pagare i beni del mercato legale ai rivenditori. Alla fine, la maggior parte dei BTC è detenuta come riserva di stato.

Questo scenario dovrebbe suonare familiare, in quanto è lo stesso modo con il quale gli stati sono finiti in possesso dell'oro e le persone sono rimaste in possesso della carta delle banconote. La teoria è invalida su molteplici livelli.

Il rapporto tra CB emessi e BTC a riserva non può mai essere efficacemente verificato. Anche se le regole di consenso di Bitcoin rimanessero in qualche modo in vigore, *non vi è modo* di sapere quanti CB siano stati emessi, e non vi è modo di intervenire se venisse sospettata una svalutazione. E' necessario *fidarsi* della banca centrale per tenere conto dell'emissione di CB e sostanzialmente questo significa che ognuno deve fidarsi del fatto che lo stato non ponga in essere politiche di easing[1] monetario. La storia ha dimostrato che questo genere di correttezza da parte dello stato è improbabile e cionondimeno non vi è alcun miglioramento rispetto alle attuali monete di stato.

Allora, come è possibile che una persona non possa mai efficacemente verificare (validare) i CB, mentre ciò è possibile con i BTC che i certificati hanno sostituito? Perché ciò renderebbe i CB indistinguibili dai BTC tenuti a riserva. In altre parole la *ragione* per cui vi è una differenza tra valuta a corso legale e valuta di riserva è quella di permettere l'inflazione della valuta (una forma di tassazione[2]) mantenendo a riserva (accumulando) una moneta migliore[3].

Inoltre, affinché Bitcoin sopravviva, deve esistere una reale economia decentralizzata basata su di esso. In assenza di individui che validano i BTC ricevuti in uno scambio, non vi è nessuno che possa rifiutare BTC invalidi, cosa che avviene quando essi vengono

Riferimenti

[1] https://it.wikipedia.org/wiki/Allentamento_quantitativo

[2] https://en.wikipedia.org/wiki/Seigniorage

[3] https://it.wikipedia.org/wiki/Legge_di_Gresham

ridefiniti dallo stato[1]. In questo caso la censura[2] e l'inflazione possono essere introdotti facilmente, invalidando la teoria. Solo le transazioni Bitcoin del mercato nero ed il mining possono resistere[3] a questo tipo di transizione. Questo pone sullo stato una ridotta pressione economica a mantenere la consistenza con le regole di consenso di Bitcoin.

Il layering conserva i principi criptodinamici[4] della decentralizzazione, mentre la "copertura monetaria" rappresenta il fenomeno che costituisce la loro completa negazione. Bitcoin non può essere sostenuto in uno scenario dove esso funge da moneta di copertura dei certificati di una banca centrale. Le persone devono effettuare degli scambi con esso per garantirne la sicurezza.

È certamente possibile che Bitcoin sia detenuto come patrimonio di stato, ma questo non offre alle persone alcuna scalabilità delle transazioni o vantaggi di altro tipo.

Riferimenti

[1] Capitolo: Obiettivi di una Fedcoin

[2] Capitolo: Proprietà di Resistenza alla Censura

[3] Capitolo: Assioma di Resistenza

[4] Capitolo: Principi della Criptodinamica

Principio del Sistema Bancario di Stato

Non esiste un vero e proprio prestatore di ultima istanza[1] nell'ambito del free banking[2], esso implica solamente un altro prestatore soggetto al vincolo dimostrato nella Fallacia della Creazione dal Nulla[3]. Tuttavia, nel sistema bancario di stato questo ruolo è attribuito alla banca centrale[4] con il supporto (n.d.t. consapevole?) dei contribuenti. Lo stato raccoglie le tasse per fornire prestiti a tasso scontato[5] alle banche associate[6] e al tesoro dello stato. Il prestito deve presentare uno sconto rispetto ai tassi di mercato[7] altrimenti non costituirebbe un prestito di ultima istanza. Le banche hanno sempre l'opzione di prendere a prestito il denaro da altre banche o da potenziali depositari. La tassazione è necessaria per sostenere lo sconto applicato. Per questa ragione, se il tasso di interesse naturale del mercato è pari al 10%, lo stato potrebbe imprestare denaro alle banche associate al 3% e coprire la differenza con le tasse.

Lo stato ha molteplici fonti di introito da tassazione, ma tipicamente le banche centrali sussidiano i tassi di prestito scontati attraverso il signoraggio[8]. È noto che le banche centrali dichiarino di non "stampare moneta" ma questo è esattamente ciò che fanno. La Federal Reserve[9] degli Stati Uniti (la "Fed") ha il potere di ordinare nuova moneta[10] al Bureau of Engraving and Printing[11] del Tesoro degli Stati Uniti. La Fed paga il costo di

Riferimenti

[1] https://it.wikipedia.org/wiki/Prestatore_di_ultima_istanza

[2] https://it.wikipedia.org/wiki/Free_banking

[3] Capitolo: Fallacia della Creazione dal Nulla

[4] https://it.wikipedia.org/wiki/Banca_centrale

[5] https://en.wikipedia.org/wiki/Discount_window

[6] https://en.wikipedia.org/wiki/Structure_of_the_Federal_Reserve_System

[7] https://www.frbdiscountwindow.org/pages/discount-rates/current-discount-rates

[8] https://en.wikipedia.org/wiki/Seigniorage

[9] https://it.wikipedia.org/wiki/Federal_Reserve_System

[10] https://www.newyorkfed.org/aboutthefed/fedpoint/fed01.html

[11] https://www.moneyfactory.gov/

stampa[1] della "carta" (in realtà della tela) ed il valore nominale per la moneta metallica[2]. Il Tesoro è solamente un appaltatore che svolge il lavoro. Tipicamente la moneta metallica è prodotta in modo da possedere un valore nominale leggermente superiore al valore d'uso[3] in modo da prevenirne la scomparsa[4] dal mercato. Questo valore d'uso deve essere quindi ridotto quando il valore nominale si riduce rispetto ad esso, come risultato della svalutazione della corrispondente moneta fiat.

Questo implica che l'inflazione monetaria[5] della moneta fiat di stato è letteralmente la conseguenza dello stampare la moneta di "carta". Questo processo viene mantenuto in qualche modo nascosto. La Fed, in prima istanza, non stampa la moneta, poi la mette in un caveau, e poi la impresta all'esterno. Questo sarebbe inutile. L'ordine delle operazioni è sostanzialmente invertito. La Fed emette dei prestiti a tasso agevolato con la *pretesa* che nel suo caveau vi sia la moneta corrispondente.

Il processo di settlement[6] stabilito dalla Fed tiene traccia di quanta moneta è detenuta nella riserva di ciascuna banca associata. La maggior parte dei *settlement* può essere spesso compensata[7], ma periodicamente la moneta deve essere fisicamente spostata.

Per ridurre ulteriormente i costi di trasporto viene richiesto che una porzione significativa delle riserve delle banche associate sia detenuta presso lo stesso caveau della Fed. Ciò può essere ottenuto attraverso l'acquisto di Titoli del Tesoro (i Treasury[8]) messi

Riferimenti

1 https://www.federalreserve.gov/faqs/currency_12771.htm

2 https://en.wikipedia.org/wiki/Coin

3 https://en.wikipedia.org/wiki/Use_value

4 https://it.wikipedia.org/wiki/Legge_di_Gresham

5 https://en.wikipedia.org/wiki/Monetary_inflation

6 https://en.wikipedia.org/wiki/Fedwire

7 https://it.wikipedia.org/wiki/Compensazione

8 https://en.wikipedia.org/wiki/United_States_Treasury_security

in vendita[1] dalla Fed. Questi sono sostituti monetari[2] considerati adeguati a soddisfare i requisiti di riserva richiesti alle banche associate. I *Treasury* rappresentano del debito emesso dal Tesoro degli Stati Uniti e generalmente acquistato in grande quantità sul mercato aperto[3] dalla Fed. La Fed riduce lo *yield* dei *Treasury* (i.e. il tasso di interesse pagato dallo stato) fornendo una domanda aumentata. Essa finanzia queste operazioni essenzialmente nella stessa maniera con la quale emette i prestiti agevolati alle sue banche associate. La distinzione sta semplicemente nel fatto che questi acquisti rappresentano dei prestiti agevolati allo stato.

La Fed può *fingere* di avere il denaro nel suo caveau e stamparlo quando ciò viene richiesto dal *settlement*. Questo fatto crea l'illusione che l'inflazione monetaria sia il risultato dall'imprestare il denaro. Ma in verità tutto ciò è interamente basato alla capacità della Fed di acquistare moneta a sconto per poi finanziare i prestiti. Quando una banca associata necessita di moneta, essa la può acquistare dalla Fed utilizzando i Treasury. Quando la riserva di moneta corrente della Fed non è sufficiente, essa esegue semplicemente un "prelievo" dai contribuenti ordinando nuova moneta dalla stampante.

Riferimenti

[1] https://www.stlouisfed.org/in-plain-english/a-closer-look-at-open-market-operations

[2] https://wiki.mises.org/wiki/Money_substitutes

[3] https://fred.stlouisfed.org/series/TREAST

La Fed paga al Tesoro i seguenti importi per i "tagli di banconote" del dollaro:

Denominazione	Prezzo
1 $	5,5 centesimi
2 $	5,5 centesimi
5 $	11,4 centesimi
10 $	11,1 centesimi
20 $	11,5 centesimi
50 $	11,5 centesimi
100 $	14,2 centesimi

Se stampare una banconota da 1 $ avesse avuto un costo di 5,5 centesimi nel 1915, oggi avrebbe un costo di 1,40 $. Quando il costo di stampare una banconota raggiunge il suo valore nominale essa è passata dall'essere una moneta fiat ad essere una moneta commodity[1] (moneta merce). A questo punto il suo valore di signoraggio è pari a zero. Al continuare della svalutazione la denominazione deve essere quindi interrotta. L'analisi delle banche centrali coinvolte nell'iperinflazione[2] è informativa in quanto le banconote raggiungono il loro costo di stampa in un periodo di tempo molto più breve e le monete tendono a scomparire del tutto. L'emissione di banconote aventi denominazione più grande permette alla moneta di rimanere fiat mentre la moneta merce viene abbandonata. Il Dollaro dello Zimbabwe[3] ha raggiunto con una banconota la denominazione di 100'000'000'000'000 (n.d.t. centomila miliardi) di unità prima di essere totalmente abbandonata in favore delle valute straniere.

Riferimenti

[1] https://it.wikipedia.org/wiki/Moneta_merce

[2] https://en.wikipedia.org/wiki/Hyperinflation_in_Venezuela

[3] https://it.wikipedia.org/wiki/Dollaro_zimbabwese

Senza la capacità di creare moneta fiat, la Fed, così come qualsiasi altra banca, non potrebbe effettuare il *settlement* dei conti correnti se essa non disponesse di riserva sufficiente (inclusa quella che potrebbe essere presa a prestito) per coprire i prelievi, e dovrebbe dichiarare fallimento. Finché una banca associata non ha necessità di effettuare *settlement* con moneta effettiva, come nel caso dei prelievi agli ATM[1] o agli sportelli fisici[2], o con le banche non associate e altre istituzioni, non vi è necessità di muovere la moneta corrente, o di stamparla. Tuttavia, senza la capacità di stampare moneta a costo più basso la Fed sarebbe soggetta a fallimento come qualsiasi altra banca.

La quantità totale di Dollari Statunitensi in circolazione[3] viene indicata con la sigla "M0". Questa include tutta la moneta tangibile ("liquidità contante") in aggiunta ai saldi dei conti presso la Federal Reserve. Queste due forme di denaro sono considerate "obbligazioni"[4] intercambiabili (moneta) della Fed. Le obbligazioni intangibili sono moneta che viene conteggiata ma che non è ancora stata stampata.

Quando l'attività di presa in prestito da parte delle banche associate viene ridotta, ovvero quando la Fed alza i propri tassi di interesse, le "obbligazioni" della Fed (la moneta) possono essere distrutte con l'effetto opposto della stampa. Quando la Fed ha contratto M0[5] di quasi il 20% in quattro anni a partire dal suo picco nel 2015, ciò ha rappresentato un costo sulle entrate fiscali. La Fed, infatti, si dipinge come un'organizzazione no profit, ma il guadagno netto derivato dai suoi prestiti viene versato al Tesoro degli Stati Uniti[6] con cadenza annuale.

Riferimenti

[1] https://it.wikipedia.org/wiki/Sportello_automatico

[2] https://en.wikipedia.org/wiki/Bank_teller

[3] https://en.wikipedia.org/wiki/Money_supply#United_States

[4] https://en.wikipedia.org/wiki/Money_supply#Money_creation_by_commercial_banks

[5] https://tradingeconomics.com/united-states/money-supply-m0

[6] https://www.stlouisfed.org/on-the-economy/2018/september/fed-payments-treasury-rising-interest-rates

La Federal Reserve ha incrementato il target del tasso di interesse dei fondi federali di sette volte tra Dicembre 2015 e Giugno 2018. Questo ha impatto sull'andamento del disavanzo e sul debito federali in due modi:

* Direttamente attraverso i pagamenti degli interessi netti
* Indirettamente attraverso le rimesse annuali dalla Fed verso il Dipartimento del Tesoro degli Stati Uniti

Le rimesse annuali al Tesoro sono essenzialmente la rimanenza degli introiti della Fed al netto delle spese operative. Per legge, questo gettito addizionale deve essere girato al Tesoro.

Il ricavo mandato al Tesoro ha avuto il picco di 97,7 miliardi di $ nel 2015 ed è costantemente calato da allora. Nel mese di Gennaio la Fed ha inviato al Tesoro 80,2 miliardi di $.

Federal Reserve Bank of St. Louis

Questa "rimanenza dei ricavi della Fed" è ciò che viene guadagnato, al netto delle spese operative, dai prestiti di denaro stampato dal Tesoro degli Stati Uniti a costo nominale, e garantito dalla sua protezione di monopolio[1]. Così il risultato netto di queste operazioni è che il Tesoro stampa nuova moneta e poi la riprende indietro sotto forma di interesse della moneta stampata. Come mostrato sopra, il Tesoro prende anche a prestito moneta a tasso scontato indirettamente finanziato dalla Fed attraverso l'emissione di Titoli del Tesoro. **Benché la moneta non sia fisicamente stampata e poi depositata direttamente al Tesoro, il risultato è lo stesso.**

La moneta di monopolio[2] di stato non è creata *ex nihilo* da operazioni bancarie fraudolente. È letteralmente creata dalla tela dei vecchi jeans[3] dallo stato.

La transizione ad una moderna "società senza contante"[4] implica che le banche centrali mantengano la forma esistente di contabilità per la moneta non ancora stampata e che eseguano tutti i *settlement* internamente. Questo elimina i costi di stampa e di trasporto

Riferimenti

[1] https://en.wikipedia.org/wiki/Counterfeit

[2] Capitolo: Tassonomia della Moneta

[3] https://www.washingtonpost.com/news/wonk/wp/2013/12/16/how-tight-jeans-almost-ruined-americas-money/

[4] https://www.nytimes.com/2018/11/21/business/sweden-cashless-society.html

dovuti al *settlement* e garantisce piena capacità di censurare le transazioni della moneta. Un esempio di Fedcoin[1], come la e-Krona[2] in fase sperimentale, richiederebbe alle persone di transare per mezzo della moneta di stato in forma elettronica. Bitcoin serve lo stesso scopo ma senza il controllo dello stato sia sull'attività di emissione (mining) che di conferma delle transazioni. Per queste ragioni non ci si può attendere che Bitcoin diventi una valuta di riserva[3] per il sistema bancario di stato in quanto seguirebbe lo stesso percorso fallimentare del gold standard[4]. La value porposition[5] di Bitcoin si basa sul non utilizzare la moneta di stato.

Riferimenti

[1] Capitolo: Obiettivi di una Fedcoin

[2] https://www.riksbank.se/en-gb/payments--cash/e-krona

[3] Capitolo: Fallacia della Valuta di Riserva

[4] https://it.wikipedia.org/wiki/Sistema_aureo

[5] Capitolo: La Value Proposition

MINING

Fallacia del Monopolio degli ASIC

Vi è una teoria secondo la quale il prezzo degli ASIC[1] per minare Bitcoin sia controllato da un cartello[2] di miner che creano uno sproporzionato vantaggio ai centri di mining partecipanti al cartello.

A livello economico, non vi è differenza tra un cartello ed una singola organizzazione. A livello organizzativo, cambiare la dimensione di una società è un esito del libero mercato che è osservabile quando il capitale va alla ricerca di economie di scala[3] ottimali. Se i partecipanti al cartello ricevono gli ASIC ad un prezzo che produce un ritorno sul capitale al di sotto del valore di mercato, ciò si configura come un sussidio tra i partecipanti. Lo stesso fenomeno si verifica per un prezzo che produce dei ritorni sul capitale al di sopra del livello di mercato, con il sussidio che opera nella direzione opposta. Per questa ragione, non vi è alcun vantaggio netto nell'applicare questo sconto tra i partecipanti.

La produzione è generalmente impostata ad un livello che mira a produrre il massimo tasso di ritorno[4] sul capitale. L'unica maniera economicamente razionale per innalzare i prezzi è quella di limitare la produzione al di sotto di quel livello ottimo. Altrimenti i prezzi più alti si tradurrebbero in un inventario invenduto portando a ritorni netti più bassi. Questo significa che la produzione deve essere limitata dal cartello per aumentare il prezzo unitario[5] per i non-membri.

Riferimenti

[1] https://it.wikipedia.org/wiki/Application_specific_integrated_circuit

[2] https://mises.org/library/man-economy-and-state-power-and-market/html/p/1059

[3] https://it.wikipedia.org/wiki/Economie_di_scala

[4] https://en.wikipedia.org/wiki/Rate_of_return

[5] https://en.wikipedia.org/wiki/Unit_price

Limitare la produzione lascia l'opportunità ad altri produttori di attrarre i clienti con una più bassa utilità marginale[1] per il prodotto, in quanto questi clienti rimarrebbero altrimenti non serviti. Quindi, la competizione abbassa il prezzo finché il mercato non si equilibra. Un libero mercato ricerca il prezzo di equilibrio che produce il ritorno sul capitale globale (l'interesse). Un prezzo corrente al di sopra di questo livello di prezzo incrementa la produzione mentre un livello al di sotto di tale livello la diminuisce. È la preferenza temporale[2] a determinare il tasso di interesse.

A meno che la produzione non sia soggetta in maniera sproporzionata alle forze anti-mercato quali la tassazione o il sussidio, ciascuno può godere della stessa opportunità di raccogliere capitale e competere nella produzione.

Se ciò non avviene, significa che i ritorni su questa linea di attività sono compatibili con i ritorni medi di mercato. La tassazione ed il sussidio creano delle distorsioni a livello regionale ma non eliminano la competizione. **In altre parole, il prezzo di monopolio è solamente il prodotto dalla concessione del potere di monopolio da parte dello stato.**

Una teoria collegata alla precedente afferma che l'acquisto di ASIC da questo cartello porti ad incrementare il suo stesso hash power. Questa teoria è invalida sulla base della spiegazione illustrata precedentemente sul prezzo di monopolio. Il capitale del produttore andrà sempre alla ricerca dello stesso ritorno in qualsiasi linea di business o di investimento. Non vi è alcuna ragione di credere che il ritorno sia sproporzionato relativamente ai soli ASIC.

Un'ulteriore teoria collegata afferma che l'algoritmo di proof of work di Bitcoin produce una pressione al raggruppamento[3] come conseguenza del supposto fenomeno di cartellizzazione. Se le persone credono veramente che gli ASIC siano sovraprezzati la

Riferimenti

[1] https://it.wikipedia.org/wiki/Utilit%C3%A0_marginale

[2] https://en.wikipedia.org/wiki/Time_preference

[3] Capitolo: Rischio della Pressione al Raggruppamento

risposta razionale è quella di raccogliere capitale e mettersi a produrre ASIC. Ma in ogni caso, sono le sole forze di mercato e anti-mercato (dello stato) a controllare la produzione dei chip e per questa ragione ciò non costituisce una pressione al raggruppamento basata sul protocollo.

Fallacia del Bilanciamento del Potere

In Bitcoin il potere è riposto nelle mani dei miner e dei commercianti. Tuttavia, questi due poteri non sono "bilanciati" tra di loro, come in una sorta di sistema di controlli e contrappesi[1]. Il potere dei miner è ortogonale[2] a quello dei commercianti. I miner controllano la selezione delle transazioni, i commercianti ne controllano la validità e nessuno dei due può controllare l'altro. Non sorprende, infatti, che nella descrizione[3] e nell'implementazione originali questi ruoli fossero combinati assieme.

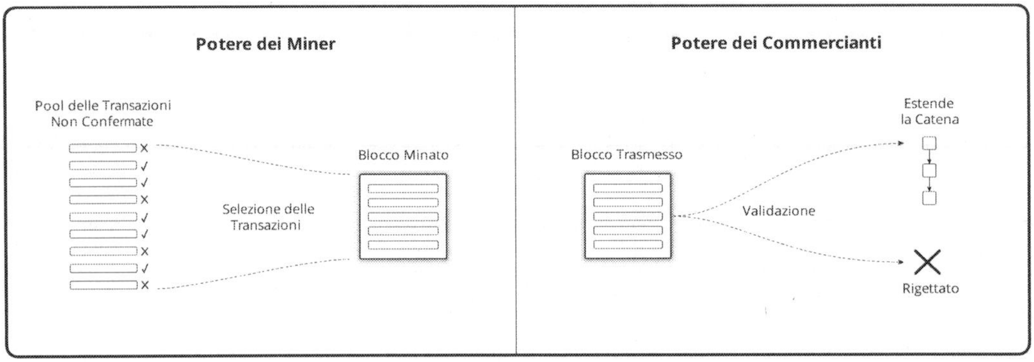

Il potere non è la stessa cosa dalla capacità di influenzare. I commercianti possono influenzare i miner non comprando il servizio da loro offerto. In maniera simile, i miner possono influenzare i commercianti non fornendo loro il servizio. Queste scelte si manifestano come separazioni e stalli. Tuttavia, la natura del potere (spesso messa in pratica) è quella di poter ignorare l'influenza. Lo stato detiene il potere; può applicare la coercizione e la cooptazione ignorando al contempo le forze di influenza. I commercianti

Riferimenti

[1] https://it.wikipedia.org/wiki/Separazione_dei_poteri
[2] https://en.wikipedia.org/wiki/Orthogonality
[3] https://bitcoin.org/bitcoin.pdf

e i miner *assieme* hanno il potere di difendersi[1] contro queste aggressioni, ma nessuno dei due può farlo senza il supporto dell'altra entità.

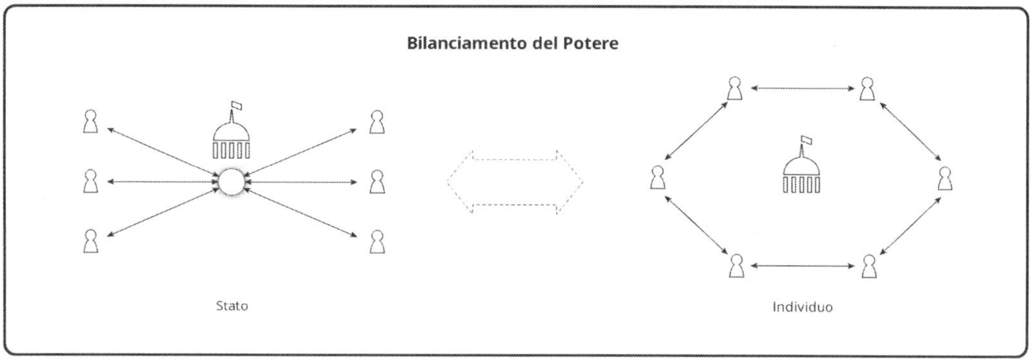

Il bilanciamento del potere in Bitcoin è tra gli *individui* e lo stato. Anche gli stessi stati creano dei sistemi che provano[2] a isolare le loro monete dal controllo politico. Bitcoin non è differente in tale contesto avendo incorporato l'assioma di resistenza[3]. Gli individui possono scegliere di essere sia miner sia commercianti. Con una distribuzione diffusa di queste attività diventa difficile per gli attori statali censurare questo mercato. **L'idea che i miner e i commercianti operino in posizioni contrapposte evidenzia l'incapacità di comprendere il modello di sicurezza di Bitcoin.**

Riferimenti

[1] Capitolo: Principio di Condivisione del Rischio

[2] https://www.federalreserve.gov/aboutthefed/bios/board/default.htm

[3] Capitolo: Assioma di Resistenza

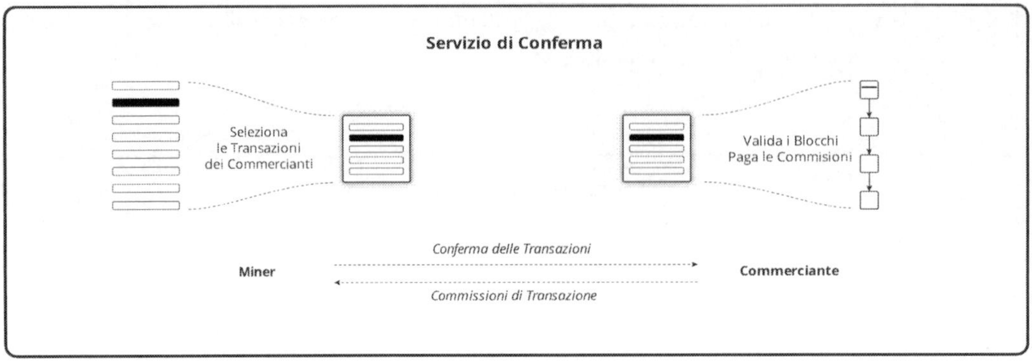

I commercianti acquistano un servizio dai miner e per questa ragione i due soggetti sono coinvolti in uno scambio. I commercianti acquistano dei servizi di mining che sono conformi alle loro regole in cambio di una commissione soddisfacente. Essi sono liberi di separare la catena e a loro volta i miner sono liberi di non minare affatto o di non selezionare transazioni particolari per qualsiasi ragione essi ritengano opportuna. Lo scambio non è mai un'attività di contrapposizione o di natura asimmetrica, è un'attività volontaria e mutualmente soddisfacente dove tutte le tensioni vengono risolte nel prezzo.

Questa mancata comprensione del fenomeno porta le persone a credere che il mining possa essere raggruppato in maniera centralizzata a patto che i commercianti non operino una validazione centralizzata, cosa che porterebbe l'economia a controllare il comportamento del mining, rendendo il sistema sicuro. Questa convinzione è scorretta ma sfortunatamente le persone stanno traendo questa conclusione[1] errata a partire dagli eventi recenti. Una fallacia strettamente collegata[2] a quest'ultima è la convinzione che un hard fork della proof of work da parte dei commercianti possa controllare il comportamento dei miner.

Riferimenti

[1] https://www.coindesk.com/uasf-revisited-will-bitcoins-user-revolt-leave-lasting-legacy

[2] Capitolo: Fallacia della Proof of Work

Fallacia del Sottoprodotto del Mining

Vi è una teoria secondo la quale, nella misura in cui il mining di Bitcoin possa consumare un necessario quanto altrimenti non commerciabile sottoprodotto[1] della produzione di energia, come ad esempio gas naturale inutilizzato[2], è implicata una riduzione del consumo netto di energia.

Dato un nuovo mercato del sottoprodotto in questione, non avvantaggiarsi del suo ipotetico prezzo più basso rappresenta un costo opportunità[3] per ciascun miner. La competizione per il sottoprodotto incrementa il suo prezzo al livello per il quale il vantaggio netto, alla fine, viene eliminato. Temporaneamente, questo rappresenta un'opportunità[4] di profitto nel mining.

Paradossalmente[5], ogni riduzione di costo porta ad un consumo proporzionalmente più grande. La riduzione di costo nel mining deve portare ad un incremento di questa attività così da riportare il suo costo al livello della ricompensa. Così il sottoprodotto "consumato" in precedenza come un rifiuto porta ad incrementare l'*hash rate* del mining fino al punto in cui lo stesso costo è consumato nell'attività di mining. Il consumo netto di energia nel mining è in realtà aumentato dal prezzo più basso.

Tuttavia, monetizzando una risorsa di scarto, l'offerta complessiva di energia a mercato è incrementata senza che venga aumentato il suo costo di produzione. E la domanda per l'offerta di energia altrimenti a mercato utilizzata nel mining viene diminuita. Questo implica una riduzione del prezzo di mercato dell'energia.

Riferimenti

[1] https://it.wikipedia.org/wiki/Rifiuto

[2] https://it.wikipedia.org/wiki/Torcia_(industria)

[3] https://it.wikipedia.org/wiki/Costo_opportunit%C3%A0

[4] https://bitcoinist.com/bitcoin-mining-waste-oil-industry

[5] Capitolo: Il Paradosso dell'Efficienza

Una corrispondente espansione della produzione può generalmente derivare da un ridotto prezzo dell'energia. Questa stabilità di prezzo[1] è una caratteristica generale di ogni prodotto. **Per questa ragione, non è possibile assumere una riduzione del consumo complessivo di energia come conseguenza dell'utilizzo di un sottoprodotto nel mining**, e ciò invalida la teoria. Tuttavia, una maggiore produzione allo stesso costo o la stessa produzione a costo più basso implicano un incremento complessivo della ricchezza.

Riferimenti

[1] Capitolo: Proprietà di Stabilità

Fallacia della Causazione

Vi è una teoria secondo la quale il mining "segua" il prezzo, o più specificamente il valore della ricompensa. L'implicazione è che il mining sia schiavo del prezzo poiché viene a mancare qualsiasi dipendenza dall'utilità della moneta.

Si consideri un miner che risponda solamente ai valori della ricompensa su base storica. Questa persona non può essere il primo miner perché la ricompensa in quel momento non ha ancora valori storici. Nessun prezzo può essere stabilito poiché non è ancora avvenuto alcuno scambio. Il miner potrebbe aver ricevuto la notizia che un certo numero di unità non confermate abbia acquistato una pizza, ma magari le stesse unità hanno subito una doppia spesa. Egli deve anticipare un certo livello futuro di ritorno netto sul capitale che non è determinabile finché esso si materializza o non si materializza. Questa è la natura del rischio imprenditoriale. Il rischio deve essere preso prima che il prodotto possa esistere. Si può credere che tale rischio possa essere spostato sul consumatore attraverso un ordine anticipato del prodotto. Ma a quel punto il consumatore è diventato l'imprenditore, fornendo il capitale e assumendosi il rischio della produzione.

È certamente possibile per un miner rispondere solamente ai valori di ricompensa storici una volta che la storia è stata stabilita da qualcun altro che si sia assunto tale rischio. Ma qual è la finestra temporale ed il metodo di applicazione della media che predice i futuri valori di ricompensa? L'abilità, unica nel suo genere, di predire i prezzi di scambio fornirebbe al miner ricchezze illimitate. Se ciò potesse essere fatto in maniera generalizzata, il prezzo non cambierebbe mai, in quanto tutti i cambiamenti potenziali sarebbero già scontati alla prima emissione. Per questa ragione, o il prezzo cambia imprevedibilmente, o non cambia affatto. In altre parole, ogni miner affronta la stessa situazione del primo. Non esistono prezzi storici che possano predire prezzi futuri.

Assumendo, in generale, un ritorno medio a mercato sul capitale investito nel mining, sia la sovrastima che la sottostima del valore della ricompensa implicano una perdita in relazione al costo del capitale. Data la natura della competizione, i profitti e le perdite (rispettivamente al di sopra o al di sotto del ritorno a mercato sul capitale) subiscono una costante pressione negativa di tipo esistenziale. In altre parole, il mercato prova ad eliminare questi errori. Ma data la natura imprevedibile del prezzo, in realtà, questo compito non può mai essere portato a termine. La produzione non ricerca mai il soddisfacimento della domanda esistente che è di tipo storico per natura, ma va alla ricerca della domanda che essa stessa anticipa. **La produzione prova ad indovinare continuamente il consumo futuro e facendo ciò crea l'opportunità per il consumo stesso.**

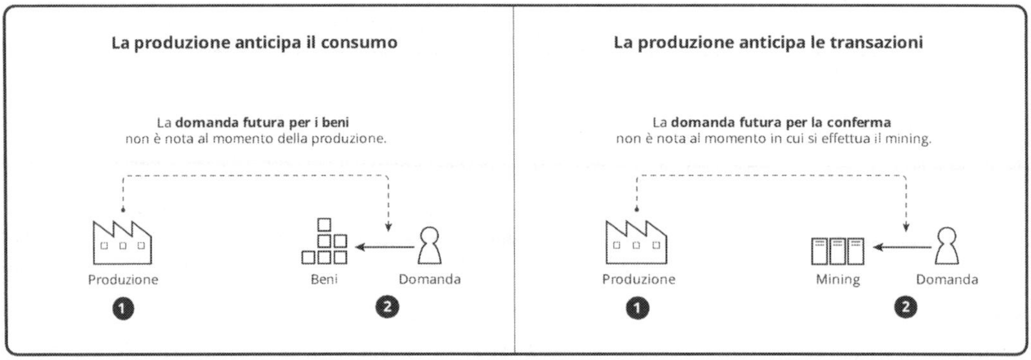

I miner scambiano il loro capitale per unità di bitcoin. Nel fare ciò essi rappresentano una frazione della domanda complessiva di bitcoin. Tuttavia, i miner non stabiliscono indipendentemente il prezzo. La loro domanda particolare non è maggiormente impattante sul prezzo rispetto a un non-miner avente lo stesso livello di domanda.

Si potrebbe affermare che i miner convergano ad un ritorno sul capitale a mercato anticipando i *più alti* valori delle commissioni. Ma i commercianti, in maniera simile, convergono ad un ritorno sul capitale a mercato dei miner ricercando il *più basso* valore delle commissioni. Ciononostante, i miner devono anticipare la domanda complessiva e rischiare nell'attività di mining prima che venga creato qualsiasi tipo di utilità. Così, nella misura in cui vi è un'asimmetria, il mining precede l'attività di effettuare transazioni, così come ogni produzione deve precedere il consumo. Fare assunzioni differenti rappresenta un fraintendimento tra la direzione che prende il mercato con il modo in cui avviene questo processo.

Fallacia del Mining Disaccoppiato

Vi è una teoria secondo la quale la sicurezza[1] nel mining raggruppato (*pooling*) venga incrementata disaccoppiando la ricompensa dalla selezione delle transazioni. La teoria ritiene che attraverso la condivisione della sola ricompensa, il controllo sulla selezione delle transazioni si sposti sui miner con minore hash power. Questo implica una riduzione nello sconto di varianza[2] e di conseguenza un incremento nella competitività[3] dei centri di mining più piccoli. Poiché i centri di mining più piccoli possono presumibilmente operare in maniera più coperta di quelli più grandi, ciò, a propria volta, implicherebbe un aumento nella resistenza[4] alla censura .

La teoria non riconosce che il controllo sulla selezione delle transazioni rimane in capo all'operatore della mining pool, ed è quindi invalida. L'unico beneficio consiste nella riduzione della varianza, ma questo si registra solo quando il pagamento viene ricevuto. Poiché il pagamento è discrezionale, ad esso può essere teoricamente associato ogni tipo di condizione. Le condizioni potrebbero includere la censura e l'identità. I membri possono ricorrere all'abbandono della *pool* in favore di un'altra, così come accade nelle *pool* accoppiate. Per questa ragione, sia le *pool* disaccoppiate che quelle accoppiate sono egualmente soggette alla cooptazione.

Riferimenti

[1] Capitolo: Modello di Sicurezza Qualitativo

[2] Capitolo: Difetto dello Sconto di Varianza

[3] Capitolo: Proprietà di Resistenza alla Censura

[4] Capitolo: Assioma di Resistenza

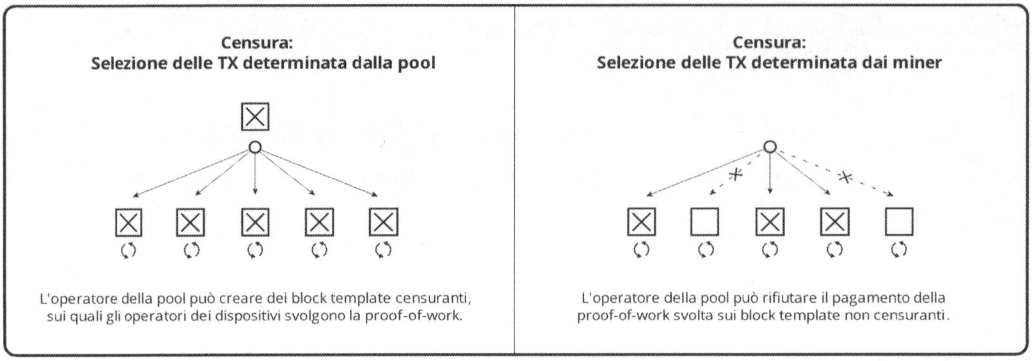

Vi è una teoria collegata secondo la quale la trasparenza di una *pool* che impiega il disaccoppiamento è maggiore di quella di una *pool* che usa l'accoppiamento, una caratteristica che faciliterebbe il passaggio dei membri alle *pool* che non adottano la censura e che limiterebbe quindi la dominanza delle prime. Anche accettando generosamente le assunzioni di maggiore trasparenza e il fatto che miner indipendenti agiscano contro il proprio stesso interesse finanziario, la questione della cooptazione rimane comunque irrisolta. Lo stato può sempre riservare a sé stesso l'abilità di operare con i vantaggi finanziari del raggruppamento[1] e la teoria è quindi invalida.

Questa fallacia è simile alla Fallacia della Propagazione[2] nella quale viene sostenuto che tutti i vantaggi finanziari dipendono da miner altrimenti indipendenti che affidano ad una singola persona il controllo di quello specifico vantaggio.

Riferimenti

[1] Capitolo: Rischio della Pressione al Raggruppamento

[2] Capitolo: Fallacia del Propagatore

Principio del Costo Dedicato

I costi non necessari che vengono sostenuti dai miner non contribuiscono in alcun modo né alla resistenza alla doppia spesa né alla resistenza alla censura[1]. Questi costi costituiscono un vero e proprio spreco poiché rappresentano niente più che una misura dell'inefficienza del miner. Ad esempio, se un miner con macchine mal configurate spende una grande quantità di energia senza essere in grado di vincere la ricompensa a causa della cattiva configurazione, ciò non dà alcun contributo alla sicurezza. Ogni costo che non è strettamente richiesto per la generazione ottimale di hash power non è un costo necessario. La cattiva configurazione di un miner non rappresenta un costo per un altro miner.

È stata formulata una teoria secondo la quale la proof-of-work (PoW) possa essere resa più energeticamente efficiente[2] introducendo costi non dedicati alla funzione di mining. Un esempio di questa teoria è l'impiego di capacità computazionale per la scoperta di numeri primi[3]. La ragione per incorporare questi costi deriva dal fatto che i risultati da essi prodotti hanno un presunto valore di mercato. In caso contrario, non ci sarebbe alcun valore nell'aggiungere un'ulteriore funzione.

Facendo un'analogia, i produttori di birra possono vendere i sottoprodotti di scarto dei cereali agli agricoltori. Questo migliora la loro efficienza eliminando un costo non necessario. In questo modo, nella misura in cui il sottoprodotto ha valore, la sua produzione non incorre in un costo netto. Ciononostante, i costi netti necessari devono salire al livello della ricompensa a causa della competizione. Quindi lo stesso risultato sarebbe raggiunto da una semplice PoW che consumi l'intero valore della ricompensa in aggiunta a dei processi energivori indipendenti che generino gli altri prodotti

Riferimenti

[1] Capitolo: Proprietà di Resistenza alla Censura

[2] Capitolo: Il Paradosso dell'Efficienza

[3] http://primecoin.io/

commercializzabili. **Ogni costo dedicato alla produzione di un valore vendibile indipendentemente può essere compensato attraverso la vendita di quel sottoprodotto.** Per questa ragione la teoria è invalida.

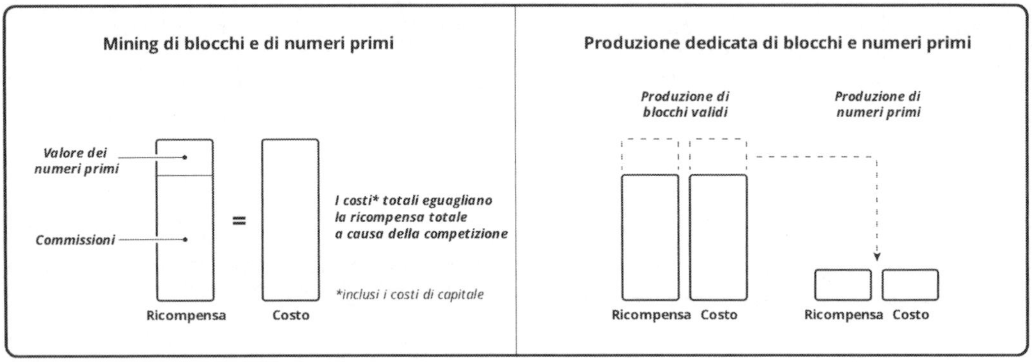

Il merged mining[1] viene solitamente implementato per risolvere il problema di avviare (*bootstrap*) una nuova moneta superando le fasi vulnerabili di basso hash rate. Questo tipo di architettura non riconosce che l'*hash rate* che non viene dedicato alla nuova moneta non contribuisce alla sua sicurezza. Poiché l'intero costo dell'hash rate può essere recuperato vendendolo su una catena, non vi è alcun costo nel censurare le altre catene validate tramite *merged mining*.

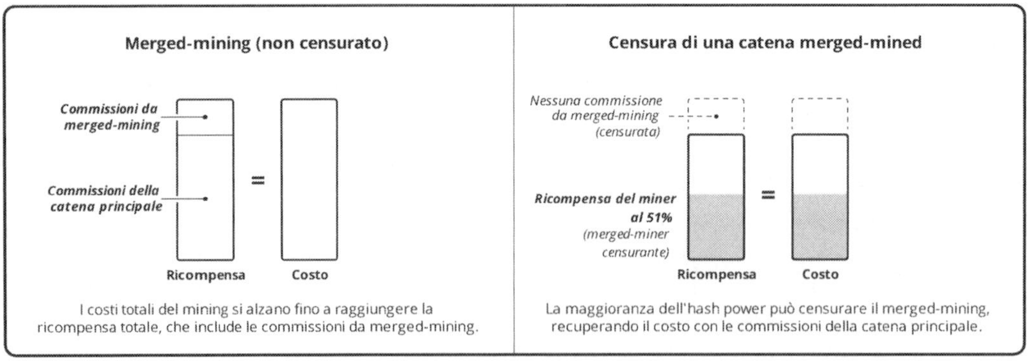

Riferimenti

[1] https://eprint.iacr.org/2017/791.pdf

Il Paradosso dell'Efficienza

Il mining di Bitcoin, nel suo complesso, non può essere reso più efficiente in termini di costo reale. Poiché tutti i costi si misurano in termini di energia, questa frase può essere riformulata come: Bitcoin non può essere reso più efficiente energeticamente. Paradossalmente[1], ed indipendentemente da qualsiasi miglioramento tecnologico venga introdotto, il costo della conferma delle transazioni rimane la somma delle ricompense per la conferma.

In ultima istanza, questa apparente contraddizione deriva dal fatto che la ricompensa determina il costo. Un incremento di hash rate allo stesso costo porta ad un incremento della difficoltà al fine di mantenere lo stesso periodo di tempo tra i blocchi, incrementando conseguentemente il costo. Il mining di Bitcoin deve sempre consumare sotto forma di costo l'ammontare della sua ricompensa corrente.

Riferimenti

[1] https://it.wikipedia.org/wiki/Paradosso

Fallacia del Blocco Vuoto

Esiste una teoria secondo la quale minare blocchi vuoti rappresenti un attacco. Tra le ipotesi, la teoria non richiede che i blocchi siano minati su un ramo debole nel tentativo di permettere la doppia spesa e non specifica quale persona venga attaccata.

Si prendano in considerazione i seguenti punti:

- Il termine "attacco" implica il furto. Il whitepaper di Bitcoin[1], ad esempio, utilizza il termine solamente per descrivere i tentativi di doppia spesa.
- Una ricompensa è costituita dalle commissioni per le transazioni e da un sussidio per il blocco. Il miner che rinuncia alle commissioni delle transazioni non includendole in un blocco non è remunerato da esse.
- L'hash power del miner contribuisce in maniera proporzionale alla sicurezza del network. Il sussidio rappresenta la compensazione per la sicurezza durante la fase inflazionaria. Lo scopo dell'inflazione è quello di distribuire razionalmente le unità. La distribuzione razionale è scambiata specificamente in cambio di hash power, non al fine di includere transazioni.
- La conferma delle transazioni non è garantita. Le commissioni sono l'incentivo per la conferma. La mancanza di conferme implica in maniera obiettiva l'insufficienza delle commissioni.
- I blocchi vuoti sono totalmente compatibili con le regole del consenso e non possono essere ragionevolmente impediti da una nuova regola.

Inoltre, se il 10% dell'*hash power* mina blocchi vuoti, le conferme richiederanno in media il 10% in più del tempo. Tuttavia, se un miner rimuove il 10% dell'*hash power* totale, le conferme richiederanno sempre in media il 10% in più del tempo, fino al successivo

Riferimenti

[1] https://bitcoin.org/bitcoin.pdf

aggiustamento della difficoltà. Minare un blocco vuoto è quindi indistinguibile dal non minare affatto.

Risulta utile investigare l'origine della fallacia. A causa della Proprietà del Gioco a Somma Zero[1] si potrebbe teoricamente assumere che minare un blocco vuoto possa togliere "slealmente" la possibilità di confermare le transazioni.

Un miner impegna del capitale per minare, producendo, in ritorno, dell'*hash power*. Mettendo da parte gli effetti del raggruppamento[2], il miner viene sovvenzionato in proporzione all'*hash power* prodotto. Senza questo lavoro altri miner produrrebbero lo stesso numero medio di blocchi ad una difficoltà proporzionalmente minore. In altre parole, gli attacchi *reali* sarebbero proporzionalmente meno costosi. Così, nonostante il miner non venga remunerato per includere transazioni, egli sta rendendo sicure le transazioni precedentemente confermate.

Poiché il costo marginale[3] di includere una transazione è al di sotto dei livelli medi delle commissioni, il miner che mina un blocco vuoto sta subendo un costo opportunità[4]. Tale costo rappresenta il livello al quale il miner sta sussidiando la sicurezza della catena.

Riferimenti

[1] Capitolo: Proprietà del Gioco a Somma Zero

[2] Capitolo: Rischio della Pressione al Raggruppamento

[3] https://it.wikipedia.org/wiki/Costo_marginale

[4] https://it.wikipedia.org/wiki/Costo_opportunit%C3%A0

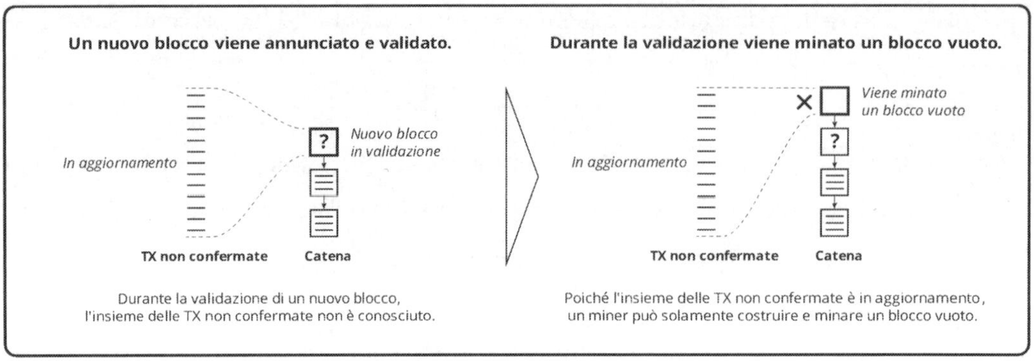

Benché questo comportamento sembri economicamente irrazionale nel limitato contesto della moneta, esso può considerarsi razionale a causa del costo opportunità insito nell'aspettare a minare su un blocco candidato non vuoto in seguito ad un annuncio. **Nella misura in cui questa azione riduca i costi del miner, minare blocchi vuoti non può avere impatto né sulle commissioni né sul tasso di conferma.** La teoria è quindi invalida.

Nonostante un certo miner possa considerare vantaggioso minare blocchi vuoti, qualsiasi altra persona ha il potere di fare altrimenti. È la facoltà di esercitare questa opportunità improntata alla competitività e al fine personale a rendere sicura la moneta nei confronti degli attacchi reali.

Fallacia dell'Esaurimento dell'Energia

Esiste una teoria secondo la quale la *proof-of-work* potrebbe esaurire tutta l'energia disponibile per le persone. La PoW converte l'energia in una barriera contro la doppia spesa che cresce monotonamente[1] per ogni data transazione. Questo fenomeno è confrontabile con l'energia spesa nel rendere sicura qualsiasi moneta dalla contraffazione (dal suo stesso ente emittente o da altri soggetti).

Lo scopo di ogni misura di sicurezza è quello di creare un costo necessario a superare tale misura; i.e. una barriera finanziaria. Bitcoin crea la sua barriera alla doppia spesa obbligando l'attaccante a sostituire il ramo della transazione bersaglio con un ramo avente probabilisticamente maggior lavoro. Curiosamente, se la sostituzione ha successo, la barriera per i successivi attaccanti viene elevata in misura ancora maggiore. **L'energia spesa non è un fattore importante in forma indipendente dal processo, la barriera eretta è l'onere finanziario che l'attaccante deve necessariamente affrontare.**

La barriera di sicurezza (S) di un blocco è il prodotto del costo unitario di un hash (C), dell'hash rate (H) e del periodo di tempo (T).

```
S = C * H * T
```

L'aggiustamento porta alla variazione dell'hash rate necessario per mantenere un periodo costante per un dato livello del costo di un hash e di sicurezza.

```
T = S / (C * H)
```

Riferimenti

[1] https://it.wikipedia.org/wiki/Funzione_monotona

Un periodo costante implica che l'hash rate è inversamente proporzionale al costo per un dato livello di sicurezza.

```
H ~ S / C
```

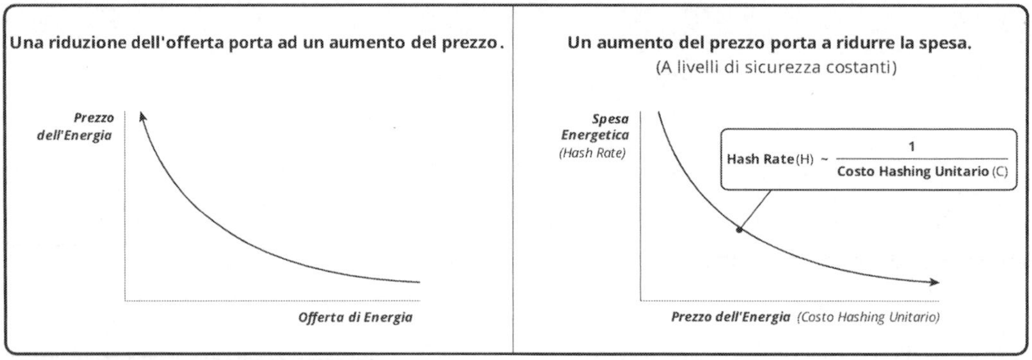

Quando l'offerta di energia viene ridotto il suo prezzo deve aumentare, cosa che riduce il quantitativo speso per un dato livello di sicurezza. Di conseguenza l'energia non può essere esaurita dal mining e la teoria è invalida.

Fallacia dello Stoccaggio di Energia

Vi è una teoria secondo la quale il valore dell'energia spesa nella proof-of-work venga convertito in valore della moneta, "immagazzinando" effettivamente l'energia per un consumo successivo. Assumendo che sia l'energia che la moneta abbiano valore per le persone in un certo istante di tempo nel futuro, esse possono essere ancora scambiate tra di loro.

Tuttavia, questa è al più una metafora di scarso significato. I miner scambiano energia in cambio di unità. Tuttavia, *tutti* i commercianti che accettano unità della moneta scambiano qualcosa per esse, e *tutti i beni* offerti in scambio rappresentano la domanda. La teoria è errata quando implica che il valore dell'energia speso nel mining è unico nel suo contributo al valore. **Eccetto che per la grandezza, una fonte di domanda non può essere considerata arbitrariamente un fattore più determinante del valore rispetto ad un'altra fonte.** Per questa ragione la teoria è invalida.

Inoltre, è allo stesso modo erroneo affermare che la moneta[1] sia una riserva di valore[2]. La moneta è una riserva di moneta. Nella realtà solo gli oggetti possono essere immagazzinati. Il valore della moneta deriva interamente dal valore di ciò che può essere scambiato per essa, attribuito dalle persone durante gli scambi. Poiché il valore è soggettivo[3], esso si riflette nella preferenza umana, soggetta a costanti e imprevedibili cambiamenti, e non può essere immagazzinato.

Riferimenti

[1] Capitolo: Tassonomia della Moneta

[2] https://en.m.wikipedia.org/wiki/Store_of_value

[3] https://en.wikipedia.org/wiki/Subjective_theory_of_value

Fallacia dello Spreco di Energia

Esiste una teoria secondo la quale la proof-of-work rappresenti uno spreco di energia. Questo implica che il livello di sicurezza fornito è maggiore del necessario o che lo stesso livello di sicurezza possa essere fornito da un altro tipo di prova esternalizzata ad un minore costo energetico. Una prova di tipo *internalizzato*, specificamente la proof-of-stake[1] (PoS), rappresenta un altro modello di sicurezza che non è criptodinamicamente sicuro[2] e non viene preso qui in ulteriore considerazione.

L'hash power totale è una funzione della ricompensa, che è funzione delle commissioni, che a loro volta sono determinate dal mercato delle conferme. Se una persona considera il corrente *hash power* insufficiente a proteggere uno scambio di un certo valore contro la doppia spesa allora il requisito di profondità richiesto aumenta. Inoltre, come mostrato nella Proprietà della Soglia di Utilità[3], le transazioni con un valore insufficiente anche per avere la sicurezza di una sola conferma, vengono escluse dalla catena.

Questi limiti di sicurezza, rispettivamente superiore ed inferiore, dipendono dal costo di conferma e sono quindi indipendenti dalla tecnica impiegata dalla prova. **Non vi è alcun livello di sicurezza necessario, ma solo una profondità di conferma soggettiva ed un'utilità minima.**

La sicurezza nella conferma aumenta all'aumentare del costo per generare ciascun blocco. La doppia spesa di una transazione richiede che il suo ramo sia sostituito da un altro avente un maggior costo probabilistico. Così, il costo energetico può essere ridotto

Riferimenti

[1] https://en.wikipedia.org/wiki/Proof_of_stake

[2] Capitolo: Fallacia della Proof of Stake

[3] Capitolo: Proprietà della Soglia di Utilità

solamente spendendo lo stesso costo medio per un dato tempo di conferma, ma con una minore componente di energia.

Il lavoro è costituito da differenti forme di costo che includono lavoro, hardware, servizi, terreni, etc. Qualsiasi altra prova di tipo esternalizzato consuma le stesse risorse, sebbene potenzialmente in diverse proporzioni. La questione della riduzione del costo energetico si riduce allo stabilire se una componente energetica del costo della prova può essere sostituita da un'altra risorsa allo stesso costo. Tuttavia, il costo della risorsa sostitutiva include tutti i suoi costi di produzione che devono necessariamente ricondursi all'energia. La teoria è quindi invalida.

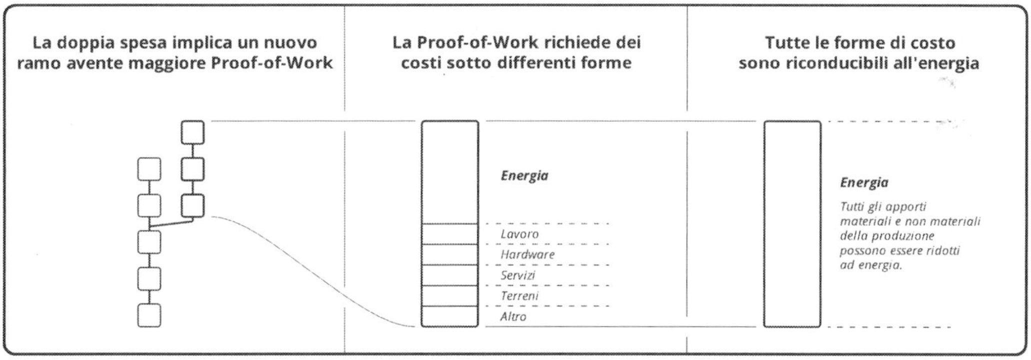

Inoltre, garantire la sicurezza di qualsiasi moneta rappresenta un costo per i commercianti. Per questa ragione, il fatto che essa venga usata implica che essa sia preferita rispetto alle alternative. Questo implica che le alternative sono essenzialmente più costose. Poiché tutti i costi si riducono fondamentalmente al consumo di energia, segue che la moneta[1] in uso è quella maggiormente efficiente dal punto di vista energetico.

Riferimenti

[1] Capitolo: Tassonomia della Moneta

Fallacia del Recupero della Commissione

Esiste una teoria secondo la quale i miner ricavino un vantaggio finanziario su altri miner quando minano le loro stesse transazioni e quindi "recuperano" le loro stesse commissioni.

La teoria ignora il costo opportunità[1] di occupare lo spazio del blocco senza incassare un pagamento. Il pagamento di una commissione *di importo qualsiasi* verso sé stessi è un non-evento finanziario. Non incassare una commissione rappresenta un costo reale sull'importo a cui si è rinunciato, in quanto il costo del mining per quella porzione del blocco non viene ricompensato. **La commissione effettivamente pagata dal miner è l'opportunità a cui si è rinunciato.**

Vi è una teoria correlata secondo la quale gli strumenti di stima delle commissioni possano essere ingannati nel raccomandare delle *fee* più alte di quanto sia effettivamente necessario. Come mostrato nella Fallacia della Commissione a Parte[2] questo implica che vi sia una relazione tra il valore storico ed il valore futuro delle *fee* – relazione che non esiste – e che tutte le commissioni siano visibili *on*-chain, circostanza che non si verifica allo stesso modo.

Riferimenti

[1] https://it.wikipedia.org/wiki/Costo_opportunit%C3%A0

[2] Capitolo: Fallacia della Commissione a Parte

Fallacia dell'Halving

Le regole di consenso di Bitcoin danno luogo ad un tasso prevedibile di inflazione monetaria. Questo tasso viene ridotto periodicamente in un punto del tempo chiamato halving. Ci sono differenti funzioni a gradino[1] in Bitcoin. L'*halving* avviene ogni 210'000 blocchi del ramo forte, l'aggiustamento della difficoltà ogni 2016 blocchi del ramo forte e le organizzazioni della catena approssimativamente ogni 10 minuti. I valori numerici che controllano questi intervalli sono arbitrari, ma la discontinuità risulta necessaria in quanto essa è dovuta alla natura discreta degli intervalli richiesti dalla proof-of-work. Esiste una teoria secondo la quale l'*halving* crei una barriera finanziaria per i miner che potrebbe portare ad uno stallo perpetuo. La teoria è basata sull'azione contemporanea di due funzioni a gradino (quella dell'*halving* e quella della difficoltà) che porterebbero il tempo di una successiva organizzazione ad aumentare sensibilmente a causa della simultanea riduzione dei profitti dei miner.

La teoria presuppone che l'aggiustamento della difficoltà porti a zero il profitto economico[2] medio dei miner, permettendo solamente alla prima metà dei miner (in ordine di profittabilità) di sopravvivere, riducendo quindi l'attività di mining a pochi miner. In altre parole, l'aggiustamento della difficoltà viene considerato una pressione positiva al raggruppamento[3]. Tuttavia, non vi è ragione di credere che l'aggiustamento riduca il profitto di *ogni* miner a zero. La conseguenza data dall'assunzione precedente, provocata dal solo aggiustamento della difficoltà, non sarebbe quella di avere *pochi* miner, ma di non averne *nessuno*. In realtà, il fenomeno dell'aggiustamento non ha alcuna influenza sulla regolazione del profitto dei miner, esso controlla solamente il periodo di organizzazione. Senza aggiustamento, il profitto rimarrebbe inalterato mentre il periodo di organizzazione e quindi la varianza risponderebbero all'hash rate

Riferimenti

[1] https://it.wikipedia.org/wiki/Funzione_gradino

[2] https://www.investopedia.com/terms/e/economicprofit.asp

[3] Capitolo: Rischio della Pressione al Raggruppamento

totale. E' la preferenza temporale[1] a determinare il ritorno sul capitale a mercato e a regolare i profitti dei miner come in qualsiasi altro mercato.

Si consideri il caso in cui non vi sia cambiamento di prezzo. In questo caso non vi è ragione di attendersi un cambiamento nell'*hash rate* totale, né di aggiustamenti della difficoltà, e si può concludere che il centro di mining medio generi un ritorno sul capitale a mercato. In altre parole, qualsiasi numero di miner indipendenti può competere indefinitamente (ipotizzando l'assenza effettiva di pressioni al raggruppamento).

Si consideri anche che, sia i cambiamenti di prezzo, sia gli aggiustamenti nella difficoltà, che le fluttuazioni nella ricompensa influenzano la profittabilità del miner alla stessa maniera. Un aggiustamento della difficoltà e/o un *halving* non sono quindi più importanti per un miner rispetto ad una equivalente fluttuazione di prezzo, e inoltre esibiscono una maggiore prevedibilità.

La teoria prende inoltre in considerazione l'eventualità che la ricompensa possa essere insufficiente per remunerare i miner per il livello di difficoltà subito dopo un *halving*. Per questo motivo essi potrebbero optare per ridurre l'*hash rate*, quindi estendendo i tempi delle conferma finché, le commissioni non siano cresciute, il prezzo aumenti e/o la difficoltà si aggiusti verso il basso. Tuttavia, le commissioni ed il prezzo sono determinate su un mercato e possono certamente crescere a qualsiasi livello le persone siano disposte a spendere.

Non vi è modo di sapere quali livelli il mercato sosterrà, tuttavia i prezzi continuano ad avere un impatto più grande rispetto a quello degli halving. I primi due più importanti eventi di *halving* sono passati senza problemi (n.t.d. così come il terzo). Poiché i prossimi *halving* daranno luogo all'equivalente di una riduzione esponenzialmente *più*

Riferimenti

[1] https://en.wikipedia.org/wiki/Time_preference

piccola del prezzo, non vi è ragione di credere che gli eventi futuri saranno più interessanti di quelli passati.

Fallacia del Mining Impotente

Esiste una teoria secondo la quale i miner non detengano alcun potere. Tale argomentazione è distinta rispetto a quella della Fallacia della Proof of Work[1] ad essa strettamente collegata. La teoria si basa sull'assunzione secondo la quale i miner sono soggetti a pressioni economiche che impediscono loro di condurre attacchi efficaci. Questa teoria porta le persone a credere che il mining possa esistere in forma fortemente raggruppata fino a quando i commercianti non vengano centralizzati, ovvero fino a quando l'economia può controllare il mining rendendo quindi il sistema sicuro. La conseguenza di questa teoria invalida è che essa non dà importanza all'insicurezza causata dal raggruppamento.

La teoria ritiene che, se la maggioranza dell'hash power praticasse una doppia spesa, allora necessariamente i commercianti aumenterebbero la profondità di conferma richiesta, aumentando il costo degli attacchi successivi. Ad un certo punto verrebbe raggiunto un equilibrio secondo il quale una più grande profondità sarebbe sufficiente per effettuare in sicurezza uno scambio. Poiché questo comportamento precluderebbe la doppia spesa in termini complessivi, non ci sarebbe alcun vantaggio a sostenere questo tipo di attacco. La teoria ammette che tali attacchi possano avvenire, ma non abbastanza frequentemente da ridurre l'utilità in maniera sostanziale.

La teoria afferma inoltre che un miner non può evitare di selezionare le transazioni con le commissioni più elevate, in quanto ciò ridurrebbe la relativa ricompensa, arricchendo gli altri miner. Questo si presume possa portare ad una perdita della maggioranza dell'*hash power* e quindi all'impossibilità di continuare l'attività di mining. Questo aspetto della teoria implica che i miner non possano effettivamente mettere in atto azioni di censura.

Riferimenti

[1] Capitolo: Fallacia della Proof of Work

La teoria considera anche che il selfish mining da parte della maggioranza dell'hash power sia un'azione perseguibile, ma che in assenza di doppia spesa e di azioni di censura, non ci siano conseguenze avverse per l'economia. In questo caso, tale maggioranza diventa semplicemente il solo ed unico miner in quanto gli altri non sono in grado di ottenere le ricompense. Nonostante l'assenza di competizione, l'hash rate ed il livello delle commissioni vengono mantenuti dalla sempre incombente *possibilità* di competizione.

Tuttavia, i miner ed i commercianti sono partner commerciali impegnati volontariamente in un'attività mutuamente vantaggiosa. Come esplorato nella Fallacia del Bilanciamento del Potere[1], nessuno dei due soggetti può controllare l'altro ed il prezzo rappresenta la risoluzione di tutte le preferenze. Ciò sembrerebbe dare supporto alla teoria, tuttavia **la teoria stessa non affronta in alcun modo la minaccia**, ed è in realtà un ragionamento ingannevole[2]. Bitcoin è stato progettato per difendersi da forze *non di mercato*, in particolare dallo stato. Le forze di mercato non rappresentano mai una minaccia per il mercato stesso.

Il raggruppamento di hash power porta a ridurre fortemente la sicurezza in quanto gli stati possono semplicemente cooptare tale aggregazione. Ma gli stati possono anche costruire i loro centri di mining per ottenere lo stesso effetto. Di conseguenza Bitcoin richiede sia dell'esistenza di una significativa quantità di *hash power sia* che tale forma di potere sia distribuita tra persone che sono disponibili e capaci di correre il rischio del controllo dello stato[3].

Lo stato è un attore economicamente razionale. L'inflazione è profittevole per l'autorità emittente della valuta. L'uso diffuso di Bitcoin impedirebbe agli stati di riscuotere

Riferimenti

[1] Capitolo: Fallacia del Bilanciamento del Potere

[2] https://en.wikipedia.org/wiki/Red_herring

[3] Capitolo: Principio di Condivisione del Rischio

efficacemente la tassa dell'inflazione[1]. Quindi gli attacchi condotti dallo stato rappresentano un fenomeno atteso, e attacchi di tipo analogo sono di fatto ordinari[2]. È praticamente inevitabile che lo stato vada a sussidiare questi attacchi, ma anche la sola possibilità che ciò accada porta ad invalidare la teoria.

Riferimenti

[1] https://it.wikipedia.org/wiki/Signoraggio

[2] https://en.wikipedia.org/wiki/Foreign_exchange_controls

Modello di Business del Miner

I miner conducono un gioco a somma zero[1] all'interno di un'economia a somma positiva[2]. Essi competono tra di loro, non con l'economia. L'utilità crescente riflette una somma positiva che è una naturale conseguenza dello scambio commerciale.

È stato affermato che i blocchi minati in un periodo di prezzi crescenti producano dei ritorni estremamente elevati per i miner, almeno fino all'aggiustamento della difficoltà. Questa idea è basata sulla diffusa incapacità di comprendere che i prezzi di mercato non sono predicibili[3]. Le scommesse sul cambiamento di prezzo sono speculative per natura. Non vi è ragione di presumere che la speculazione su Bitcoin sia più o meno efficace di qualsiasi altro tipo di speculazione. Nella misura in cui un aumento di prezzo è generalmente prevedibile dai miner, la competizione lo predice, invalidando l'idea di qualsiasi intrinseco ritorno elevato.

D'altra parte, l'investimento nel mining di Bitcoin è basato sulla relazione prevedibile tra il profitto e la competizione nel corso del tempo. Questa relazione predice che in media tutta l'attività di mining converge al tasso di interesse di mercato. Come avviene in tutti i mercati, il prezzo è imprevedibile nel breve periodo, mentre nel lungo periodo si avvicina ai ritorni di mercato. In ultima istanza, è la preferenza temporale[4] a controllare il mercato dei tassi di ritorno sull'investimento.

Allora come fa un miner a conseguire dei ritorni elevati? Ciò non può essere ottenuto attraverso un accordo a parte sulle commissioni[5]. Vi è solo un modo di conseguire tassi di ritorno più elevati del mercato, ed è quello di avere un costo dell'hash power di una

Riferimenti

[1] https://it.wikipedia.org/wiki/Gioco_a_somma_zero

[2] https://it.wikipedia.org/wiki/Win-win

[3] https://it.wikipedia.org/wiki/Teoria_del_caos

[4] https://en.wikipedia.org/wiki/Time_preference

[5] Capitolo: Fallacia della Commissione a Parte

moneta che sia al di sotto della media. Questo obiettivo viene raggiunto, o traendo vantaggio dalla pressione al raggruppamento[1], o attraverso una maggiore efficienza operativa. A causa della proprietà del gioco a somma zero[2], questi miner sono controbilanciati dai tassi di ritorno più bassi che ottengono gli altri miner rispetto al mercato. Di conseguenza per un miner onesto il premio diminuisce quando esso possiede più del 50% di *hash power* fino ad annullarsi quando esso ne possiede il 100%.

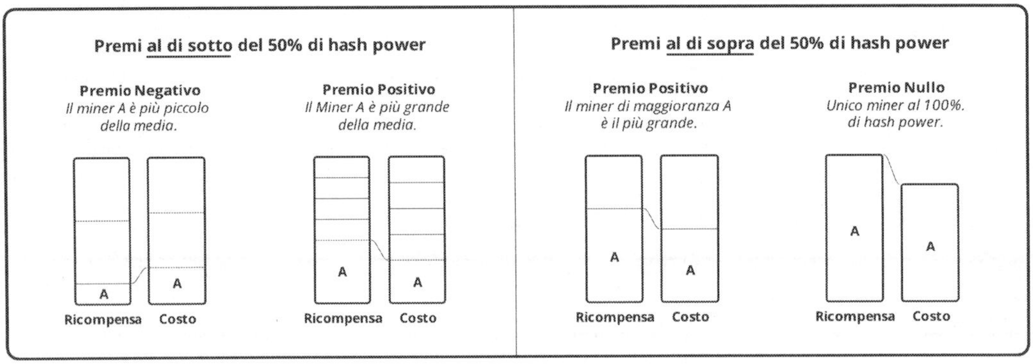

Tuttavia, altri miner potrebbero ritirarsi dal business del mining in quanto il loro capitale andrebbe alla ricerca di ritorni a mercato. Questo lascerebbe un solo miner legato ai ritorni a mercato. In altre parole, conseguire ritorni più elevati del mercato richiede che vi sia qualcuno dal quale possano essere "catturati". Il più elevato ritorno che può essere sostenuto è funzione del più elevato costo opportunità che altri sono disponibili a sostenere. Questo è a sua volta funzione dell'utilità della ricompensa in termini differenziali così come discusso nel Paradosso del Livello di Minaccia[3].

Limitando l'erogazione dei dividendi[4] ai tassi di ritorno a mercato e reinvestendo tutta la ricompensa rimanente, un miner può mantenere un *hash power* costante e quindi

Riferimenti

[1] Capitolo: Rischio della Pressione al Raggruppamento

[2] Capitolo: Proprietà del Gioco a Somma Zero

[3] Capitolo: Paradosso del Livello di Minaccia

[4] https://it.wikipedia.org/wiki/Dividendo_(economia)

ottenere ritorni a mercato su una base proporzionale alla capitalizzazione di Bitcoin. Reinvestire i dividendi incrementa l'*hash power* mentre la liquidazione degli stessi lo diminuisce. I dispositivi di mining vengono liquidati spegnendoli ogni qual volta ciascuno di essi va in perdita netta oppure scontando[1] i ritorni futuri attraverso la vendita del dispositivo stesso.

Il tasso di ritorno del miner sul capitale dipende solamente dalla preferenza temporale. La relazione tra l'economia ed i miner viene sviluppata ulteriormente nella Fallacia del Bilanciamento del Potere[2].

Riferimenti

[1] https://it.wikipedia.org/wiki/Valore_attuale

[2] Capitolo: Fallacia del Bilanciamento del Potere

Rischio della Pressione al Raggruppamento

La pressione al raggruppamento (*pooling*) è l'insieme di incentivi di natura finanziaria volti all'aggregazione dell'hash rate, specificamente:

- Premio di Prossimità[1]
- Sconto di Varianza[2]
- Variazione di Mercato
- Distorsione di Mercato
- Economie di Scala[3]

La latenza e la varianza sono fattori inevitabili. Le regole di consenso creano effettivamente i primi due incentivi finanziari. La variazione è una conseguenza della variabilità dei prezzi di mercato delle risorse per il mining. La distorsione è una conseguenza della variabilità dei costi non a mercato che includono le tasse, la regolazione, il sussidio ed il brevetto; forze contro le quali Bitcoin è stato concepito per resistere[4]. In un ambiente ad elevato livello di minaccia, le economie di scala potrebbero diventare negative a causa dei costi associati alla maggiore visibilità[5] ma potrebbero essere altrimenti positive.

Ci sono numerose manifestazioni del fenomeno del raggruppamento. Una è di natura geografica, per la quale miner indipendenti si avvicinano fisicamente. Un'altra è di tipo cooperativo, per la quale dei miner in precedenza indipendenti uniscono le forze e

Riferimenti

[1] Capitolo: Difetto del Premio di Prossimità

[2] Capitolo: Difetto dello Sconto di Varianza

[3] https://it.wikipedia.org/wiki/Economie_di_scala

[4] Capitolo: Assioma di Resistenza

[5] https://www.theatlantic.com/magazine/archive/2017/09/big-in-venezuela/534177/

installano nello stesso luogo i dispositivi di mining. Un'altra è di tipo virtuale, per la quale i miner diventano degli operatori di dispositivi di mining e aggregano il loro *hash rate* presso un singolo miner remoto. Un'altra manifestazione è data dall'esistenza dei propagatori[1], che aggregano l'hash power dei miner. Un'altra manifestazione ancora è data dal flusso di capitali, in quanto il più elevato hash rate associato con il più elevato utilizzo di capitale rappresenta una forma di co-locazione.

Mantenendo una continua pressione al raggruppamento la selezione delle transazioni si ridurrà, alla fine, al controllo di una sola persona. È possibile che ciò stia già avvenendo. Il rischio per Bitcoin è che una singola persona rappresenti la sola difesa[2] della sua utilità, rendendo inevitabile il successo nella cooptazione. Questo rischio non può essere mitigato[3] dall'economia stessa.

La pressione all'aggregazione è l'equivalente in Bitcoin del Sistema della Federal Reserve degli Stati Uniti[4]. Il sistema era stato progettato[5] in modo da facilitare la tassazione attraverso la svalutazione[6] di una moneta di mercato. Esso offriva il supporto[7] dello stato ad un sostituto[8] monetario in cambio di moneta di mercato[9]. Questa combinazione era stata progettata per creare una pressione alla raccolta di moneta di mercato presso l'autorità centrale. Una volta che la raccolta fu sufficiente, lo stato eliminò del tutto il

Riferimenti

[1] Capitolo: Fallacia del Propagatore

[2] Capitolo: Principio di Condivisione del Rischio

[3] Capitolo: Fallacia del Bilanciamento del Potere

[4] https://www.federalreserve.gov

[5] Capitolo: Principio del Sistema Bancario di Stato

[6] https://en.wikipedia.org/wiki/Debasement

[7] https://en.wikipedia.org/wiki/Legal_tender

[8] https://en.wikipedia.org/wiki/Federal_Reserve_Note

[9] Capitolo: Tassonomia della Moneta

pretesto e sequestrò[1] la rimanente moneta di mercato. Tutti gli stati hanno sistemi simili e cooperano[2] per difenderli.

Questo fatto non implica che il mining vada contro Bitcoin. Seguendo la stessa analogia, il free banking[3] non si oppone all'uso dell'oro. Il mining rappresenta una parte necessaria di Bitcoin. Il raggruppamento rappresenta un rischio, a dispetto del fatto che la pressione che lo caratterizza non sia creata dai miner, ma dovuta ai difetti di Bitcoin stesso.

Riferimenti

[1] https://it.wikipedia.org/wiki/Ordine_esecutivo_6102

[2] https://it.wikipedia.org/wiki/Fondo_Monetario_Internazionale

[3] https://it.wikipedia.org/wiki/Free_banking

Difetto del Premio di Prossimità

La latenza è il tempo richiesto per eseguire una comunicazione. L'informazione si muove ad una velocità non superiore alla velocità della luce[1] e di conseguenza la latenza è un fattore che non può essere eliminato.

Le differenti distanze reciproche trai i miner implicano che gli annunci saranno noti ad alcuni più tardi rispetto ad altri. Quando un miner non è consapevole di un annuncio sta sprecando capitale lavorando su un candidato debole. Più tempo passa e più diventa esponenzialmente meno probabile che un miner sia ricompensato per tale blocco candidato. Quindi i miner competono per vedere gli annunci prima degli altri miner, in quanto ciò ne riduce il costo opportunità[2].

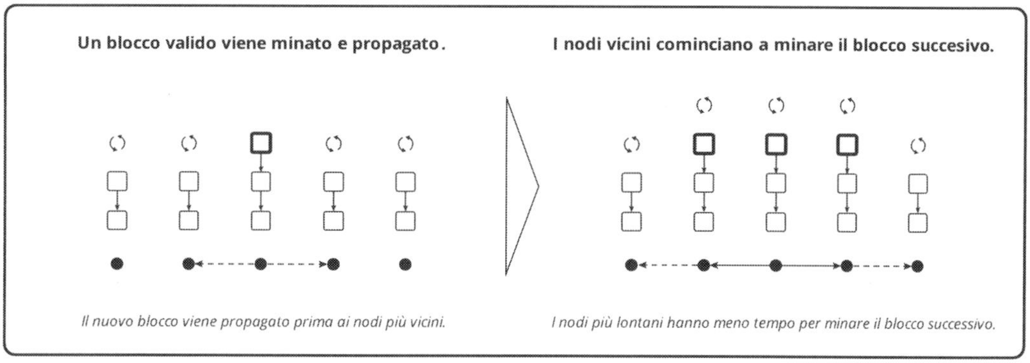

Se fossimo in condizione di disporre dei miner con pari hash rate a punti equidistanti intorno alla terra, essi sperimenterebbero lo stesso livello medio di latenza. Tuttavia, a causa dai benefici finanziari derivanti da una latenza ridotta, essi tenderebbero a spostarsi reciprocamente più vicino. I miner ottengono un premio sui ritorni aggregandosi.

Riferimenti

[1] https://it.wikipedia.org/wiki/Velocit%C3%A0_della_luce

[2] https://it.wikipedia.org/wiki/Costo_opportunit%C3%A0

Questa pressione al raggruppamento[1] basata sulla prossimità è una conseguenza dell'ordinamento lineare dei blocchi richiesto dalle regole di consenso. **Bitcoin stabilisce un ordine basato sul principio del "vincitore prende tutto" che produce un costo opportunità sproporzionato.** Lo sconto dovuto alla varianza[2] è l'altra pressione al raggruppamento causata dal consenso.

La difesa[3] che Bitcoin *intende* innalzare è la difesa del mercato contro le forze anti-mercato (dello stato). Per fare ciò è necessario che l'hash power venga distribuito in maniera diffusa tra le persone in modo che esso sia difficile da cooptare. Tuttavia, la pressione al raggruppamento intrinseca al consenso lavora contro questo obiettivo. Per questo motivo tale caratteristica è definita un difetto, sebbene non sia stato scoperto alcun modo per eliminarlo.

Riferimenti

[1] Capitolo: Rischio della Pressione al Raggruppamento

[2] Capitolo: Difetto dello Sconto di Varianza

[3] Capitolo: Assioma di Resistenza

Fallacia del Propagatore

La rete peer-to-peer del protocollo Bitcoin diffonde i blocchi e le transazioni non confermate. Il protocollo stesso permette ai nodi di proteggersi dagli attacchi di tipo denial of service. Di conseguenza, questo tipo di comunicazione non richiede l'uso dell'identità. Questo tipo di protezione è il modo con il quale la rete non richiede l'impiego di un permesso per parteciparvi.

Tuttavia, questa protezione si realizza ad un costo in termini di latenza degli annunci e, a causa del vantaggio di prossimità[1], una più bassa latenza si traduce in un più elevato hash power apparente. Di conseguenza i miner competono per avere una più bassa latenza. Un modo per ridurre la latenza è tramite il raggruppamento, un altro è quello di utilizzare una rete di diffusione più efficiente. Presumibilmente, poiché il raggruppamento cede potere all'operatore che fornisce tale servizio, la seconda opzione è preferibile.

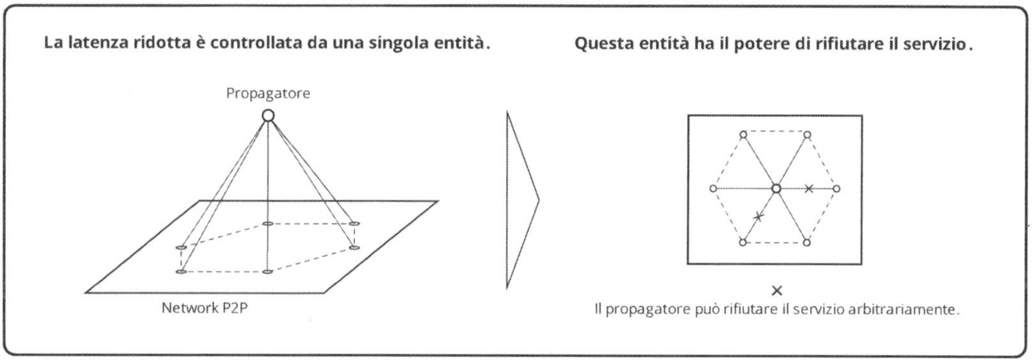

Un modo per migliorare la diffusione è quello di *ottimizzare* la rete *peer-to-peer*. L'altro è quello di unirsi ad un network distinto, chiamato propagatore (*relay*), che possiede una

Riferimenti

[1] Capitolo: Difetto del Premio di Prossimità

più bassa latenza dovuta alla rimozione delle protezioni degli attacchi *denial-of-service*, ad esempio[1]:

> Il formato del messaggio cmpctblock è stato progettato per inserirsi efficacemente in un meccanismo di propagazione basato su UDP FEC. La sola differenza è che il messaggio viene mandato tramite UDP per mezzo del FEC... In questo modo, i collegamenti aggiuntivi non introducono maggiore latenza. Sfortunatamente, a causa della natura della nostra codifica FEC, non è possibile sapere se pacchetti individuali fanno parte di un blocco legittimo, o di un vero e proprio blocco, e di conseguenza è possibile attivare questa ottimizzazione tra nodi che sono eseguiti dallo stesso gruppo.
>
> *bitcoinfibre.org*

Il propagatore accetta una comunicazione da un insieme di miner per mezzo del protocollo *peer-to-peer* o di altri protocolli. Il propagatore consiste di un insieme di macchine soggette al controllo del relayer. Esso comunica gli annunci alla sua rete interna[2] e infine ai miner che si sono uniti ad essa.

L'importante osservazione di sicurezza da analizzare è che la comunicazione per mezzo di un propagatore è soggetta al controllo del *relayer*. Poiché le protezioni dal *denial-of-service* sono state rimosse il controllo di tipo centrale è *necessario* per il funzionamento di questa configurazione. Il *relayer* può infatti ritardare certi blocchi sulla base del miner, della regione, di una specifica segnalazione, di un mancato pagamento, etc. Un *relayer* vende una latenza ridotta e fa quindi parte del business del mining a tutti gli effetti. Dal punto di vista della sicurezza non importa che il servizio sia offerto gratuitamente. I miner potrebbero offrire gratuitamente agli operatori dei dispositivi di mining (*grinder*) latenza e varianza ridotte.

I propagatori sono aggregazioni di miner e i miner sono a loro volta aggregazioni di *grinder*. Più grande è l'aggregazione di *hash power* maggiore è il profitto del centro di mining, così come lo è del propagatore. Si può considerare che i *grinder* siano liberi di

Riferimenti

[1] http://bitcoinfibre.org

[2] https://bitcoinmagazine.com/articles/blockstream-satellite-broadcasting-bitcoin-space

lasciare i centri di mining e che i miner siano liberi di lasciare i propagatori, ed è possibile per un *grinder* operare sul suo stesso centro di mining e sul suo stesso propagatore. Ma le aggregazioni più estese sono più profittevoli, cosicché abbandonare i più grandi propagatori o centri di mining incrementa il costo relativo[1].

Una teoria sostiene che i propagatori riducano la pressione al raggruppamento. Si tratta di un errore. **Ogni riduzione al raggruppamento causata da un propagatore non scompare ma è trasferita al propagatore stesso come raggruppamento aggiuntivo.** Le statistiche dei propagatori non vengono mai affiancate alle statistiche del mining, mascherando questo trasferimento di potere tra i due aggregati. Questo può portare le persone a credere che il mining sia molto meno raggruppato di quanto non sia in realtà.

Riferimenti

[1] Capitolo: Proprietà del Gioco a Somma Zero

Fallacia del Selfish Mining

Il termine selfish mining si riferisce a un'*ottimizzazione* del mining. Tuttavia, un articolo accademico[1] inquadra tale ottimizzazione nel seguente modo:

> La convinzione comune afferma che il protocollo del mining è compatibile con gli incentivi economici ed è protetto dalla collusione di gruppi di minoranza, ovvero, esso incentiva i miner a seguire il protocollo come prescritto. Mostriamo qui che il protocollo di mining di Bitcoin non è compatibile con gli incentivi economici.
>
> *Ittay Eyal and Emin Gün Sirer: Majority is not Enough*

Questa affermazione presuppone che esista un "protocollo di mining di Bitcoin stabilito" che impedisca il trattenimento, cosa che rappresenta un'argomentazione fallace[2]. Necessariamente, le regole di consenso di Bitcoin non si esprimono su quale sia il tempo di attesa degli annunci.

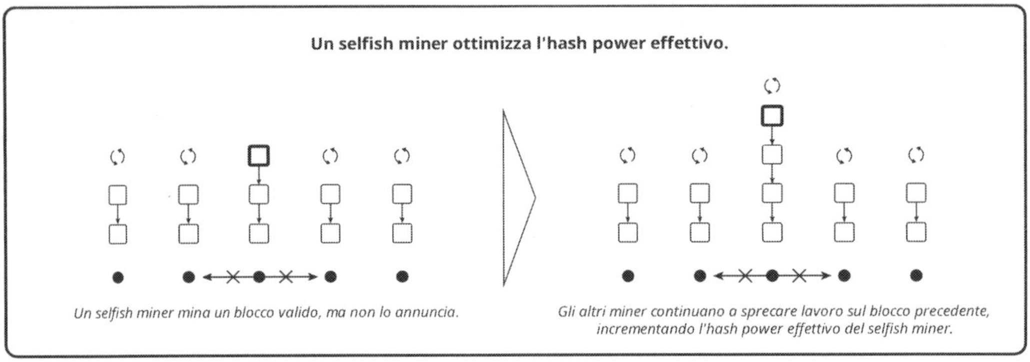

> Presentiamo qui un attacco con il quale i miner collusi ottengono un ricavo più grande rispetto a quella che sarebbe la loro giusta quota parte.

Riferimenti

[1] https://www.cs.cornell.edu/~ie53/publications/btcProcFC.pdf

[2] https://it.wikipedia.org/wiki/Argomento_fantoccio

Questa affermazione assume che esista il concetto di "giusta quota parte" che è estraneo a Bitcoin e rappresenta un'altra argomentazione fallace. Un miner è ricompensato sulla base dei blocchi da lui trovati che raggiungono la maturità, non sulla proporzione dell'hash rate corrente.

Questi argomenti fallaci vengono esplicitamente attribuiti alla "convinzione comune". In altre parole, l'articolo li utilizza per mostrare che la convinzione comune è scorretta. Tuttavia, l'articolo sbaglia ad affermare in maniera incondizionata che questa ipoteticamente *ingiusta violazione del protocollo* costituisca un attacco:

> Questo attacco può avere conseguenze significative per Bitcoin: i miner razionali preferiranno unirsi ai selfish miner ed il gruppo colluso aumenterà di dimensione finché non diventerà la maggioranza. A questo punto il sistema Bitcoin cessa di essere una valuta decentralizzata.

Questa è l'origine della fallacia. Non è l'attacco alla convinzione comune ad essere scorretto, l'errore sta nel presumere la convinzione comune. Il *selfish mining* implica che Bitcoin manifesta una pressione al raggruppamento[1] basata sulla latenza, benché questo sia un difetto ben conosciuto[2]. Tutte le pressioni al raggruppamento tendono a ridurre il numero di miner, esponendo Bitcoin agli attacchi.

Le ottimizzazioni non sono attacchi. Il raggruppamento aumenta l'*opportunità* degli attacchi, ma la sola opportunità non dovrebbe essere confusa con l'azione vera e propria. Il termine "attacco" implica il furto. Infatti, il whitepaper[3] di Bitcoin usa questo termine solo per descrivere i tentativi di doppia spesa.

Riferimenti

[1] Capitolo: Rischio della Pressione al Raggruppamento

[2] Capitolo: Difetto del Premio di Prossimità

[3] https://bitcoin.org/bitcoin.pdf

Fallacia della Commissione a Parte

Esiste una teoria secondo la quale le commissioni (*fee*) di transazione pagate esternamente rappresentino un incentivo individuale che va contro la sicurezza del sistema (rappresenterebbero un incentivo incompatibile[1]). La teoria afferma che un commerciante che paga un miner "*off*-chain" al fine di confermare le sue transazioni impedisce alle transazioni di altri commercianti di essere confermate, oppure che questa azione alza il costo di quelle conferme dando vantaggio a coloro che accettano tali commissioni.

Un effetto di questi accordi è che un livello *storico* medio delle commissioni non può essere determinato attraverso l'analisi della catena (*chain analysis*). Il livello apparente sarebbe più basso del livello del mercato. Questo può naturalmente portare coloro che effettuano le spese a sottostimare un livello di commissione sufficiente. Tuttavia, non vi è alcuna proprietà di Bitcoin che richieda che le commissioni future eguaglino un qualche livello medio delle *fee* del passato. La stima necessariamente si compensa, come per esempio ignorando le transazioni "gratuite" in blocchi pieni o usando la deviazione standard[2] per identificare i valori estremi. Ma la stima delle commissioni è solo una stima. I livelli attuali delle *fee* rispondono alla competizione.

Un altro effetto di questo fenomeno è che livelli relativamente eterogenei delle commissioni possono evidenziare che certe transazioni sono associate a questi accordi. Questo può contribuire a tracciare la transazione del commerciante e/o la transazione coinbase del miner. Ma poiché un tale tipo di accordo è una scelta fatta dal creatore di queste transazioni, non vi è alcuna perdita di privacy.

Riferimenti

[1] https://en.wikipedia.org/wiki/Incentive_compatibility

[2] https://it.wikipedia.org/wiki/Scarto_quadratico_medio

Ciò non ha alcun effetto sui livelli del mercato delle *fee* o nella possibilità per altri di ottenere delle conferme. Se l'accordo si discosta dai livelli di mercato, allora o il commerciante o il miner stanno accettando una perdita non necessaria. Questo comportamento non è differente, rispettivamente, da quello di un miner che conferma transazioni con *fee on-chain* al di sotto del livello di mercato o da quello di un commerciante che sovrastima le *fee on-chain*. In ogni caso, non ci sarebbe alcun pericolo per la sicurezza del sistema anche se tutte le *fee* venissero pagate *off-chain*.

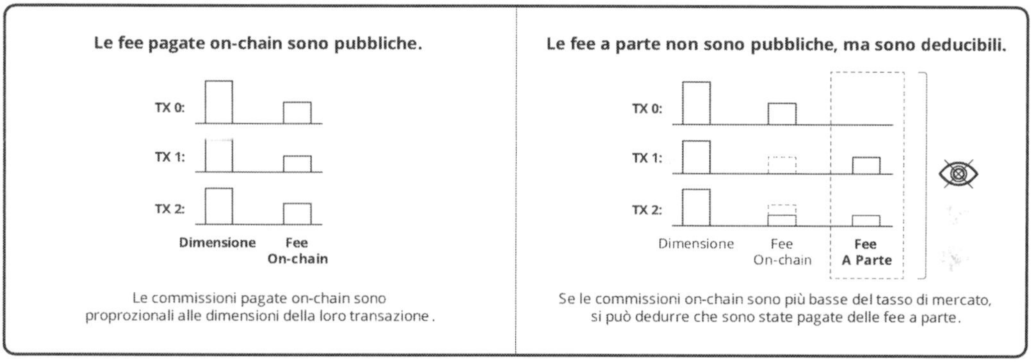

Bitcoin fornisce un meccanismo per le *fee on-chain* che fa in modo che una transazione possa ricompensare *ogni* potenziale miner senza l'uso dell'identità. È una conveniente caratteristica atta a preservare la privacy. **Se i miner e i commercianti preferiscono indebolire la loro stessa privacy attraverso operazioni aggiuntive, non vi è motivo di considerare ciò non desiderabile.** La teoria è quindi invalida.

Inoltre, il commerciante deve accettare un ritardo nella conferma che è inversamente proporzionale all'hash power di quel miner. La commissione a parte è offerta al tasso di mercato poiché altrimenti il miner incorrerebbe in un costo opportunità.

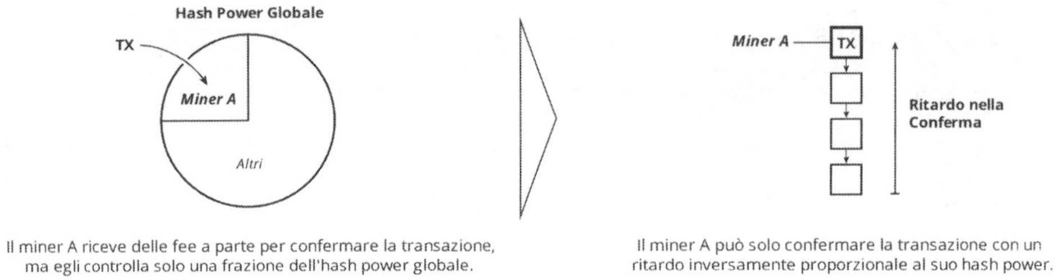

Le conferme pagate come fee a parte incorrono in un costo sotto forma di ritardo.

Vi è una teoria collegata secondo la quale accordi sulle commissioni a parte costituiscano una pressione al raggruppamento[1]. Se le *fee* pagate sono coerenti con il mercato non può esserci alcun effetto di raggruppamento. Le *fee* al di sopra del mercato sono un sussidio di stato, in quanto risulta necessario trattare il sussidio come un fenomeno non economicamente razionale. Le *fee* al di sotto del mercato sono una tassa, in quanto risulta necessario trattarle come una perdita non volontaria. Queste sono distorsioni come lo è qualsiasi tipo di sussidio/tassa di stato e non sono quindi unicamente presenti nelle *fee* a parte. Per questa ragione, l'esistenza delle commissione a parte non rappresenta una nuova pressione al raggruppamento in aggiunta a quelle già esistenti nelle *fee on-chain* e la teoria è quindi invalida.

Riferimenti

[1] Capitolo: Rischio della Pressione al Raggruppamento

L'Inappropriata Denominazione dello Spam

Il termine spam[1], nella sua accezione informatica, si riferiva originariamente al *cross-posting* su rete Usenet e più tardi è diventato sinonimo dell'invio di email indesiderate. Benché non esista una chiara distinzione tra email desiderate ed indesiderate, i messaggi portano con sé un'identità, non sono fungibili e non comportano alcun tipo di pagamento per essere processati dal destinatario. In confronto, le transazioni Bitcoin sono necessariamente anonime[2], fungibili e includono un pagamento per essere processate.

Benché il processo di identificazione dello *spam* sia un processo soggettivo, esso è un'attività necessaria in quanto non è previsto alcun pagamento per il processamento del messaggio. Questo processo è facilitato dall'identità e della mancanza di fungibilità. Al contrario, in forza degli obiettivi di anonimità e fungibilità non è possibile verificare la legittimità di una transazione e, grazie al pagamento, non vi è alcuna necessità di effettuare tale verifica. In altre parole, **tutte le transazioni valide sono egualmente legittime**, e questo non rende i nodi soggetti al denial of service. Un nome appropriato per una transazione con una commissione bassa è "transazione con commissione bassa".

Riferimenti

[1] https://en.wikipedia.org/wiki/History_of_email_spam

[2] Capitolo: Principio di Condivisione del Rischio

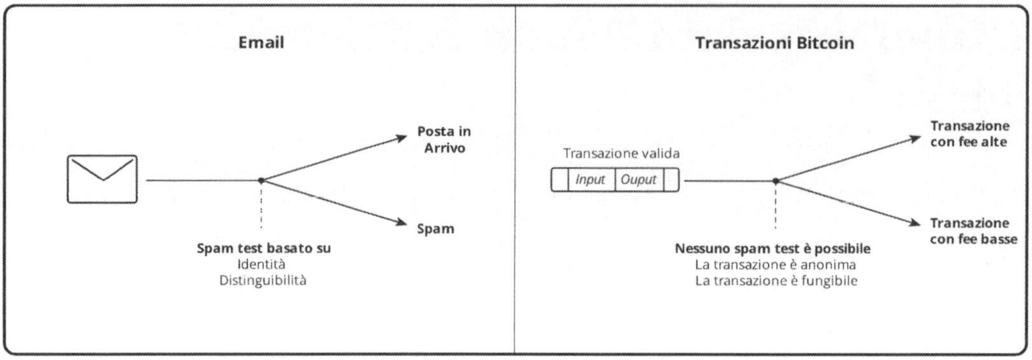

L'invio di un elevato volume di transazioni ridondanti è un tipico problema di *denial of service*, che è indipendente dalle commissioni di transazione e che può essere messo in atto da qualunque persona, non solo da colui che effettua la spesa. Transazioni non ridondanti, che incorporano delle spese in conflitto tra loro, non rappresentano un rischio di *denial of service* in quanto esse vengono o rigettate come invalide o accettate grazie ad un sufficiente incremento delle commissioni.

Difetto dello Sconto di Varianza

La varianza è la frequenza variabile con la quale viene ottenuta una ricompensa. La varianza è intrinseca alla natura probabilistica del mining e non può essere eliminata.

Per come è strutturato il consenso, differenti hash power tra i miner implicano che le ricompense verranno guadagnate da alcuni di essi con maggiore frequenza di altri. Con il 10% di hash rate ci si aspetterebbe di essere ricompensati 10 volte più frequentemente di coloro che hanno l'1%. Tuttavia, i risultati effettivi non sono predicibili e possono variare significativamente. Per la presente discussione è tuttavia sufficiente assumere in ambo i casi una relazione di proporzionalità. In questo esempio, un miner riceve una ricompensa ogni 100 minuti e l'altro ogni 1000 minuti. Assumendo la stessa ricompensa per ogni blocco, la grandezza della ricompensa è anch'essa proporzionale all'*hash power*.

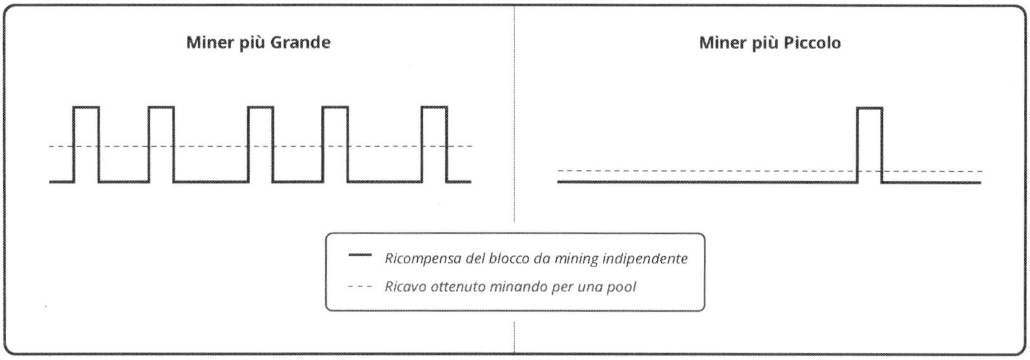

Va poi considerato che un miner di piccole dimensioni potrebbe dover attendere anni prima di ricevere una ricompensa. Vi è inoltre la possibilità che un centro di mining sia mal configurato e che non pervenga mai ad un risultato positivo. Nonostante sia ricompensato in maniera proporzionale, egli è obbligato a migliorare il suo flusso di cassa[1] al fine di ricevere una frazione della ricompensa più frequentemente. Per queste

Riferimenti

[1] https://it.wikipedia.org/wiki/Flusso_di_cassa_operativo

ragioni i miner sono portati a scontare i ritorni in base alla varianza. I miner di dimensioni più piccole convertiranno i loro centri di mining in un insieme di singoli dispositivi di mining e pagheranno un miner aggregatore per ottenere una varianza ridotta. Evitare questa aggregazione è il razionale che sta alla base di P2Pool[1], ma poiché la riduzione di varianza ottenuta da questo sistema è meno efficiente, il fenomeno del raggruppamento è dominante.

Questa pressione al raggruppamento[2] basata sulla varianza deriva dall'unico livello di difficoltà della rete previsto dalle regole di consenso. **Nonostante possiedano un basso hash power, i piccoli miner devono competere ad una difficoltà più elevata che amplifica intrinsecamente la varianza.** Il premio di prossimità[3] rappresenta un'altra pressione al raggruppamento causata dal consenso.

La difesa[4] che Bitcoin *intende* innalzare è la difesa del mercato contro le forze anti-mercato (dello stato). Per fare ciò è necessario che l'hash power vanga distribuito in maniera estesa tra le persone in modo che esso sia difficile da cooptare. Tuttavia, le pressioni al raggruppamento intrinseche al consenso lavorano contro questo obiettivo. Per questo motivo tale caratteristica è definita un difetto, sebbene non sia stato scoperto alcun modo per eliminarlo.

Riferimenti

[1] https://en.bitcoin.it/wiki/P2Pool

[2] Capitolo: Rischio della Pressione al Raggruppamento

[3] Capitolo: Difetto del Premio di Prossimità

[4] Capitolo: Assioma di Resistenza

Proprietà del Gioco a Somma Zero

Il mining di Bitcoin è un gioco a somma zero[1]. In media la catena cresce di un blocco ogni 10 minuti, dove la totalità della ricompensa viene controllata dal miner che lo ha trovato. Tenendo da parte le pressioni al raggruppamento[2], i miner competono per ottenere la ricompensa e ciascuno totalizzerà, in media, una ricompensa proporzionale al suo hash rate. Per un miner la differenza tra il costo e la ricompensa nel tempo rappresenta il suo interesse sul capitale investito nel suo centro di mining.

Vi sono due aspetti da considerare nella proprietà del gioco a somma zero:

- Nell'intervallo di tempo compreso tra due organizzazioni, un miner guadagna una ricompensa e tutti gli altri miner non ne guadagnano nessuna. Né il prezzo, né l'*hash rate*, né la difficoltà, né l'inflazione, né le commissioni, o qualsiasi altro fattore ha alcun effetto su questa proprietà.
- L'entità della ricompensa, misurata in unità della moneta (n.d.t. minata) o nel prezzo di scambio, non ha effetto sul tasso di rendimento del capitale.

Visto in maniera idealizzata il mining di Bitcoin è un sistema chiuso[3]. Il ritorno sul capitale varia relativamente ad altri centri di mining ed è dovuto ai difetti del protocollo quali il premio di prossimità[4] e lo sconto di varianza[5], così come alle economie di scala[6] e all'efficienza degli operatori. **Tuttavia, poiché questi fattori impattano sul costo relativo dell'hash power, è la proporzionalità dei tassi di rendimento ad essere influenzata, non il rendimento globale.**

Riferimenti

[1] https://it.wikipedia.org/wiki/Gioco_a_somma_zero

[2] Capitolo: Rischio della Pressione al Raggruppamento

[3] https://en.wikipedia.org/wiki/Closed_system

[4] Capitolo: Difetto del Premio di Prossimità

[5] Capitolo: Difetto dello Sconto di Varianza

[6] https://it.wikipedia.org/wiki/Economie_di_scala

Il Bitcoin nella realtà non è un sistema chiuso. Le pressioni all'aggregazione a mercato e anti-mercato dovute rispettivamente alla variazione e alla distorsione sono di tipo esterno. A livello fondamentale, Bitcoin esiste per difendere i mercati mettendo necessariamente in conflitto la distorsione con la variazione (o con la sua mancanza).

Quando la distorsione è applicata ad un miner in questo sistema a somma zero, tutti gli altri miner ne sono affetti. Per esempio, un sussidio[1] (da non confondersi con la componente di sussidio prevista dal consenso) dato ad un miner agisce come una tassa su tutti gli altri e, viceversa, una tassa su un miner agisce come un sussidio su tutti gli altri. Il miner sussidiato opera ad un costo più basso per lo stesso hash rate, oppure ha un maggiore *hash rate* effettivo (i.e. l'hash power) per lo stesso costo. Il miner tassato opera ad un costo più elevato per lo stesso *hash rate*, oppure possiede un *hash rate* più basso allo stesso costo.

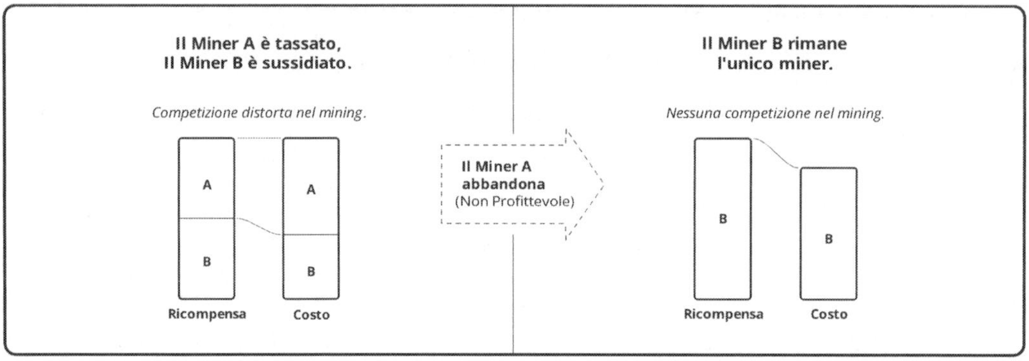

Un'entità che eroga sussidi non si attende alcun ritorno sul capitale, altrimenti esso/essa sarebbe considerata un investitore. L'investimento è una forza di mercato attraverso la quale un miner paga un prezzo di mercato per il capitale. Con un tasso di rendimento effettivo più elevato il miner sussidiato attrae più capitale degli altri miner, continuando ad espandere l'*hash power* finché non rimane il solo miner con la maggioranza dell'hash

Riferimenti

[1] https://it.wikipedia.org/wiki/Sussidio

power. L'obiettivo dell'entità sussidiante è, in ultima istanza, quello di *controllare* il centro di mining sussidiato.

Una tassa sul mining ha l'effetto di muovere tutto l'*hash power* verso i centri di mining non tassati, al di fuori della giurisdizione dell'autorità tassante, in quanto il capitale va alla ricerca di rendimenti a mercato. Se applicata in maniera estesa, questa tassa può portare il controllo dell'autorità sulle sue stesse operazioni di mining. In altre parole, l'autorità può sopprimere la competizione. Questo obiettivo può essere raggiunto anche attraverso una tassa del 100% per la quale l'autorità coopta i centri di mining. L'effetto è lo stesso, il centro di mining tassato viene fatto fallire ed i ricavi della tassa vengono utilizzati per le attività di controllo.

Le conseguenze del gioco a somma zero nel mining combinate con l'intrinseca pressione al raggruppamento vengono approfondite nel Paradosso del Livello di Minaccia[1].

Riferimenti

[1] Capitolo: Paradosso del Livello di Minaccia

ALTERNATIVE

Etichette di Bitcoin

Fin dal suo concepimento, Bitcoin si è sottratto ad una chiara definizione[1]. Questa è una conseguenza dell'uso massiccio che viene fatto di questo termine. Il termine venne coniato da Satoshi in Bitcoin: Un Sistema di Moneta Elettronica Peer-to-Peer[2] come un'etichetta indicante i suoi concetti essenziali. Più tardi il termine venne anche impiegato per definire il prototipo della sua implementazione, una catena (una storia) delle transazioni confermate, un insieme di regole di consenso che pongono dei vincoli alla catena, un aggregato di unità della moneta, una comunità di persone legate tra di loro in maniera indistinta.

Nonostante esista un solo insieme di concetti, ciascuno degli altri contesti contiene al suo interno un numero pressoché illimitato di possibili variazioni che sono coerenti con essi. Vi sono numerose implementazioni (del prototipo e di tipo differente), le regole di consenso sono state modificate (nel prototipo o in altre implementazioni), la storia varia in maniera dinamica ed arbitraria (anche il blocco genesi implementato nel prototipo sarebbe potuto essere differente senza alcuna conseguenza) e ciascuna moneta manifesta un insieme indipendente di unità ed è supportata dal proprio gruppo di sostenitori.

Per queste ragioni Bitcoin viene usato qui come un'etichetta dei Principi della Criptodinamica[3]. Alle implementazioni ci si riferisce attraverso il nome dei loro marchi[4] come "Bitcoin Core"[5] o "Libbitcoin"[6]; alle catene ci si riferisce attraverso il simbolo di trading usato comunemente, come ad esempio "BTC" e "LTC"; alle regole di consenso di

Riferimenti

[1] http://gavinandresen.ninja/a-definition-of-bitcoin

[2] https://bitcoin.org/bitcoin.pdf

[3] Capitolo: Principi della Criptodinamica

[4] Capitolo: La Pretesa del Marchio

[5] https://bitcoin.org/en/bitcoin-core

[6] https://libbitcoin.info

una data catena ci si riferisce utilizzando lo stesso contesto del simbolo di trading, come ad esempio "le regole di consenso di LTC"; ad un'unità della moneta ci si riferisce utilizzando il simbolo di trading in lettere minuscole, come ad esempio in "btc" o "ltc" (cosa che rappresenta un miglioramento rispetto all'ambigua convenzione di usare "bitcoin" per riferirsi ad unità di "BTC"); alle comunità ci si riferisce sia come "*community* Bitcoin" (in generale) sia come "*community* BTC" (nello specifico).

Nonostante i massimalisti[1] possano rigettare l'uso del termine "Bitcoin" come etichetta concettuale, associandolo invece ad una storia, **il termine venne coniato in relazione ad un insieme di principi e continua ad applicarsi ad essi.** Inoltre, esistono molteplici istanze di catene indipendenti che sono coerenti con questi principi rendendo l'etichetta basata sulla storia una scelta ambigua. A causa di questa ambiguità le persone hanno naturalmente adottato la convenzione di riferirsi alle storie in maniera univoca attraverso i simboli di trading.

Riferimenti

[1] Capitolo: Definizione di Massimalismo

Fallacia della Blockchain

Esiste una teoria secondo la quale la titolarità di una proprietà possa essere protetta attraverso l'adozione di un registro immutabile dei ricorrenti, efficace sia contro la perdita del titolo che contro il Rischio di Custodia[1].

Poiché il titolo non è di per sé la proprietà da esso stesso rappresentata, il controllo della proprietà resta affidato al custode verso il quale ha valenza il titolo di proprietà. Un custode ha la possibilità di restituire o trattenere la proprietà e quindi egli si configura come una terza parte fidata[2]. L'annullamento di un titolo di proprietà da parte del custode è sempre mitigato dalla firma del custode, sia in forma crittografica che di diversa natura, dove il compito di far valere il titolo viene lasciato al suo possessore.

La teoria afferma che un registro immutabile dei titoli fornisca protezione contro la perdita del titolo da parte del suo possessore, in quanto nessun altro individuo avrebbe un interesse in tale perdita. Tuttavia, per riscattare il titolo, il suo possessore deve fornire una prova di proprietà al custode. Questo richiede che il possessore non perda il segreto che fornisce la prova della sua proprietà. Come tale, la protezione del titolo contro la perdita non è affatto mitigata, cambia solamente forma. La teoria è quindi invalida sulla base della prevenzione dalla perdita.

Conservare un riferimento robusto al titolo può ridurre la dimensione, e quindi il costo, della sua inalterabile conservazione. Il titolo può essere costruito nella forma di un contratto in forma leggibile dalle persone o da una macchina, e referenziato attraverso un hash non invertibile[3]. In ogni caso, è richiesta la validazione e l'esecuzione del contratto al fine di trasferire la proprietà dal custode. Di conseguenza, un titolo di un

Riferimenti

[1] Capitolo: Principio del Rischio di Custodia

[2] https://en.wikipedia.org/wiki/Trusted_third_party

[3] https://it.wikipedia.org/wiki/Funzione_crittografica_di_hash

contratto referenziato sopperisce al rischio di perdita con dati addizionali, ovvero con il contratto stesso.

Come mostrato nel Principio di Condivisione del Rischio[1], alla base della sicurezza ci sono sempre le persone. Le persone possono agire collettivamente per proteggere l'immutabilità di una moneta e di conseguenza possono anche proteggere i dati di titolarità associati al controllo della moneta.

Tuttavia, il custode è una terza parte fidata. Titoli di tipo immutabile non mitigano in nessun modo attacchi diretti compiuti contro il custode, o dal custode stesso. Quando il custode è lo stato o un'entità assoggettata al suo controllo, il titolo non offre alcuna sicurezza[2] contro la sostituzione dell'autorità a qualsiasi prova di titolarità. La teoria è quindi anche invalida sotto il profilo del fallimento del custode.

Bitcoin come moneta[3] funziona senza custodia (è *non-custodial*). Le sue unità non rappresentano un asset custodito da una terza parte fidata. La moneta è scambiata direttamente tra cliente e commerciante. In questo senso *tutti i commercianti* sono i custodi del valore di Bitcoin. **La fallacia della blockchain nasce da una concezione errata del modello di sicurezza di Bitcoin, che attribuisce la sua sicurezza alla tecnologia e non alla sua distribuzione tra i commercianti.** Il termine "tecnologia blockchain" rafforza questo errore poiché implica che sia principalmente la sua struttura dati a rendere sicuro Bitcoin.

Riferimenti

[1] Capitolo: Principio di Condivisione del Rischio

[2] https://it.wikipedia.org/wiki/Ordine_esecutivo_6102

[3] Capitolo: Tassonomia della Moneta

La Pretesa del Marchio

Bitcoin è un insieme di concetti fondamentali[1], non una catena. Nessuna persona può controllare i concetti. Le persone li useranno per descrivere una o più catene e le separazioni a mano a mano che esse evolvono. Ciò avviene con tutte le monete[2] inclusi l'oro ed il petrolio che vengono scambiati con differenti gradi di purezza e qualità.

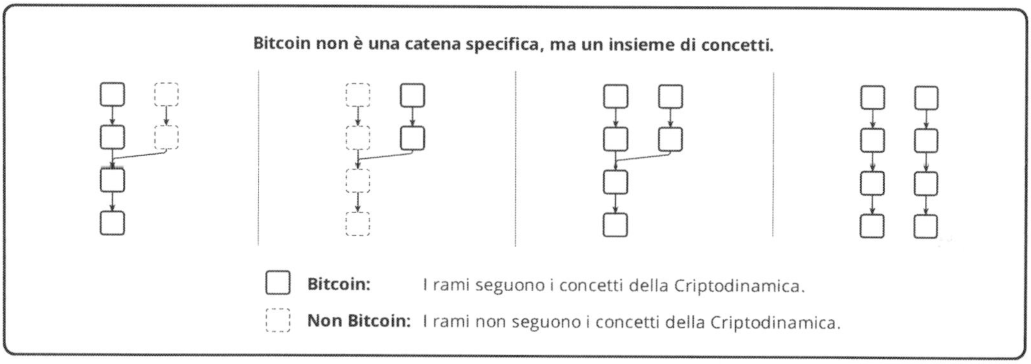

Ciò è coerente con la dichiarazione di Bitcoin[3] che lega assieme un insieme di concetti, non un insieme di regole, protocolli o implementazioni. **Le persone che hanno investito del capitale hanno un intrinseco desiderio di associare ad esso un marchio, ma non esiste alcuna pretesa "legittima" per giustificare questa associazione.**

Riferimenti

[1] Capitolo: Principi della Criptodinamica

[2] Capitolo: Tassonomia della Moneta

[3] https://bitcoin.org/bitcoin.pdf

Principio di Consolidamento

La necessità di scambiare una moneta con un'altra al fine di effettuare degli scambi con dei commercianti rappresenta un costo. Questo costo deve essere non nullo anche se automatizzato, in quanto deve consumare spazio e/o tempo. Per questa ragione, una sola moneta è sempre "migliore" (ha maggiore utilità) di due monete, nella misura in cui l'unica moneta risultante non diventi dipendente dal livello delle commissioni come implicato dalla soglia di utilità[1].

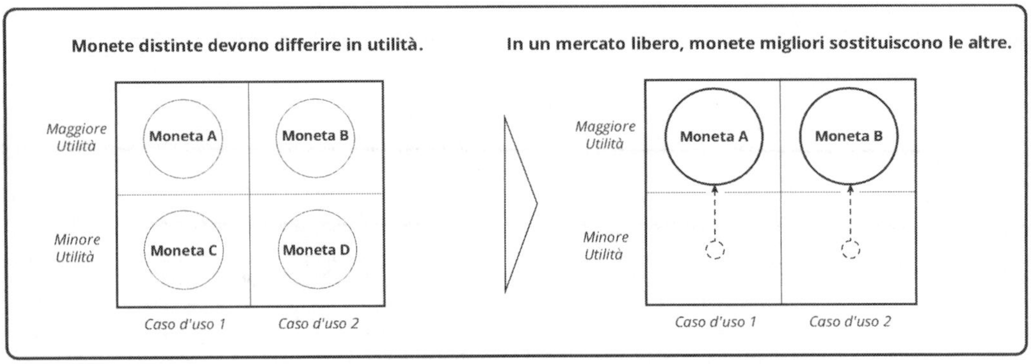

Possiamo ragionevolmente supporre che due monete[2] distinte non possano avere perennemente la stessa utilità. La Legge di Thiers[3] mette in evidenza le conseguenze legate alla migliore moneta in assenza del controllo dello stato. Da questo concludiamo necessariamente che, in assenza del controllo dello stato, **la migliore tra le due monete, alla fine, rimpiazzerà l'altra.** Quando ciò avviene, l'utilità si concentra sulla moneta che sopravvive seguendo una dinamica opposta rispetto a quanto dettagliato nel Principio di Frammentazione[4].

Riferimenti

[1] Capitolo: Proprietà della Soglia di Utilità

[2] Capitolo: Tassonomia della Moneta

[3] https://en.wikipedia.org/wiki/Gresham%27s_law#Reverse_of_Gresham's_law_(Thiers'_law)

[4] Capitolo: Principio di Frammentazione

Il principio non implica che nuove monete non possano essere create o esistere durante un significativo lasso di tempo. Esso implica semplicemente che vi è una pressione di mercato che indirizza verso una singola moneta. La migliore moneta in una situazione può non essere affatto una buona moneta o addirittura una moneta utile in un'altra situazione.

Per esempio, l'oro non è una moneta utile per il trasferimento elettronico e bitcoin non è molto utile in assenza di una rete. Una moneta sostituisce un'altra negli scenari nei quali essa è migliore.

Fallacia del Dumping

Vi è una teoria secondo la quale vendere le unità di una parte di una moneta separata per le unità dell'altra parte riduca l'utilità relativa della moneta "venduta". Tuttavia, ciascuna controparte sta effettuando una vendita (e allo stesso tempo un acquisto). Trattandosi di un fenomeno di scambio, l'azione è simmetrica e quindi la teoria è invalida.

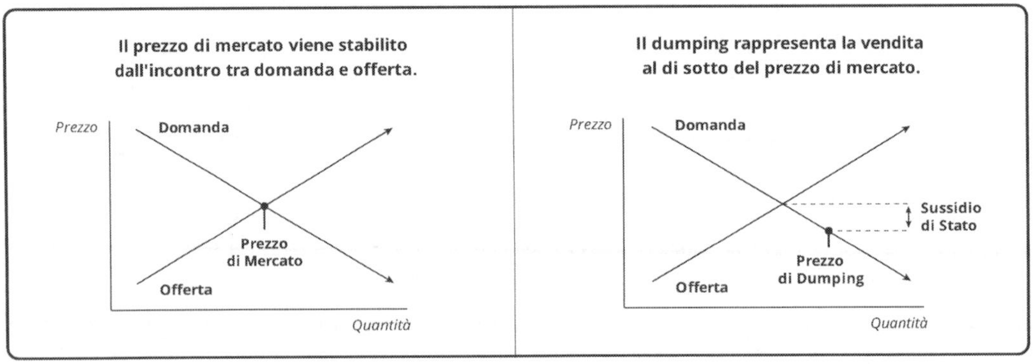

Vi è una teoria collegata secondo la quale scambiare unità da un solo lato di una moneta separata costituisca un'azione di dumping[1] della moneta stessa, cosa che riduce la sua utilità. **La teoria rappresenta semplicemente in modo errato il concetto di dumping.** Il *dumping* è una forma di sussidio[2] di stato (da non confondersi con la componente di sussidio di Bitcoin) applicata ad un prodotto venduto ad un altro stato. Si tratta di una imposizione messa in capo al contribuente dello stato sussidiante, applicata tipicamente per ottenere delle quote di mercato sul prodotto in questione. Nel caso la domanda sia elastica[3], il sussidio incrementa il volume delle vendite del prodotto riducendo il prezzo rispetto a quello che sarebbe altrimenti il prezzo di mercato. Il prezzo ridotto incrementa la domanda richiamando acquirenti con una più bassa utilità marginale[4] per il prodotto

Riferimenti

[1] https://it.wikipedia.org/wiki/Dumping

[2] https://it.wikipedia.org/wiki/Sussidio

[3] https://en.wikipedia.org/wiki/Price_elasticity_of_demand

[4] https://en.wikipedia.org/wiki/Marginal_utility

finché il mercato non raggiunge l'equilibrio. A differenza di quanto avviene con il *dumping*, scambiare beni a prezzo di mercato non ne riduce il prezzo perché esso non è sussidiato.

Infine, vi è una teoria collegata secondo la quale la riduzione del livello di accumulo[1] riduca generalmente i prezzi di scambio del bene accumulato. Ciò è vero[2], tuttavia un trasferimento non rappresenta una riduzione dei livelli di accumulo a meno che l'acquirente della proprietà accumulata, successivamente, non la accumuli in maniera minore rispetto al venditore. È un errore assumere che tale ipotesi si applichi in questo caso.

Riferimenti

[1] https://en.wikipedia.org/wiki/Hoarding_(economics)

[2] https://mises.org/blog/problem-hoarding

Principio di Frammentazione

A differenza del baratto[1], l'utilità di una moneta[2] deriva direttamente dalla sua abilità di facilitare gli scambi. Se essa non è accettata da *alcun* commerciante, allora essa non ha obiettivamente alcuna utilità monetaria. Maggiore è la quantità di beni e servizi[3] (compresa la valutazione della loro ubicazione) che può essere acquistata con una moneta in un certo tempo, maggiore è la probabilità che la moneta abbia maggiore utilità per ogni singola persona.

Una separazione implica che zero o più commercianti hanno smesso di accettare la moneta originale e che zero o più commercianti hanno iniziato ad accettare la moneta che si è separata. Una separazione "pulita" è una situazione ipotetica nella quale l'accettazione da parte dei commercianti delle due monete non si sovrappone e che non vi sono cambiamenti nell'insieme dei commercianti. Una separazione "pulita" produce due economie dall'insieme originale dei commercianti.

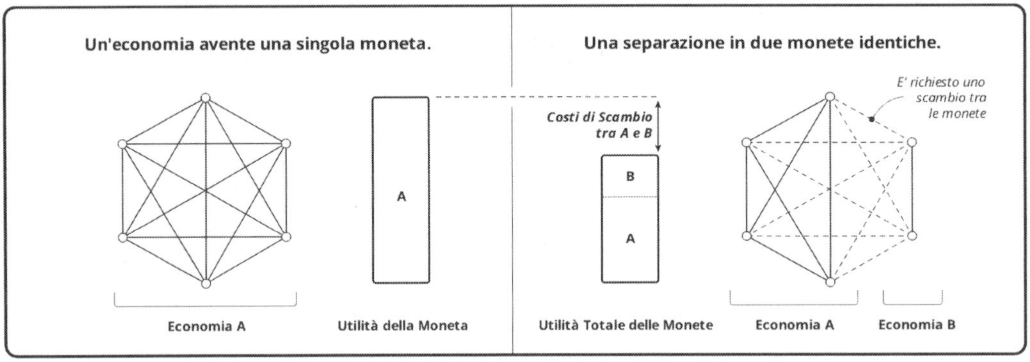

Riferimenti

[1] https://it.wikipedia.org/wiki/Baratto

[2] Capitolo: Tassonomia della Moneta

[3] https://en.wikipedia.org/wiki/Goods_and_services

Se assumiamo che le monete siano identiche a parte l'evento relativo alla loro separazione, il Principio di Consolidamento[1] implica che l'utilità delle due monete aggregate è la medesima della moneta originale a cui va sottratto il costo di scambio. Lo scenario qui descritto può essere esteso al fine di includere la sovrapposizione dei commercianti. Ciò non ha effetto sull'utilità della moneta in quanto va a spostare l'incidenza del costo di scambio dall'acquirente al venditore.

Un aumento o una diminuzione del numero di commercianti che accettano una delle due monete rappresenta, rispettivamente, un guadagno o una perdita netta di utilità combinata in quanto ciò implica la rimozione o l'aggiunta del costo di scambio. In altre parole, l'effetto è proporzionale per ciascuna delle monete coinvolte nella separazione. Questo fattore si riferisce alle caratteristiche specifiche di ciascuna separazione, non al processo di separazione in generale.

Di conseguenza, una separazione produce sia uno spostamento che una riduzione di utilità in proporzione alla dimensione relativa delle due economie. Nella Fallacia dell'Effetto Network[2] viene spiegato perché la riduzione non sia di natura quadratica, come talvolta viene assunto.

Sebbene possa sembrare che nello spostamento qualcuno abbia "preso" valore dalla moneta originale, tale valore è in realtà "andato" a formare la moneta separata. In altre parole, i commercianti sono padroni del valore che essi stessi attribuiscono ad una moneta. I proprietari hanno un'influenza indipendente sul potere d'acquisto, basata sul loro livello di accumulo[3]. Tuttavia, ciò influenza il prezzo delle unità, non l'utilità.

Nel momento della separazione un'unità originale si trasforma in due unità, ciascuna avente proporzionalmente una minore utilità rispetto all'originale. Impiegando una

Riferimenti

[1] Capitolo: Principio di Consolidamento

[2] Capitolo: Fallacia dell'Effetto Network

[3] Capitolo: Fallacia del Dumping

replay protection[1] obbligatoria e bidirezionale, ciascuna delle due monete può essere spesa senza costi addizionali. Altrimenti la necessità di protezione da questo evento porta a scontare[2] le unità della(e) catena(e) non protetta(e).

Questa analisi è applicabile anche alle nuove monete. La differenza nel caso di una nuova moneta risiede nel fatto che le unità delle (altre) monete originali non possono essere spese sulla nuova catena. Per questa ragione, la nuova moneta deve affrontare la difficoltà di allocare le sue unità, cosa che richiede lavoro e quindi tempo. Le separazioni avviano[3] (*bootstrap*) questo processo suddividendo l'utilità di una catena esistente, nella misura in cui i suoi commercianti sono disposti a fare ciò.

Riferimenti

[1] Capitolo: Fallacia della Replay Protection

[2] https://it.wikipedia.org/wiki/Valore_attuale_netto

[3] https://en.wikipedia.org/wiki/Bootstrapping

Fallacia della Purezza Genetica

Esiste una teoria secondo la quale una moneta è più forte quando tutta la validazione venga svolta da una singola implementazione comune. Secondo questa teoria, la complessità nell'implementare le regole di consenso implica la possibilità che molteplici implementazioni divergano reciprocamente portando ad una separazione involontaria della catena. La separazione implica una perdita finanziaria per le persone che si trovano sul lato più debole della catena. In aggiunta alla divergenza, una singola implementazione corre il rischio di uno stallo globale del network. La minaccia di una perdita finanziaria implica una più bassa utilità e quindi una più bassa sicurezza del sistema.

Basandosi sull'ipotesi di elevata complessità, ciascun aggiornamento "dell'unico ed autentico *client*" porta ad avere la stessa probabilità di divergenza. Analogamente, la dipendenza da librerie esterne aggiornate indipendentemente ha lo stesso effetto. In altre parole, *non è possibile che ci sia una sola implementazione per esse*. Nel caso dell'implementazione iniziale di Bitcoin, sia l'aggiornamento del client[1] che l'aggiornamento di una dipendenza esterna[2] hanno portato a separazioni involontarie della catena e ad una perdita finanziaria consistente[3]. Inoltre, relativamente a questa implementazione, sono state pubblicate senza preavviso[4] delle vulnerabilità del giorno zero[5] che avrebbero potuto portare ad uno stallo globale.

Riferimenti

[1] https://github.com/bitcoin/bips/blob/master/bip-0050.mediawiki

[2] https://github.com/bitcoin/bips/blob/master/bip-0066.mediawiki#motivation

[3] https://cointelegraph.com/news/miners-lost-over-50000-from-the-bitcoin-hardfork-last-weekend

[4] https://www.reddit.com/r/btc/comments/6z827o/chris_jeffrey_jj_discloses_bitcoin_attack_vector/

[5] https://it.wikipedia.org/wiki/0-day

Una singola implementazione produrrebbe una debolezza direttamente confrontabile con quella delle specie viventi aventi uniformità genetica. Nel caso di una singola implementazione, sia gli aggiornamenti interni che esterni influenzano l'economia rapidamente ed in profondità. L'impatto finanziario di una separazione è quindi più importante di quello causato da una implementazione meno adottata su grande scala. In uno scenario dove dieci implementazioni che supportano ciascuna la stessa frazione di economia, verrebbe messo a rischio al massimo il 10% dell'economia per ogni dato aggiornamento, mentre l'aggiornamento di una singola implementazione adottata universalmente raggiunge il massimo rischio di separazione del 50%. La teoria non è quindi solo invalida ma rappresenta il comportamento esattamente opposto di quanto accadrebbe in realtà.

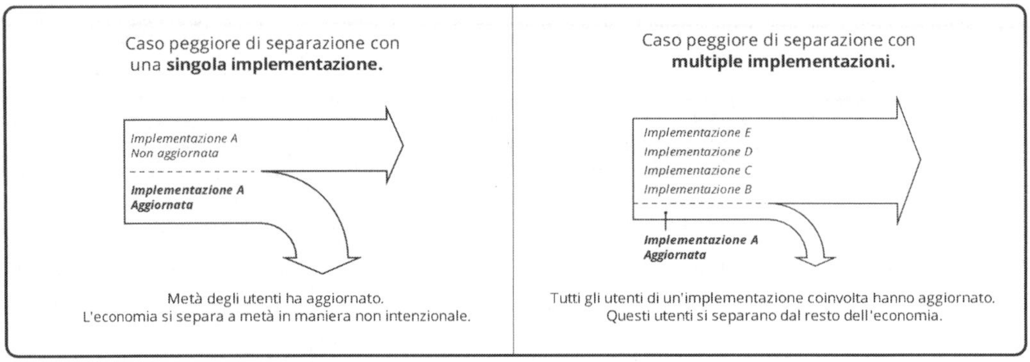

Fallacia del Mining Ibrido

Esiste una teoria secondo la quale la combinazione di proof-of-work (PoW) e di proof-of-stake (PoS) nel mining offra un maggiore livello di sicurezza rispetto alla sola PoW. La teoria implica che una maggioranza di possessori di moneta possa mitigare "i cattivi comportamenti" dei miner PoW.

In mancanza di un miner che detenga la maggioranza dell'hash power, non vi è nulla da mitigare. Quindi la teoria si basa sull'aumentare il costo di un regime di censura. Questa considerazione si basa sull'assunzione, di per sé insostenibile, che i miner PoW non siano anche miner PoS.

Il costo del mining ibrido è il costo combinato del lavoro e dello *staking*, inclusivi del costo del capitale. Il ritorno sull'investimento nel mining eguaglia necessariamente il costo del capitale, come conseguenza della competizione. Quando il mining è profittevole, il costo del capitale non contribuisce alla sicurezza. **Realizzare uno stake maggioritario non è più costoso di ottenere una maggioranza dell'hash power.** La teoria è quindi invalida.

In un modello nel quale un detentore di una quota maggioritaria di *stake* può impedire la conferma di blocchi costruiti con PoW altrimenti validi, il censore, una volta che tale maggioranza è raggiunta, non può più essere destituito[1]. Questo sistema è fondamentalmente una moneta basata su PoS che manca di resistenza alla censura[2] e dove la parte di PoW non fornisce alcuna sicurezza addizionale.

Riferimenti

[1] Capitolo: Fallacia della Proof of Stake

[2] Capitolo: Proprietà di Resistenza alla Censura

Definizione di Massimalismo

Il massimalismo rappresenta uno sforzo nelle pubbliche relazioni teso a scoraggiare la formazione di sostituti per una determinata moneta. Nella misura in cui questo sforzo abbia successo, esso può avvantaggiare gli attuali possessori restringendo l'offerta e di conseguenza elevando il prezzo. Tuttavia, quando le persone non riescono a trovare dei sostituti[1] vicini alla moneta, la loro attività si muove verso quelli più lontani. Nel caso dei pagamenti elettronici questi sono rappresentati in generale dalla moneta di stato.

Il massimalismo si distingue dalla consapevolezza delle shitcoin[2] poiché è caratterizzato dalla promozione di un Bitcoin su tutti gli altri. Spesso i proponenti esprimono la contraddittoria teoria secondo la quale nessun'altra moneta possa competere con la loro moneta preferita. Se questo fosse il caso, non vi sarebbe ragione di sostenere una singola moneta.

Riferimenti

[1] Capitolo: Principio di Sostituzione

[2] Capitolo: Definizione di Shitcoin

Fallacia dell'Effetto Network

Esiste una teoria secondo la quale l'utilità creata da un'economia vari con il quadrato del numero dei commercianti appartenenti ad essa, sotto l'assunzione che ciascuno dei commercianti offra lo stesso valore di beni o servizi per mezzo di una sola moneta. La teoria rappresenta un'applicazione della Legge di Metcalfe[1].

Questo implica che una separazione in parti uguali dell'economia riduca l'utilità combinata della stessa della metà. Ad esempio, se 20 commercianti hanno un'utilità pari a 400 allora 2 reti costituite da 10 commercianti ciascuna hanno un'utilità di 200.

Tuttavia, l'abilità di scambiare ciascuna unità di una moneta con un'altra porta l'utilità delle due economie verso un'economia ibrida. A causa del costo di conversione[2] **la situazione ibrida ha un'utilità minore di quella che avrebbe un'economia basata su una singola moneta, ma questo non può essere confrontabile con la perdita intera di una delle due economie, a meno che il costo di conversione non sia illimitato.** La teoria è quindi invalida.

Riferimenti

[1] https://en.wikipedia.org/wiki/Metcalfe%27s_law

[2] Capitolo: Principio di Consolidamento

Fallacia della Prova di Costo

In un mercato competitivo (libero), il mining di Bitcoin consuma sotto forma di costo ciò che viene creato come valore per il miner, sia sotto forma di emissione di nuove unità che in termini di servizio di conferma. Ciò si verifica, sia quando la ricompensa del blocco minato riflette completamente il ritorno del miner, che altrimenti.

La quantità di computazioni eseguita nell'attività di mining si riflette probabilisticamente nella difficoltà del blocco. Ci si riferisce a questa operazione computazionale con il termine di lavoro. Un'intestazione (*header*) di un blocco valido è una prova probabilistica che tale lavoro sia stato svolto. Ciò è alla base del termine "prova di lavoro" (*proof-of-work*).

La quantità di energia consumata nella produzione di un blocco non è dimostrabile, sia in maniera specifica che probabilisticamente. L'efficienza energetica dei dispositivi di mining è variabile. L'intestazione di un blocco non riflette la "prova dell'energia consumata". Queste affermazioni rappresentano delle approssimazioni.

Il ritorno economico di un miner sulla produzione di un blocco non è riflesso completamente nel blocco stesso. Minare le proprie transazioni implica che la totalità delle commissioni (*fee*) non è necessariamente riflessa nel blocco, come accade per le commissioni a parte[1] in generale. Un miner può introdurre transazioni aventi commissioni arbitrariamente alte o basse. La ricompensa del blocco non rappresenta una "prova di ricompensa". Queste affermazioni rappresentano delle assunzioni.

In un mercato libero, il ritorno sul mining è il valore della sua ricompensa, che quest'ultima si rifletta o meno sul blocco, e le commissioni guadagnate sono determinate dalla domanda di effettuare transazioni. Ciò è una conseguenza della competizione. In

Riferimenti

[1] Capitolo: Fallacia della Commissione a Parte

questo caso è corretto considerare un'intestazione di un blocco come una "prova di costo", tuttavia l'ammontare di tale costo rimane sconosciuto. Tutto ciò che è possibile sapere è che il miner ha guadagnato un tasso di ritorno sul capitale.

Tuttavia, nel caso del monopolio[1] di stato, il prezzo non è controllato dalla competizione. Un monopolio può far pagare qualsiasi prezzo il mercato sia disposto a sopportare. Il costo di applicazione del monopolio viene pagato dal contribuente. Il premio sul prezzo rappresenta un'altra tassa pagata dal consumatore. Il valore di questa tassa si trasferisce al monopolio.

Nel caso di un'azione di censura di Bitcoin sponsorizzata dallo stato, sia il costo di *enforcement* che il premio sul prezzo (in termini di commissioni) rappresentano le tasse di uno scenario di monopolio. Il livello delle commissioni può superare il tasso di mercato e l'applicazione di tale aumento viene sussidiata dalle tasse. Il monopolio sul mining può dar luogo al signoraggio[2] come avviene in qualsiasi altra moneta di monopolio. L'intestazione del blocco continua a fornire una prova di lavoro ma non più una prova di costo a mercato.

Allo stesso modo, l'esistenza di un'unità valida di moneta di monopolio[3] fornisce una prova sufficiente di un costo reale di produzione, ma non fornisce alcuna prova che l'autorità emittente non abbia incassato un premio di monopolio su questo costo. Esiste a questo proposito una teoria secondo la quale il costo di produzione di Bitcoin "non sia falsificabile", mentre la rendita di signoraggio di una moneta di stato rappresenti un "costo di falsificazione". Come è stato dimostrato, **Bitcoin è soggetto anch'esso al signoraggio**, rendendo quindi la teoria invalida.

Riferimenti

[1] https://mises.org/library/man-economy-and-state-power-and-market/html/pp/1054

[2] https://en.wikipedia.org/wiki/Seigniorage

[3] Capitolo: Tassonomia della Moneta

Tutti i beni hanno costi di produzione reali. Il monopolio esiste per innalzare il prezzo al di sopra del costo. Benché Bitcoin sia resistente alla censura[1], l'efficacia di tale resistenza non è garantita[2].

Riferimenti

[1] Capitolo: Proprietà di Resistenza alla Censura

[2] Capitolo: Assioma di Resistenza

L'Argomento di Facciata della Prova di Memorizzazione

E' stata formulata una proposta[1] secondo la quale una prova di memorizzazione (*proof-of-memory* - PoM) possa sostituire una frazione del costo energetico della *proof-of-work* (PoW) con un costo hardware, anche facendo affidamento sui dispositivi di memorizzazione esistenti. Come mostrato nella Fallacia dello Spreco di Energia[2], un livello di sicurezza costante richiede una spesa continuativa e costante. Di conseguenza questo sistema richiederebbe un equivalente livello di consumo di hardware per compensare ciascuna riduzione del costo energetico. **In altre parole, il consumo totale di energia non può essere ridotto, può essere solo trasferito alla fabbricazione, al funzionamento e allo smaltimento di hardware.**

Nel dicembre 2017 il costo energetico annualizzato stimato dell'energia consumata nel mining Bitcoin è stato di 1'628'000'000 $ basato sull'approssimazione di 32,56 TWh consumati ad un costo di 0,05 $/kWh. Contemporaneamente, questo livello di costo è uguale al consumo di 32'560'000 terabyte di memoria ad un costo medio di 50 $ per dispositivo. L'utilizzo dei dispositivi esistenti inutilizzati riduce il costo unitario degli stessi e quindi innalza per confronto il quantitativo richiesto.

Vale la pena analizzare il comportamento economico di un sistema teorico nel quale la PoM è determinata da un aggregato esistente di dispositivi di memorizzazione (a costo nullo) senza limite alla vita utile o costi operativi. Poiché in questo caso specifico il costo del mining è pari a zero, le ricompense si trasferirebbero senza alcuna spesa in proporzione alla memoria posseduta (assumendo nessuna pressione al raggruppamento[3]). Ogni aumento delle commissioni medie va ad aumentare la

Riferimenti

[1] https://eprint.iacr.org/2017/893.pdf

[2] Capitolo: Fallacia dello Spreco di Energia

[3] Capitolo: Rischio della Pressione al Raggruppamento

ricompensa per la memoria. Il capitale investito è nullo e quindi il tasso di interesse sarebbe perpetuamente infinito. Nonostante l'ipotesi di incentivo illimitato, l'assunzione di espansione nulla preclude ogni forma di competizione. Ma poiché la prova è esternalizzata, la competizione non può essere ristretta. In un sistema reale la fabbricazione di hardware si espande perpetuamente per un dato livello di commissioni, e questa espansione accelera all'aumentare del loro livello.

La *proof-of-memory* è uguale alla *proof-of-work* in termini del consumo di risorse e non vi è ragione di assumere alcuna riduzione della componente energetica di tale costo. L'hardware si comporta come una prova di immagazzinamento di energia (una batteria) che rappresenta l'energia che è stata spesa in maniera dimostrabile per la sua fabbricazione. Quello che è stato confutato qui è un argomento di facciata analogo a quello delle automobili elettriche con batteria "a zero emissioni".

Fallacia della Proof of Stake

La sicurezza della conferma richiede che una persona abbia l'autorità per ordinare le transazioni. Bitcoin assegna periodicamente questa autorità al miner che produce la più grande prova di lavoro (*proof-of-work*). Tutte le forme di lavoro si riducono necessariamente[1] al consumo di energia[2]. È fondamentale[3] che questo tipo di prova sia indipendente dalla storia della catena. Possiamo riferirci ad essa come ad una prova "esterna".

Ogni altra fonte di autorità deputata all'ordinamento è, di conseguenza, dipendente dalla storia della catena; a quest'ultima possiamo riferirci come ad una prova "interna". Esiste una teoria secondo la quale la proof-of-stake (PoS) costituisca un'alternativa comparabile alla proof-of-work (PoW) in termini di sicurezza della conferma. È vero che sia la PoS che la PoW delegano il controllo dell'ordinamento delle transazioni ad una persona che ha il controllo sul più grande quantitativo di una certa forma di capitale.

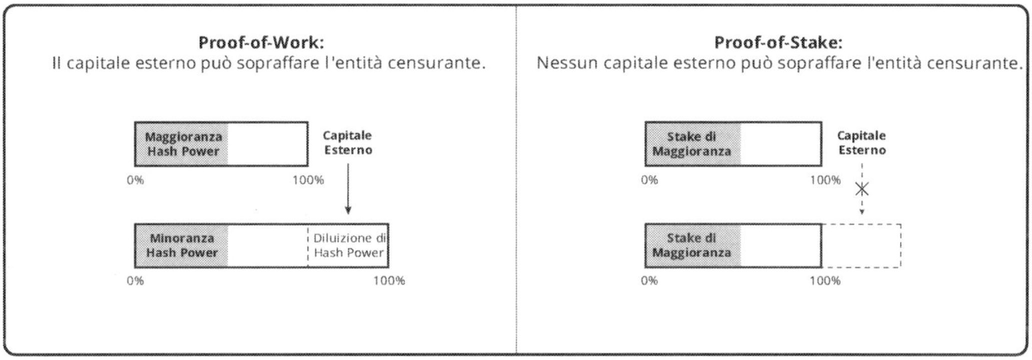

Riferimenti

[1] Capitolo: L'Argomento di Facciata della Prova di Memorizzazione

[2] Capitolo: Fallacia dello Spreco di Energia

[3] Capitolo: Proprietà di Resistenza alla Censura

La distinzione tra le due prove è basata sull'impiego del capitale sottostante. La PoW esclude il capitale che non può essere convertito in lavoro, mentre la PoS esclude tutto il capitale che non può portare all'acquisizione di unità della moneta. Tale differenza ha una conseguenza essenziale per la sicurezza.

Nel Principio degli Altri Mezzi[1] viene mostrato come la resistenza alla censura dipenda dalle persone che pagano i miner per sopraffare il potere del censore. **Vincere la censura non è possibile in un sistema PoS, in quanto il censore ha acquisito una partecipazione (stake) maggioritaria e non può essere deposto.** Per questa ragione i sistemi PoS non sono resistenti alla censura e la teoria è quindi invalida.

Riferimenti

[1] Capitolo: Principio degli Altri Mezzi

Fallacia della Replay Protection

Esiste una teoria secondo la quale la *replay protection* applicata ad una catena separata aumenti l'utilità relativa della catena originale. La *replay protection* è una regola progettata in relazione ad un'altra catena e avente un comportamento direzionale. La protezione rende le transazioni della catena protetta invalide sull'altra catena.

Anche senza protezione, è comunque possibile per un possessore effettuare una spesa in una maniera tale da impedirne la ripetizione (*replay*) in una direzione o in un'altra, sebbene questo porti ad un costo in termini di commissioni e/o di complessità. Una separazione può ridurre ma non eliminare del tutto questo costo in una o entrambe le direzioni attraverso l'attivazione di regole che possono essere utilizzate selettivamente dalle azioni di spesa. Questo tipo di misura è chiamata *opt-in replay protection* e si differenzia dalla *replay protection* obbligatoria. La *opt-in replay protection* riduce ma non elimina il costo mentre la protezione obbligatoria può eliminarlo.

La ripetizione di una spesa in un'altra catena è un'azione che non porta a diluizione[1]. L'output comune può essere speso su entrambe le catene con o senza ripetizione. **La sola distinzione fornita dalla protezione è che le spese possono essere distinte su ciascuna catena senza alcun costo aggiuntivo per colui che effettua la spesa.** L'offerta in ciascuna catena rimane inalterata dall'utilizzo della protezione.

Si tratta di una sorprendente incomprensione quella di credere che una catena possa in qualche modo assorbire le transazioni dell'altra in un evento di separazione. Tutti gli output del segmento comune rimangono spendibili su entrambe le catene. La *replay protection* permette solo di ridurre il costo di spendere tali *output* sulla catena protetta.

Riferimenti

[1] https://en.wikipedia.org/wiki/Stock_dilution

È possibile assumere che la mancanza di protezione renda meno probabile per un possessore spendere sulla catena non protetta, limitando di conseguenza l'offerta e aumentando il prezzo di scambio. Tuttavia, questo presuppone che la domanda non sia influenzata da quello che si configura come un aumento del costo di scambio. Se il possessore non sta effettuando scambi in quanto vi è un incremento di costo nel farlo, allora l'utilità della moneta non aumenta ma bensì diminuisce.

Il costo di proteggersi autonomamente consiste in un demurrage[1] *una tantum* che rimane finché la protezione è applicata alle unità non protette, in maniera intenzionale o altrimenti. Questo costo rappresenta uno sconto[2] sull'utilità di una catena non protetta se confrontata con la stessa ipotetica catena dotata di protezione. Questo implica una *maggiore* utilità della catena protetta rispetto a quella non protetta da cui si è separata. Di conseguenza la teoria è invalida.

Riferimenti

[1] https://en.wikipedia.org/wiki/Demurrage_(currency)

[2] https://it.wikipedia.org/wiki/Valore_attuale_netto

Definizione di Shitcoin

Una *shitcoin* è un qualsiasi sistema che non è criptodinamicamente sicuro[1] ma che afferma di incorporare la value proposition[2] di Bitcoin.

Si presuppone che le *shitcoin* siano delle truffe, sebbene sia sempre possibile che i proponenti abbiano buone intenzioni ma ignorino i principi della criptodinamica. Ad esempio, le tecnologie proof-of-stake[3] sono *shitcoin.*

Nonostante possano esserci implementazioni di Bitcoin più sicure di altre, queste sono questioni di valutazioni reciproche. Non può essere dimostrato che Bitcoin sia un sistema sicuro in senso assoluto[4]. Come tale, il termine non è ragionevolmente applicato a nessun sistema Bitcoin. Ad esempio, le tecnologie basate su proof-of-memory[5] potrebbero non essere delle *shitcoin* (sebbene non riescano a raggiungere i loro obiettivi fondamentali).

Riferimenti

[1] Capitolo: Principi della Criptodinamica

[2] Capitolo: La Value Proposition

[3] Capitolo: Fallacia della Proof of Stake

[4] Capitolo: Assioma di Resistenza

[5] Capitolo: L'Argomento di Facciata della Prova di Memorizzazione

Fallacia dell'Espansione del Credito da Separazione

Esiste una teoria secondo la quale l'incremento delle unità monetarie, ad esempio derivante da un evento di separazione o dalla creazione di una nuova moneta, crei del credito. Questo è un errore che presumibilmente trae origine dall'assunzione che l'espansione del credito[1] guidata dall'espansione monetaria dello stato sia una forza di mercato. Questa assunzione non tiene conto del fatto che una moneta di mercato[2] non può dare luogo a signoraggio[3].

Il signoraggio è una tassa. Le unità monetarie create non rappresentano nuovo capitale ma, al contrario, rappresentano una diluizione delle unità esistenti da parte dello stato, che trasferisce la proprietà del capitale che esse rappresentano al sovrano. Quando questo capitale è messo in opera al fine di sussidiare l'attività di prestito da parte del cartello bancario di stato[4], sotto forma di moneta a sconto[5] e di assicurazione[6], il costo del capitale per i clienti della banca viene ridotto.

Questa cosiddetta espansione del credito non è semplicemente il risultato della riserva frazionaria come forza di mercato, è la conseguenza dell'azione dello stato che favorisce i debitori alle spese dei risparmiatori. In un libero mercato bancario, le banche sono semplicemente dei *fondi di investimento*. Gli investitori ottengono, in media, un ritorno a mercato sul capitale investito e sono soggetti al relativo grado di rischio. In un

Riferimenti

[1] Capitolo: Fallacia dell'Espansione del Credito

[2] Capitolo: Tassonomia della Moneta

[3] https://it.wikipedia.org/wiki/Signoraggio

[4] Capitolo: Principio del Sistema Bancario di Stato

[5] https://www.frbdiscountwindow.org/

[6] https://www.fdic.gov/resources/deposit-insurance

sistema bancario di stato il rischio, e quindi il capitale, sono riorganizzati in funzione di obiettivi politici.

L'espansione del mercato del credito si manifesta con un aumento di capitale dato in prestito che si contrappone al suo accumulo. Un aumento della quantità di credito è conseguenza di una ridotta preferenza temporale[1] e ciò porta a ridurre il costo del capitale. È impossibile mostrare che un evento di separazione o la creazione di una nuova moneta (o in generale qualsiasi altra cosa) riduca la preferenza temporale. Per questa ragione è un errore assumere che queste forme di creazione di moneta incrementino la disponibilità di capitale o riducano il suo costo.

Riferimenti

[1] https://en.wikipedia.org/wiki/Time_preference

Il Dilemma dello Speculatore in caso di Separazione

In seguito ad un evento separazione, un possessore della moneta originale si trova di fronte alla scelta di conservare o vendere le unità della catena originale e di quella che si è separata.

Come discusso nella Fallacia del Dumping[1] non vi è modo di influenzare l'esistenza di una catena o dell'altra scambiando o accumulando[2] le unità di una delle due. Di conseguenza, andremo a valutare questa scelta come una questione legata strettamente al modo con cui massimizzare il valore della proprietà esistente a seguito di una separazione.

Data una certa posizione prima della separazione, un proprietario è affetto dall'aumento di costo di conversione delle unità e dalla replay protection[3] quando applicabile. Questi rappresentano degli inevitabili costi di scambio nel futuro che riducono il valore attuale netto[4] delle unità. Quindi questi fattori non rispondono al quesito.

Per le rimanenti considerazioni si *assume* che le monete, in forma combinata, aumenteranno di prezzo nell'intervallo di tempo considerato.

Sotto le ipotesi formulate per il Principio di Consolidamento[5] due monete simili saranno destinate a consolidarsi riducendo a zero il valore di una delle due nel tempo. Se una persona è in grado di sapere quale delle due subirà questa sorte, è razionale vendere questa moneta in favore dell'altra. Tuttavia, poiché è altrettanto plausibile *non* sapere

Riferimenti

[1] Capitolo: Fallacia del Dumping

[2] https://en.wikipedia.org/wiki/Hoarding_(economics)

[3] Capitolo: Fallacia della Replay Protection

[4] https://it.wikipedia.org/wiki/Valore_attuale_netto

[5] Capitolo: Principio di Consolidamento

quale moneta sopravviverà, vi è la possibilità che, vendendo la moneta che avrà successo per quella destinata al fallimento, si sacrifichi *per intero* il valore delle unità originarie. **Senza conoscenza del futuro, vendere tutto o una parte di una moneta per l'altra porta ad incrementare il profitto potenziale in proporzione ad un livello di rischio più elevato.** Per questa ragione è razionale allo stesso modo accumulare entrambe le monete, cosa che preserva le assunzioni ritenute valide prima della separazione.

In conclusione, andrebbe sottolineato che entrambe le catene potrebbero fallire, ed il valore si consoliderebbe su una catena indipendente, su una commodity o su una moneta di stato. Questo capitolo si propone solamente di fornire un quadro di decisione razionale basato su assunzioni che tuttavia potrebbero non verificarsi.

ECONOMIA

Fallacia dell'Espansione del Credito

L'espansione del credito consiste nella moltiplicazione del credito rispetto alla moneta[1], derivante dall'attività di prestito. Quando viene perfezionato un prestito il prestatore ed il debitore sembrano detenere la stessa quantità di denaro. A causa dell'apparente natura inflazionistica[2] dell'espansione del credito, essa è trattata come un effetto avverso sulle persone che possiedono la moneta. Poiché le banche rappresentano la categoria di prestatori più importante, questo effetto è spesso attribuito all'attività bancaria in sé. A questo riguardo vi è una teoria secondo la quale Bitcoin possa eliminare gli effetti del sistema bancario basato su riserva frazionaria[3] e quindi eliminare l'espansione del credito.

Il risparmio comprende le attività di accumulo ed investimento. L'accumulare implica l'applicazione di una ininterrotta svalutazione[4], che rappresenta un consumo presente. Investire significa dare in prestito alla produzione e ciò implica che non vi è alcuna svalutazione, poiché i prodotti devono esistere prima che possano effettivamente svalutarsi. L'investimento include sia i contratti di debito che di compartecipazione societaria (*equity*) in quanto la distinzione è prettamente finanziaria, non avendo significatività economica[5].

Riferimenti

[1] Capitolo: Tassonomia della Moneta

[2] https://en.wikipedia.org/wiki/Monetary_inflation

[3] https://it.wikipedia.org/wiki/Riserva_frazionaria

[4] Capitolo: Principio di Svalutazione

[5] https://mises.org/library/man-economy-and-state-power-and-market/html/p/996

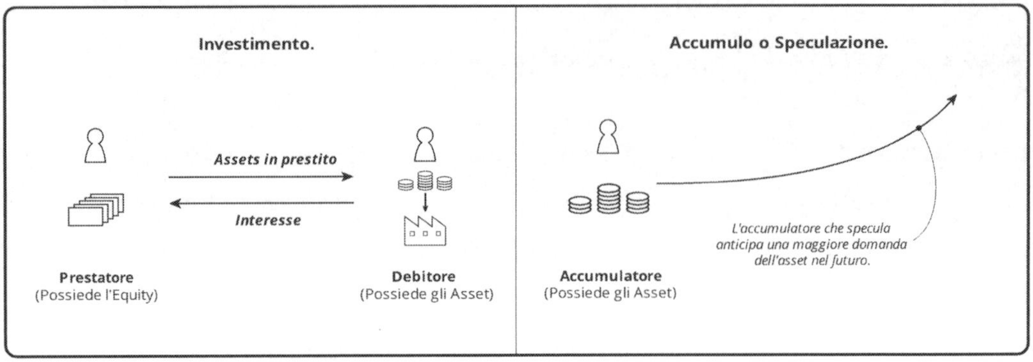

La distinzione tra accumulare ed investire è fondamentale per giungere alla comprensione dell'espansione del credito. La moneta accumulata è sotto il controllo del suo possessore, ovvero messa in una camera di sicurezza, sepolta in giardino o messa sotto al materasso.

Ciò è intrinseco al significato di proprietà. Il prestatore di moneta non è più il possessore della moneta stessa, anche se il dare in prestito viene considerato una forma di risparmio.

Un prestatore necessita di liquidità per operare, e, per questa ragione, deve accumulare una certa frazione di risparmi. Quando viene acceso un prestito, il debitore possiede l'ammontare dato in prestito. Il debitore, a sua volta, necessita di liquidità, e così accumula una certa parte del prestito stesso. Ogni rimanenza del prestito è necessariamente investita. Questo significa che il debitore, a sua volta, è diventato un prestatore. Il processo continua fino al punto in cui tutto il capitale esistente viene accumulato.

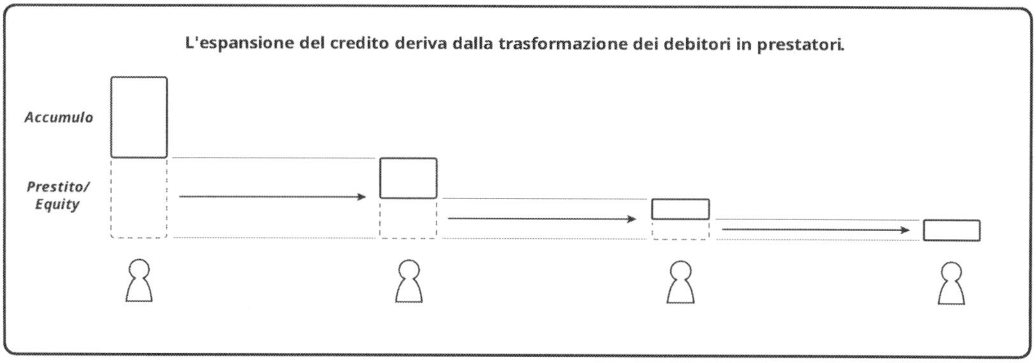

Talvolta ci si riferisce al quantitativo accumulato come alla "riserva" del proprietario, ma più appropriatamente esso è l'accumulo del proprietario, una frazione dei risparmi totali del proprietario. Questo utilizzo della parola riserva non dovrebbe essere confuso con l'utilizzo che se ne fa nel contesto della moneta di stato come valuta di riserva[1] (i.e. la riserva estera[2]). Il termine "sistema bancario a riserva frazionaria" è un riferimento al rapporto che vi è tra quanto accumulato dalla banca ed il credito emesso dalla stessa (i conti bancari).

Ci si riferisce all'ammontare totale dei Dollari Statunitensi in circolazione[3] con la sigla "M0". Questo include tutta la valuta tangibile ("il contante di cassa") in aggiunta ai bilanci bancari intangibili dei conti presso la *Federal Reserve*. Queste due forme di moneta vengono considerate titoli d'obbligo intercambiabili della Fed[4]. I titoli d'obbligo intangibili sono moneta che è stata messa a bilancio ma non ancora stampata[5]. Come riportato dalla Fed[6], il totale dei Dollari Statunitensi è così suddiviso:

Riferimenti

[1] Capitolo: Fallacia della Valuta di Riserva

[2] https://it.wikipedia.org/wiki/Riserva_valutaria

[3] https://en.wikipedia.org/wiki/Money_supply#United_States

[4] https://en.wikipedia.org/wiki/Money_supply#Money_creation_by_commercial_banks

[5] Capitolo: Principio del Sistema Bancario di Stato

[6] https://www.federalreserve.gov/releases/h3/current/default.htm

Dollari	Quantitativo (2019)
Tangibile	1'738'984'000'000 $
Intangibile	1'535'857'000'000 $
Moneta Totale (M0)	3’274’841’000'000 $

La quantità M0 sommata a tutta la moneta dei conti bancari (n.d.t. in realtà credito bancario - si veda la tabella sottostante) viene chiamata "M3". Questo dato non è più pubblicato dalla Fed, ma viene stimato[1] essere pari a 17'682'335'000'000 $. Il quantitativo totale del credito denominato in Dollari Statunitensi può essere stimato dalla somma delle seguenti categorie denominate in Dollari: conti bancari[2], titoli obbligazionari[3], titoli azionari pubblici[4] e privati[5].

Credito in Dollari	Quantitativo (2019)
Bancario (M3 - M0)	14'407'494'000'000 $
Titoli Obbligazionari	41'000'000'000'000 $
Titoli Azionari Pubblici	32'891'169'631'125 $
Titoli Azionari Privati	6'426'333'525'358 $

Dalla tabella:

- Il rapporto totale della moneta rispetto al suo credito è intorno al 3,46%, equivalente ad un'espansione del credito pari a 29,9 volte la moneta sottostante.

Riferimenti

1 https://fred.stlouisfed.org/series/MABMM301USM189S

2 https://en.wikipedia.org/wiki/Bank_account

3 https://www.forbes.com/sites/kevinmcpartland/2018/10/11/understanding-us-bond-market/

4 https://data.worldbank.org/indicator/cm.mkt.lcap.cd

5 https://www.quora.com/What-is-the-estimated-total-value-of-all-US-private-companies

- Le riserve[1] bancarie pari a 1'400'949'000'000 $ indicano un rapporto di riserva pari a circa l'11,11% del credito, equivalente ad un'espansione del credito paria a 9,0 volte la moneta sottostante. Questo dato è leggermente superiore al requisito di riserva[2] che non è mai superiore al 10%[3] .
- La Riserva relativa alla moneta rimanente (i.e. che esclude le riserve bancarie) rispetto ai titoli obbligazionari ed azionari (i.e. il rapporto tra MO meno le riserve bancarie e la somma di obbligazioni ed azioni) è pari a circa il 2.08%, ovvero una espansione del credito pari a 48,0 volte la moneta.

L'eliminazione dell'espansione del credito richiede l'eliminazione del credito e di conseguenza della produzione. Tutto il credito è soggetto a default. Tuttavia, la teoria afferma che il credito bancario è differente presumendo che esso sia "*risk free*". Questa presunzione deriva dall'esistenza di una assicurazione dei contribuenti[4] su tale credito. Questo fatto non è una conseguenza del sistema bancario ma dell'intervento dello stato nel sistema bancario. Nella misura in cui questa presunzione è attribuita al free banking[5], la teoria è invalida. Tutte le categorie di impresa sono soggette a fallimento e non essendo differente da esse il *free banking* elimina questa errata percezione.

La distinzione tra un Fondo di Investimento Monetario[6] (*Money Market Fund* - MMF) e un Conto di Deposito Monetario[7] (*Money Market Account* - MMA) è istruttiva. Entrambi sono concepiti per mantenere un'equivalenza 1 a 1 con la moneta tuttavia entrambi vengono scontati rispetto alla moneta stessa a causa dei costi di settlement[8] e di rischio (e.g. alcune

Riferimenti

[1] https://www.federalreserve.gov/releases/h3/current/default.htm

[2] https://en.wikipedia.org/wiki/Reserve_requirement

[3] https://en.wikipedia.org/wiki/Reserve_requirement#United_States

[4] https://www.fdic.gov/

[5] https://it.wikipedia.org/wiki/Free_banking

[6] https://en.wikipedia.org/wiki/Money_market_fund

[7] https://en.wikipedia.org/wiki/Money_market_account

[8] https://it.wikipedia.org/wiki/Regolamento_(finanza)

persone accettano solo moneta contante rifiutando i costi più elevati delle transazioni con carta di credito[1] e assegni[2]). La distinzione tra i due (a parte l'assicurazione dei contribuenti garantita al secondo) è dovuta al modo in cui viene trattato il rischio di investimento e la riserva insufficiente.

Nel caso di un MMF, il default dell'investimento viene riflesso nel prezzo unitario. Poiché il fondo prova a mantenere un sufficiente Valore Netto dell'Asset[3] (*Net Asset Value* - NAV) per permettere lo scambio di un'unità del fondo con un'unità della moneta, un calo sufficiente del NAV si rifletterà sul prezzo unitario. Nel caso di un MMA, queste perdite sono assorbite dalle riserve monetarie. Se non vi sono riserve sufficienti, o a causa di un inatteso livello di prelievi o a causa di perdite negli investimenti, il MMA va in default. Il fallimento di un MMA si manifesta sotto forma di una corsa agli sportelli[4], dove alcune persone sono rimborsate mentre altre non lo sono. Un NAV insufficiente in un MMF si manifesta invece come un calo uniforme del prezzo unitario.

Il vantaggio del MMA è che le sue unità sono più fungibili[5] sebbene vengano scontate rispetto alla moneta sottostante. Il vantaggio del MMF è che le perdite vengono distribuite uniformemente. Non è quindi inaspettato che i MMA siano tipicamente assicurati dai contribuenti, regolati più strettamente dallo stato, e considerati come fossero credito bancario. È raro per un MMF "rompere la parità con il dollaro[6]" (*break the buck*), ma naturalmente ciò può accadere e avviene nella realtà. Anche i fallimenti bancari hanno luogo ma sono nascosti dall'assicurazione dei contribuenti.

Riferimenti

[1] https://it.wikipedia.org/wiki/Carta_di_credito

[2] https://it.wikipedia.org/wiki/Assegno

[3] https://en.wikipedia.org/wiki/Net_asset_value

[4] https://it.wikipedia.org/wiki/Panico_bancario

[5] https://en.wikipedia.org/wiki/Fungibility

[6] https://www.investopedia.com/articles/mutualfund/08/money-market-break-buck.asp

Il credito bancario non è veramente fungibile. Ciò può essere osservato nell'uso quotidiano di carte di credito e assegni. Vi è un rischio materiale che entrambi gli strumenti falliscano il *settlement* a loro associato. Sebbene questo rischio sia generalmente associato al correntista (e.g. nel caso di un MMA), non vi è differenza per la persona che accetta il credito. Ci si potrebbe immaginare quindi che accettare carte di credito e assegni appoggiati ad un MMF venga trattato nella stessa maniera. Il credito circolerebbe come un equivalente in moneta e inoltre distribuirebbe il rischio più uniformemente tra coloro che beneficiano del ritorno sull'investimento derivante da esso. Il *free banking* ha la possibilità di adottare entrambi i modelli in qualsiasi misura le persone lo desiderino, ma in ogni caso, il credito si espanderebbe rispetto alla moneta sottostante, il rischio esisterebbe e i sostituti monetari[1] esisterebbero comunque.

La decisione di accumulare rispetto ad investire[2] è basata interamente sulla preferenza temporale[3] di ciascun individuo. La preferenza temporale non è derivabile da nessun altro fattore. Come dice il nome, essa è una preferenza dell'uomo. Le preferenze dell'uomo sono soggette a cambiamento e allo stesso modo lo è la preferenza temporale. La preferenza temporale determina il tasso di interesse economico che può essere anche considerato come il costo del capitale. Un incremento nel costo del capitale dovuto ad un aumento della preferenza temporale causa una contrazione del credito disponibile, viceversa una sua diminuzione porta all'effetto opposto. Con una preferenza temporale infinita tutto il capitale sarebbe accumulato per essere consumato, ponendo fine ad ogni produzione.

Non importa se ci si riferisce al prestatore come ad una "banca", tutti gli investimenti sottintendono lo stesso comportamento. Se le banche operassero con un accumulo del 100% esse non sarebbero dei creditori. Questo non implica alcuna riduzione

Riferimenti

[1] https://wiki.mises.org/wiki/Money_substitutes

[2] Capitolo: Relazione del Risparmio

[3] https://en.wikipedia.org/wiki/Time_preference

nell'imprestare denaro, in quanto il tasso del denaro imprestato[1] è determinato solamente dalla preferenza temporale. Bitcoin può essere imprestato e non contribuisce in alcun modo a limitare l'espansione del credito. La teoria è di conseguenza invalida.

Eliminare l'espansione del credito è equivalente alla condizione di preferenza temporale infinita, cui corrisponde un tasso di interesse infinito, nessun capitale disponibile per la produzione e nessun prodotto disponibile per il consumo. Negli stati dove il credito è limitato per legge (dalle leggi sull'usura[2]) gli investimenti vanno verso gli investimenti societari, i prestiti predatori[3] (*loan sharking*) o viene posta fine alla produzione.

Riferimenti

[1] Capitolo: Fallacia della Moneta non Prestabile

[2] https://it.wikipedia.org/wiki/Usura

[3] https://en.wikipedia.org/wiki/Loan_shark

Principio di Svalutazione

La proprietà di un prodotto si trasferisce dal produttore al consumatore (o ad un altro produttore), tuttavia né la produzione né il consumo[1] avvengono in quel momento (n.d.t. il momento dello scambio). Il Produttore accumula il prodotto prima dello scambio e il consumatore lo conserva dopo che esso è avvenuto. Il prodotto esiste e viene infine scambiato tra le persone. I termini "produttore" e "consumatore" sono nomi che definiscono gli *obiettivi* (produzione e tempo libero) dei due principali attori economici. Il produttore *intende* creare (apprezzare) il capitale, mentre il consumatore vuole distruggerlo (svalutarlo). Un produttore che possiede in maniera esclusiva non produce e un consumatore che non possiede non consuma. Ma l'accumulo del produttore (il suo inventario) svaluta il prodotto così come lo svaluta quello del consumatore.

L'utilizzo comune del termine "consumo" confonde l'interesse con la svalutazione[2]. Il realizzarsi della vendita di un prodotto rappresenta un interesse per l'investitore, non una svalutazione del prodotto stesso. La svalutazione di un prodotto è un consumo *effettivo* e rappresenta per il suo possessore un servizio[3] (utilità) oppure uno spreco[4]. Lo spreco è una svalutazione sulla quale il possessore non attribuisce alcun valore. Solo la distruzione riflette il consumo effettivo così come solo la creazione riflette la produzione effettiva. Solo l'*azione* possiede un significato economico, il nome attribuito ad uno specifico ruolo non ne possiede alcuno. Il ricavo netto di una vendita che va dal produttore al consumatore è l'interesse, anche se esso viene capitalizzato attraverso il reinvestimento.

Riferimenti

[1] Capitolo: Produzione e Consumo

[2] https://en.wikipedia.org/wiki/Depreciation_(economics)

[3] https://mises.org/library/man-economy-and-state-power-and-market/html/p/974

[4] https://it.wikipedia.org/wiki/Rifiuto

La ricchezza, definita come capitale accumulato, è la somma dei prodotti. Tutti i prodotti sono accumulati e subiscono svalutazione. La produzione crea prodotti, mentre l'interesse rappresenta sia il costo che il ritorno economico nel crearli. Il prezzo di un prodotto è la somma del suo interesse sul ritorno dell'investimento ed il costo di tutti i prodotti consumati nella sua produzione. Ogni prodotto incorporato come componente di un nuovo prodotto è svalutato interamente come prodotto indipendente ed apprezzato nel nuovo prodotto. Poiché la somma dei costi di produzione equivale al principale dell'investimento[1], l'incremento netto nei prodotti è semplicemente l'interesse.

Il tasso di crescita della ricchezza è la differenza tra il tasso di interesse ed il tasso di svalutazione.

```
tasso-di-crescita = tasso-di-interesse - tasso-di-svalutazione
```

Gli esempi che seguono dimostrano l'effetto della svalutazione sulla crescita:

```
tasso-di-crescita = tasso-di-interesse - tasso-di-svalutazione
  5% = 10% - 5%
-10% = 10% - 20%
```

Il tasso di svalutazione è sempre positivo, poiché tutti i beni si svalutano.

```
tasso-di-svalutazione > 0
tasso-di-interesse - tasso_di_crescita = tasso-di-svalutazione
tasso-di-interesse - tasso_di_crescita > 0
tasso-di-interesse > tasso_di_crescita
```

Ogni bene manifesta svalutazione, il che implica che l'interesse economico è sempre maggiore della crescita economica.

Riferimenti

[1] https://en.wikipedia.org/wiki/Bond_(finance)#Principal

L'interesse economico può essere osservato nel tempo come il ritorno sul capitale investito[1].

> Gli investitori si aspettano dei ritorni del 10,2% assieme ai millennial che sperano in rendimenti maggiori.
>
> *Shroders: Global Investor Study*

I tassi di svalutazione possono essere derivati dai tassi di interesse e di crescita del capitale[2].

> La crescita globale nel 2019 è diminuita al 2,6 percento, [...] cosa che riflette scambi commerciali internazionali ed investimenti più deboli del previsto all'inizio dell'anno. Si prevede che la crescita salga gradualmente al 2,8 percento entro il 2021
>
> *World Bank: Global Economic Prospects*

In questo caso un tasso di interesse del 10,2% è controbilanciato dal 7,6% di svalutazione che porta al 2.6% di crescita.

```
tasso-di-svalutazione = tasso-di-interesse - tasso-di-crescita
10,2% - 2,6% = 7,6%
```

Questo dato è consistente con le stime di svalutazione del capitale. Nonostante gli edifici ed i macchinari abbiano bassi tassi di svalutazione, i veicoli, il corredo da ufficio e le scorte di cibo (ad esempio) ne hanno uno ben più alto[3].

> Nel periodo 1960-2000, le tre stime per i macchinari e l'attrezzatura sono 5,61%, 5,42%, e 5,68%. Per gli edifici, le stime sono 3,36%, 3,43%, e 3,43%.
>
> *OECD: Estimating Depreciation Rates*

Riferimenti

[1] https://www.schroders.com/en/insights/global-investor-study/investors-expect-returns-of-10.2-with-millennials-hoping-for-more

[2] https://www.worldbank.org/en/publication/global-economic-prospects

[3] https://www.oecd.org/sdd/productivity-stats/35409605.pdf

Nella misura in cui la moneta[1] manifesta valore d'uso[2], essa si deprezza come ogni bene[3]. Si presume che la moneta fiat, come il Bitcoin o il Dollaro Statunitense, non abbia valore d'uso. Una moneta pura non manifesta alcuna crescita a causa del costo opportunità[4] dell'interesse a cui si è rinunciato. In altre parole, l'interesse rappresenta la cattura del valore del tempo ed il deprezzamento della moneta incorpora la mancata cattura di quel valore.

```
tasso-di-crescita-moneta-pura = tasso-di-interesse - tasso-di-interesse
0% = 9% - 9%
```

Il valore di tutta le moneta presente subisce anche una svalutazione dovuta al demurrage[5].

```
tasso-di-crescita-moneta-merce = tasso-di-crescita-moneta-pura - demurrage
-1% = 0% - 1%
```

I tassi di crescita della moneta inflazionaria[6] e deflazionaria sono discussi nella Fallacia della Moneta non Prestabile[7].

Riferimenti

[1] Capitolo: Tassonomia della Moneta

[2] https://en.wikipedia.org/wiki/Use_value

[3] https://en.wikipedia.org/wiki/Goods

[4] https://it.wikipedia.org/wiki/Costo_opportunit%C3%A0

[5] https://it.wikipedia.org/wiki/Demurrage_(moneta)

[6] https://en.wikipedia.org/wiki/Monetary_inflation

[7] Capitolo: Fallacia della Moneta non Prestabile

Principio di Espressione

Le azioni umane non devono essere confuse con i beni. Non riuscire a distinguere i due concetti, al livello più fondamentale, porta ad errori dalle conseguenze significative[1]. Le azioni sono fondamentalmente delle preferenze dell'essere umano cui viene data espressione attraverso i beni che sono oggetto di tale espressione. Senza espressione una preferenza è solamente un pensiero e un bene non fornisce alcun servizio. La catallattica[2] stessa concerne le preferenze espresse in maniera specifica riguardanti la produzione[3], lo scambio ed il consumo[4].

Lo spirito umano è l'attore (la persona). Egli possiede delle preferenze che esprime attraverso il corpo sul quale ha il controllo (che egli possiede). Il corpo è la sua proprietà, un bene. Quando il suo corpo è totalmente svalutato (alla morte), lo spirito cessa di essere attore. Non è necessario contemplare la separazione degli spiriti dai corpi in quanto non è implicata alcuna azione.

La catallattica non riguarda i concetti legali, teologici, o etici dell'umanità. Il Test di Turing[5] è un criterio sufficiente per definire se un'entità è umana. La distinzione catallattica è riposta nel modo in cui si formano le preferenze, in maniera indipendente da qualsiasi altro attore. Una persona intesa in questo senso è un decisore e si distingue da un'entità che segue delle regole. Una macchina è un bene che esprime le preferenze di una persona. Una persona esprime le sue preferenze facendole eseguire alla sua macchina.

Riferimenti

1 https://en.wikipedia.org/wiki/Labor_theory_of_value

2 https://en.wikipedia.org/wiki/Catallactics

3 Capitolo: Produzione e Consumo

4 Capitolo: Principio di Svalutazione

5 https://it.wikipedia.org/wiki/Test_di_Turing

Uno spirito non può essere una proprietà, mentre un corpo è di proprietà del suo spirito. Solamente lo spirito controlla il corpo, dove il controllo definisce la proprietà. Nel caso in cui lo spirito è obbligato ad agire attraverso l'aggressione[1] da parte di un altro attore, la preferenza non è espressa indipendentemente. La preferenza espressa (l'azione) è quella dell'aggressore.

La catallattica considera solamente le conseguenze di attori indipendenti. Quando una persona subisce un furto, è la preferenza del ladro a venire espressa, non la propria. Quando una persona paga una tassa, si presume che essa stia esprimendo la preferenza di un'altra persona poiché una tassa non è volontaria per natura. La schiavitù implica l'espressione delle preferenze del padrone, non di quelle dello schiavo. Sostituire la preferenza di qualcuno con quella di un altro è uno scambio non volontario (un furto).

Viene talvolta affermato che il tempo ha valore perché la vita è un fenomeno temporaneo. Questo non rappresenta il fondamento della preferenza temporale[2]. Il fatto che una persona non abbia vita eterna non ha conseguenze sulla catallattica. Una persona può vivere per sempre, tuttavia si presuppone sempre che essa manifesti una preferenza per possedere i beni prima rispetto a possederli più tardi nel tempo. Una vita infinita non implica il mancato desiderio di consumare.

L'azione è l'espressione della preferenza umana attraverso i beni. I processi che vengono controllati dalle persone sono azione, mentre i processi che vengono compiuti da macchine sono beni. In altre parole, produzione/lavoro[3], scambio/furto, e tempo libero/spreco sono azioni, mentre siti web, catene di montaggio e automobili sono beni.

Riferimenti

[1] https://it.wikipedia.org/wiki/Principio_di_non_aggressione

[2] Capitolo: Fallacia della Preferenza Temporale

[3] Capitolo: Lavoro e Tempo Libero

Fallacia della Riserva Intera

Esiste una teoria secondo la quale il sistema bancario a riserva frazionaria[1] sia una frode che permette alle banche di creare moneta[2] "dal nulla"[3]. La teoria suggerisce che l'attività bancaria debba essere a riserva intera[4].

Questa teoria è incardinata sulla definizione della parola "banca". Rothbard[5] sviluppa questo argomento in "*Man, Economy and State*"[6], ma limita esplicitamente la sua definizione di banca[7] a quella di "deposito" di moneta.

> Quando una persona deposita dei beni in un deposito, le viene consegnata una ricevuta ed essa paga il proprietario del deposito una certa somma per il servizio di custodia. La persona conserva sempre la proprietà del bene depositato; il proprietario del deposito la sta semplicemente custodendo per conto suo. Quando la ricevuta del deposito viene presentata, il proprietario è obbligato a restituire il bene depositato. Un deposito specializzato nel custodire moneta è noto come "banca".
>
> *Murray Rothbard: Man, Economy, and State*

Le banche offrono un servizio di deposito che va sotto il nome di cassetta di sicurezza[8]. Ma le banche non sono definite in maniera così letterale. Esse offrono generalmente conti con interesse come conti di risparmio[9] e depositi a termine[10]. Rothbard impiega

Riferimenti

[1] https://en.wikipedia.org/wiki/Fractional-reserve_banking

[2] Capitolo: Tassonomia della Moneta

[3] Capitolo: Fallacia della Creazione dal Nulla

[4] https://en.wikipedia.org/wiki/Full-reserve_banking

[5] https://it.wikipedia.org/wiki/Murray_Rothbard

[6] https://mises.org/library/man-economy-and-state-power-and-market/html

[7] https://mises.org/library/man-economy-and-state-power-and-market/html/pp/1086

[8] https://it.wikipedia.org/wiki/Cassetta_di_sicurezza

[9] https://en.wikipedia.org/wiki/Savings_account

[10] https://en.wikipedia.org/wiki/Time_deposit

l'aspettativa di interesse per distinguere tra la conservazione di moneta in un deposito e l'attività di dare in prestito:

> La proprietà di qualcun altro è prelevata dal deposito ed usata per i propri scopi finanziari. Non è presa a prestito poiché non viene pagato alcun interesse per l'utilizzo di quella moneta.

In altre parole, il suo appello per la riserva intera non si applica ai conti che hanno un interesse. Tuttavia, egli tralascia di far notare che l'interesse guadagnato sulla moneta rappresentata dai depositi può legittimamente compensare le commissioni di tenuta del conto altrimenti necessarie.

Le banche spesso offrono dei conti di deposito a vista[1] (e.g. conto corrente) senza interesse. Il fatto che esista un rendimento positivo sul conto non rappresenta un fattore distintivo tra deposito ed investimento, anche a partire dalla sua stessa definizione. Laddove un conto bancario renda il 5% ed il livello delle commissioni sia del 6%, non vi è distinzione tra quest'ultimo e un rendimento dello 0% accompagnato da un tasso di commissioni dell'1%. La distinzione è contenuta nell'accordo contrattuale tra il depositante e la banca.

> Poiché è conveniente scambiare dei titoli di carta al posto di trasportare oro, i depositi di moneta (o banche) che si costruiscono una reputazione pubblica scopriranno che poche persone riscatteranno i loro certificati.

I certificati di moneta che rappresentano moneta depositata sono moneta rappresentativa[2], una forma di sostituto monetario[3]. Negli Stati Uniti le banche statali[4] e anche quelle di altra tipologia emettevano già questi certificati. Alla fine questi ultimi

Riferimenti

[1] https://en.wikipedia.org/wiki/Transaction_account

[2] https://en.wikipedia.org/wiki/Representative_money

[3] https://wiki.mises.org/wiki/Money_substitutes

[4] https://en.wikipedia.org/wiki/State_bank

vennero rimpiazzati dai certificati di deposito d'oro[1] e d'argento[2] emessi dalla banca centrale[3].

> Le banche saranno particolarmente soggette alla tentazione di commettere una frode ed emettere pseudo-certificati di moneta che andranno in circolazione a fianco dei certificati di moneta genuini come sostituti monetari accettabili. Il fatto che la moneta sia un bene omogeneo significa che alle persone non importa se la moneta che essi riscattano è la moneta originale che hanno depositato. Questo rende le frodi bancarie più facili da compiere.

Nella misura in cui i certificati della banca centrale abbiano mai rappresentato tutta la moneta depositata (e.g. i rispettivi quantitativi di oro e di argento), essi, alla fine, seguirono il percorso descritto da Rothbard.

Poiché la quantità di tutti i certificati divenne troppo grande per sostenere il rimborso, essi vennero abrogati e le persone vennero obbligate[4] a convertirli in valuta fiat. Queste frodi su larga scala avvennero sia durante la vita di Rothbard che del suo precursore von Mises[5], e vennero perpetrate dallo stato e dalle banche centrali sotto la protezione della legge (i.e. dello stato).

La teoria non si limita a condannare la frode nell'attività bancaria di deposito (la cassetta di sicurezza), essa si estende, in generale, anche all'onesta attività di prestito dei depositi bancari che include i depositi a vista, i depositi di risparmio e spesso anche i depositi a termine. Per come presentata la teoria è invalida. Inoltre, essa implica una condanna all'attività di prestito e di investimento in generale. E, come fa notare[6] lo stesso Rothbard, l'attività di prestito non è distinta da quella di investimento:

Riferimenti

[1] https://en.wikipedia.org/wiki/Gold_certificate

[2] https://en.wikipedia.org/wiki/Silver_certificate

[3] https://it.wikipedia.org/wiki/Banca_centrale

[4] https://en.wikipedia.org/wiki/Gold_Reserve_Act

[5] https://it.wikipedia.org/wiki/Ludwig_von_Mises

[6] https://mises.org/library/man-economy-and-state-power-and-market/html/p/996

Che il capitale risparmiato sia investito attraverso azioni o prestiti non ha importanza. La sola differenza sta nei tecnicismi di tipo legale. Infatti, anche la differenza legale tra creditore e proprietario (n.d.t. ovvero tra chi impresta capitale ad una società o chi ne detiene delle quote) è trascurabile.

Tutte le forme di prestito hanno origine dal capitale accumulato da una persona, che esso sia depositato in banca o sotto altra forma. Nell'attività di prestito non vi è altra origine dei fondi al di fuori dei risparmi depositati. Vi è una teoria collegata[1] secondo la quale le persone siano troppo stupide per comprendere i termini contrattuali del deposito.

Huerta de Soto contempla la possibilità "che un certo gruppo di clienti bancari (o, seguendo il suo ragionamento, la totalità di essi) sottoscrivano un contratto di deposito in maniera consapevole e accettino totalmente il fatto che le banche investiranno (o daranno in prestito, etc.) una grande porzione del denaro che essi depositano". In questo caso, obietta Huerta de Soto, "l'ipotetica autorizzazione dal depositante manca di validità legale" in quanto poche persone tra i non addetti ai lavori comprendono l'instabilità intrinseca dell'attività bancaria a riserva frazionaria: essi credono che il deposito sia garantito, cosa che Huerta de Soto considera un (quasi universale) fraintendimento.

Wikipedia: Jesús Huerta de Soto

Tuttavia, coloro che supportano questo argomento si reputano capaci di comprenderlo. Per questa ragione la teoria è invalida. Riconoscendo il principio morale di non aggressione[2], ogni individuo ha il diritto di contrattare con un altro volontariamente. Impedire l'esercizio di questo diritto costituirebbe un crimine. Generalmente, i riferimenti agli "*unbanked*" presuppongono che un consistente numero di persone non abbia "accesso" ai servizi bancari. Questo non accade in generale, poiché l'accesso all'attività bancaria è ampiamente disponibile in tutto il mondo. Al contrario, queste sono le persone che comprendono tali rischi[3] e decidono di non correrli.

Riferimenti

[1] https://en.wikipedia.org/wiki/Jes%C3%BAs_Huerta_de_Soto#Austrian_business_cycle_and_full_reserve_banking

[2] https://it.wikipedia.org/wiki/Principio_di_non_aggressione

[3] https://www.reuters.com/article/zimbabwe-crisis-cbank/zimbabwe-c-bank-says-raided-private-bank-accounts-idUSLK23553320090420

Una teoria collegata è quella secondo la quale i sostituti monetari vengano scambiati allo stesso valore della moneta sottostante, dando luogo ad una frode. Nella misura in cui i sostituti monetari (e.g. i conti di deposito) vengono assicurati dai contribuenti[1], lo sconto applicato alla moneta che essi sostituiscono è più basso. Tuttavia, anche disponendo di un'assicurazione totale sul loro valore, è un errore assumere che essi vengano scambiati alla pari contro moneta. I sostituti monetari si presentano sotto forma di conti di deposito e vengono transati elettronicamente. Il settlement[2] dei conti richiede tempo, denaro e costi dovuti al rischio. Le frodi delle carte di credito e degli assegni sono un fenomeno dilagante[3], e questo costo viene reso visibile nelle commissioni applicate alle transazioni ed ai conti. Il settlement può richiedere giorni[4] se non mesi[5]. I commercianti sono necessariamente portati a scontare i sostituti monetari[6] rispetto alla moneta. Anche il trasferimento elettronico diretto tra banche richiede degli effettivi costi di settlement[7]:

> Alle banche viene addebitata una commissione lorda di 0.82 $ per ogni transazione, tuttavia esiste un sistema a tre livelli di sconto, che porta le commissioni reali a costare tra 0.034 $ e 0.82 $ per transazione in funzione del volume delle stesse.
>
> *Wikipedia: Fedwire*

Questo è il motivo per cui molte attività commerciali accettano "solo contanti", altre non accettano assegni, altre ancora applicano un premio per compensare lo sconto, ed è anche il motivo per cui ci sono le commissioni agli ATM[8], etc. Per questa ragione, l'affermazione che i sostituti monetari non siano scontati è confutata da un gran numero di esempi che

Riferimenti

[1] https://www.fdic.gov/

[2] https://en.wikipedia.org/wiki/Settlement_(finance)

[3] https://en.wikipedia.org/wiki/Credit_card_fraud

[4] https://en.wikipedia.org/wiki/Cheque_clearing

[5] https://en.wikipedia.org/wiki/Chargeback

[6] https://en.wikipedia.org/wiki/Merchant_account#Discount_rates

[7] https://en.wikipedia.org/wiki/Fedwire

[8] https://en.wikipedia.org/wiki/ATM_usage_fees

provano il contrario. In maniera ancora più significativa, è comprovato che questo sconto sia necessario, invalidando quindi la teoria.

Un'altra teoria collegata afferma che il prestito bancario crei l'inflazione dei prezzi[1] come conseguenza dell'espansione del credito[2]. Poiché l'attività di prestito e la moneta sono necessariamente evolute assieme, non può esistere un momento in cui la stessa espansione del credito cambi il livello dei sostituti monetari. Questo richiede che avvenga o un'espansione dell'offerta di moneta[3] o una riduzione della preferenza temporale[4] che viene riflessa nel tasso di interesse economico. L'espansione del credito è una funzione che dipende strettamente da questi due fattori, non dall'attività di prestito stessa. Per questa ragione la teoria è invalida.

Un'altra teoria collegata afferma che le banche possano legittimamente imprestare solamente il denaro "di loro proprietà". Tutto il capitale dato in prestito deriva dai risparmi di qualcuno. Se ogni persona può gestire una banca (i.e. prendere a prestito i propri risparmi e darli in prestito ad altri) allora questa è una distinzione solo in apparenza. Aggregare i risparmi con quelli di altre persone (e.g. attraverso depositi bancari) non dà luogo ad alcuna significativa distinzione. Per queste ragioni la teoria è invalida.

Un'altra teoria collegata afferma che le banche potrebbero legittimamente imprestare denaro solamente attraverso depositi a temine. Non vi è distinzione economica tra depositi a termine e depositi a vista, in quanto entrambi implicano la riserva frazionaria. La natura del deposito, anche quello nelle cassette di sicurezza, implica che il tempo e altri tipi di vincolo (e.g. l'identificazione) sono richiesti per il ritiro del deposito stesso. Anche

Riferimenti

[1] https://en.wikipedia.org/wiki/Inflation

[2] Capitolo: Fallacia dell'Espansione del Credito

[3] https://en.wikipedia.org/wiki/Gold_mining

[4] Capitolo: Fallacia della Preferenza Temporale

i conti correnti e di risparmio assicurati dai contribuenti sono effettivamente depositi a termine[1].

> Per tutti i conti di risparmio e tutti i conti correnti personali con interesse, ci riserviamo il diritto di richiedere una domanda di ritiro in forma scritta con un anticipo di sette giorni sulla data del ritiro stesso.
>
> *Chase Bank: Contratto di Deposito*

Il rischio di fallimento e l'espansione del credito rimangono sempre presenti nonostante la scadenza del deposito. Per questo la teoria è invalida. L'unico vero deposito a vista è quello del non depositare (moneta), e naturalmente le persone hanno a disposizione quest'ultima opzione e quella del deposito a termine nella misura in cui esse preferiscono.

Un'altra teoria collegata afferma che le banche possano legittimamente imprestare solamente i depositi completamente assicurati. Tuttavia, l'unico vero rendimento risk free[2] è quello di non avere alcun rendimento. Questo è il motivo per cui solo i contribuenti possono assicurare i prestiti (i.e. perché vengono obbligati a farlo). L'assicurazione completa è equivalente, in termini economici, a non avere alcun prestito in assoluto, rendendo la teoria contraddittoria e quindi invalida.

Un'ulteriore teoria collegata afferma che il free banking[3] ha intrinsecamente l'abilità di creare denaro dal nulla[4]. Tuttavia, se ciò fosse vero allora ognuno potrebbe farlo, poiché il *free banking* non conferisce poteri speciali alle persone che definiscono sé stessi come un'entità bancaria. Se la moneta potesse essere creata senza costi non rappresenterebbe una proprietà. Per questa ragione la teoria è invalida. Anche la moneta fiat di stato è

Riferimenti

[1] https://www.chase.com/content/dam/chasecom/en/checking/documents/deposit_account_agreement.pdf

[2] Capitolo: Fallacia del Rendimento Risk Free

[3] https://en.wikipedia.org/wiki/Free_banking

[4] Capitolo: Fallacia della Creazione dal Nulla

soggetta ad un costo di produzione[1], un costo atto a mantenere il suo monopolio sulla produzione[2], e un costo politico[3] dovuto all'inflazione monetaria[4]. Il *free banking*, che si applica all'oro o a Bitcoin, beneficia dell'assenza del privilegio di signoraggio[5] dovuto alla natura della competizione.

Infine, accade spesso che le persone che sostengono "l'attività di prestito a riserva intera" sono le stesse che esortano ad avere una più bassa preferenza temporale. Questa è una contraddizione diretta, in quanto il primo punto da loro sostenuto implica una preferenza temporale infinita.

Riferimenti

[1] https://www.federalreserve.gov/faqs/currency_12771.htm

[2] https://en.wikipedia.org/wiki/Counterfeit

[3] https://it.wikipedia.org/wiki/Crisi_in_Venezuela

[4] https://en.wikipedia.org/wiki/Monetary_inflation

[5] https://it.wikipedia.org/wiki/Signoraggio

Principio di Inflazione

Si presuppone[1] che una moneta[2] cambi il proprio potere d'acquisto[3] in proporzione alla domanda di beni che essa rappresenta. In altre parole, con un quantità di moneta doppia, ciascuna unità della moneta sarà in grado di scambiare metà del precedente quantitativo di beni, e ciò avviene poiché un aumento del quantitativo di beni implica una minore domanda per essi. Si tratta di una relazione di proporzionalità[4] tra l'inflazione monetaria[5] e l'inflazione del prezzo[6] (o deflazione). Questa relazione monetaria[7] è un'espressione della legge della domanda e dell'offerta[8].

- La moneta di mercato caratterizzata da incremento dell'offerta, come l'Oro e il Bitcoin delle *prime fasi*, consuma in termini di beni un valore pari a quello delle nuove unità create - cosa che include il costo opportunità[9] del capitale investito nel fare ciò. Per questa ragione essa non produce alcuna variazione nella proporzionalità e di conseguenza nessuna inflazione del prezzo.
- La moneta di monopolio non è soggetta a competizione nella sua produzione, cosa che permette al produttore di ottenere un premio di monopolio[10] nel momento in cui le nuove unità vengono prezzate. Per questa ragione il produttore è portato ad incrementare la proporzione di moneta rispetto ai beni, cosa che porta all'inflazione del prezzo.

Riferimenti

[1] https://mises.org/library/man-economy-and-state-power-and-market/html/p/1107

[2] Capitolo: Tassonomia della Moneta

[3] https://it.wikipedia.org/wiki/Potere_d%27acquisto

[4] https://it.wikipedia.org/wiki/Proporzionalit%C3%A0_(matematica)

[5] https://en.wikipedia.org/wiki/Monetary_inflation

[6] https://en.wikipedia.org/wiki/Inflation

[7] https://mises.org/library/human-action-0/html/pp/778

[8] https://it.wikipedia.org/wiki/Domanda_e_offerta

[9] https://it.wikipedia.org/wiki/Costo_opportunit%C3%A0

[10] https://mises.org/library/man-economy-and-state-power-and-market/html/pp/1054

- La moneta di mercato caratterizzata da offerta fissata, come il Bitcoin delle *fasi avanzate* (n.d.t. quando termina la distribuzione di nuove monete, ovvero quando si esaurisce la componente di sussidio), non crea unità addizionali. Per questa ragione la proporzione di moneta rispetto ai beni decresce con la crescita economica, cosa che porta alla deflazione del prezzo[1].

La proporzionalità si riferisce ai beni "rappresentati" da una moneta. Se ci fosse solo una moneta, questa sarebbe in relazione diretta con tutti i beni. Tuttavia, la relazione deve essere analizzata in presenza di molteplici monete. I beni rappresentati da una moneta sono quelli per i quali essa può essere scambiata. In altre parole, la relazione implica una domanda per i beni denominati in quella moneta.

Tuttavia, la domanda non rimane costante nel caso venga intrapresa la decisione di effettuare attività estrattiva. Viene creata una nuova domanda di beni derivante dalle necessità dell'attività estrattiva. Il minatore deve consumare dei beni "rappresentativi" nella produzione della moneta. La nuova moneta è interamente compensata dall'incremento di domanda rappresentato dai beni consumati e dal costo opportunità (i.e. vi sono meno nuovi beni) dato dall'impiegarli nell'attività estrattiva. Di conseguenza la proporzionalità è preservata allo stesso modo anche nel caso ci siano molteplici monete. **La crescita economica non è caratterizzata da inflazione del prezzo nel libero mercato.**

Espandendo il concetto Copernicano[2] della teoria quantitativa della moneta[3], Richard Cantillon[4] formulò una teoria ora nota con il nome di Effetto Cantillon[5]. La teoria è valida quando applicata alle monete di monopolio, ma non ha rilevanza per la moneta di

Riferimenti

[1] https://en.wikipedia.org/wiki/Deflation

[2] https://it.wikipedia.org/wiki/Niccol%C3%B2_Copernico

[3] https://en.wikipedia.org/wiki/Quantity_theory_of_money

[4] https://it.wikipedia.org/wiki/Richard_Cantillon

[5] https://en.wikipedia.org/wiki/Richard_Cantillon#Monetary_theory

mercato - una circostanza che sembra essere sfuggita agli economisti che si sono succeduti a Cantillon. Alla base della distorsione, come spiegato da Cantillon, vi è il signoraggio[1], non la produzione di moneta. La produzione di moneta a mercato, così come la produzione a mercato di qualsiasi cosa, non è solo neutra relativamente agli effetti reali[2] ma anche neutra in termini di prezzo.

Ne *L'azione Umana*[3], Ludwig von Mises[4], come i suoi predecessori, prova a dimostrare[5] la validità dell'effetto Cantillon per *ogni* moneta.

> Variazioni nell'offerta di moneta devono necessariamente modificare la disposizione dei beni vendibili per come sono posseduti da vari individui e società. La quantità di moneta disponibile nell'intero sistema di mercato non può aumentare o diminuire senza che prima siano aumentate o diminuite le disponibilità di liquidità di certi individui.
>
> *Ludwig Von Mises: L'Azione Umana*

Questa affermazione asserisce che la nuova moneta ha effetto dapprima sulle disponibilità di moneta esistenti. Tuttavia, ciò non si verifica con la moneta di mercato. La sua creazione *riduce* allo stesso tempo *le disponibilità di beni* e *incrementa le disponibilità di moneta*. L'aumento di domanda di moneta è compensato simultaneamente e proporzionalmente dal suo stesso aumento di offerta. Questa riduzione di beni non può essere ignorata nella valutazione della relazione monetaria. L'affermazione confonde la moneta di mercato con la moneta di monopolio, poiché la seconda non consuma il suo valore in termini di beni attraverso la produzione. Nella misura in cui i beni sono consumati sostanzialmente nello stesso luogo e nello stesso momento in cui la moneta viene prodotta, non ha neanche luogo una distribuzione disomogenea della relazione monetaria. Questo errore persiste nonostante venga esplicitamente riconosciuto che

Riferimenti

[1] https://en.wikipedia.org/wiki/Seigniorage

[2] https://en.wikipedia.org/wiki/Neutrality_of_money

[3] https://mises.org/library/human-action-0/html

[4] https://it.wikipedia.org/wiki/Ludwig_von_Mises

[5] https://mises.org/library/human-action-0/html/pp/778

l'attività estrattiva consumi, in termini di beni, il valore che produce come nuova moneta.

> Il fatto che i proprietari di miniere d'oro si basino su degli stabili ricavi annuali dovuti alla loro produzione di oro non annulla l'effetto sui prezzi della nuova quantità di oro estratta. I proprietari delle miniere prendono dal mercato, in cambio dell'oro prodotto, i beni ed i servizi necessari per l'attività estrattiva [...]. Se essi non avessero prodotto questo quantitativo di oro, i prezzi non ne sarebbero stati influenzati.

Presa letteralmente, l'ultima frase è una tautologia[1] (nessuna creazione implica nessun effetto di prezzo derivante dalla creazione stessa). Dal contesto risulta chiaro che Mises intenda che se l'oro non fosse stato prodotto, i prezzi sarebbero rimasti inalterati. Tuttavia, senza un cambio nell'offerta di moneta, se i beni fossero stati consumati in un altro tipo di produzione[2], la crescita economica implicata avrebbe *diminuito* i prezzi; e se i beni fosse stati spesi per il tempo libero[3], la contrazione economica implicata avrebbe fatto *aumentare* i prezzi. In altre parole, la conclusione riportata sopra è perfettamente capovolta. La relazione monetaria è *preservata* a causa della produzione di moneta e verrebbe cambiata solo a causa di un mancata produzione. Questo errore va poi a contagiare le teorie da esso dipendenti.

> Contro questo ragionamento si deve prima di tutto osservare che in un regime di economia progressiva in cui il dato di popolazione è in aumento e la divisione del lavoro ed il suo corollario, la specializzazione industriale, vengono perfezionati, prevale una tendenza verso un incremento di domanda della moneta. Un numero addizionale di persone appare sulla scena e vuole dotarsi di disponibilità di contante liquido. La misura dell'autosufficienza economica, i.e. relativa alla produzione per le necessità domestiche, si restringe e le persone fanno maggiore riferimento al mercato; questo, in linea generale, [p. 415] li spinge ad incrementare le loro disponibilità di denaro.

Riferimenti

[1] https://it.wikipedia.org/wiki/Tautologia

[2] Capitolo: Produzione e Consumo

[3] Capitolo: Lavoro e Tempo Libero

In altre parole, la sola crescita economica cambia la relazione monetaria - una diretta contraddizione dell'affermazione precedente.

> La tendenza all'aumento dei prezzi derivante da quella che è chiamata la "normale" produzione di oro incontra una tendenza al calo dei prezzi derivante dall'aumento di domanda della disponibilità di denaro. Tuttavia, queste due opposte tendenze non si neutralizzano a vicenda. Entrambi i processi prendono ognuno il proprio corso, ed entrambi portano ad uno scompiglio delle esistenti condizioni sociali, facendo diventare più ricche alcune persone, ed alcune più povere. Entrambi i processi influenzano i prezzi dei vari beni in tempi e misura differenti. È anche vero che l'incremento di prezzo di alcune commodity causato da uno di questi processi può essere infine compensato dalla caduta causata dell'altro processo. Può accadere che, alla fine, alcuni o un numero significativo di prezzi tornino al loro precedente livello. Ma questo risultato finale non è l'esito di un'assenza di movimenti provocati da cambiamenti nella relazione monetaria. È piuttosto l'esito dato dall'effetto combinato di due processi che avvengono in coincidenza, ma indipendenti l'uno dall'altro.

Questa affermazione rappresenta la confutazione dell'idea della creazione di moneta come di uno "stimolo"[1] alla crescita, cosa che è di per sé corretta. Tuttavia, essa assume in maniera scorretta che la domanda di moneta e la sua creazione siano processi indipendenti. Essi sono esplicitamente dipendenti per come viene espressa la relazione monetaria e la legge di domanda da essa richiamata. L'effetto delle relazioni indipendenti è perfettamente invertito in questo ragionamento, in quanto riesce solo a mascherare la relazione monetaria. Lo stimolo rappresenta un'inversione di causa ed effetto correttamente rifiutata, tuttavia è un errore accettare e rifiutare la relazione monetaria allo stesso tempo.

L'errore relativo all'inflazione, come quello commesso sul teorema di regressione[2], può sorgere da un comprensibile desiderio di spiegare gli effetti avversi[3] della moneta di monopolio. Tuttavia, nel puro sistema razionale della catallattica[4], ogni errore di tipo deduttivo produce inconsistenza, cosa evidente in questo caso. La moneta di mercato è

Riferimenti

[1] https://it.wikipedia.org/wiki/Stimulus

[2] Capitolo: Fallacia del Teorema di Regressione

[3] https://it.wikipedia.org/wiki/Signoraggio

[4] https://en.wikipedia.org/wiki/Catallactics

soggetta ad inflazione monetaria ma non produce inflazione del prezzo. La moneta di monopolio è analogamente soggetta ad inflazione monetaria ma produce inflazione del prezzo - esclusivamente dovuta al monopolio sulla sua produzione. Von Mises generalizza troppo sul fatto che *tutta* l'inflazione monetaria porti ad inflazione del prezzo.

> I prezzi crescono allo stesso modo se [...] la domanda di moneta crolla a causa di una generale tendenza alla diminuzione delle disponibilità liquide di denaro. La moneta spesa in maniera addizionale da questo "disaccumulo" porta ad una tendenza di prezzi più alti alla stessa maniera di ciò che fluisce dalle miniere d'oro [...]. Di converso, i prezzi scendono quando l'offerta di moneta crolla, o [quando] la domanda di moneta aumenta (e.g., attraverso una tendenza all'"accumulo", ovvero detenendo un maggiore disponibilità di saldo contante).

Tutta la moneta è sempre posseduta da qualcuno. Assumendo, come esplicitato in precedenza, che non vi sia nessuna creazione di nuova moneta, una maggiore disponibilità di "saldo contante" per una persona implica una minore disponibilità per un'altra. Un maggiore accumulo di moneta implica solamente una minore domanda presente di beni relativa ad una anticipata domanda futura. Un minore accumulo di denaro implica solamente una maggiore domanda di beni nel presente. Non è come se la moneta fosse stata ri-seppellita nella terra. Non vi è alcun costo nel "disaccumulare" (scambiare moneta), si tratta di qualcosa di differente rispetto alla moneta "che fluisce dalle miniere d'oro".

Un incremento generale dell'accumulo (di moneta) dà l'*impressione* di maggiore ricchezza, ma ciò è illusorio. Per avere valore per le persone, la moneta deve essere scambiata per i beni, momento nel quale l'illusione scompare. A differenza dell'attività estrattiva, l'effetto del disaccumulo non è uniforme. La prima persona che lo applica ottiene il più alto valore di scambio mentre l'ultima ottiene il più basso. La strategia speculativa[1] del "pump and dump"[2] sfruttare questa disomogeneità. La ricchezza viene trasferita, non creata.

Inoltre, un aumento dell'accumulo implica una più alta preferenza temporale[3], che è il rapporto tra il capitale accumulato e il capitale dato in prestito (rapporto di capitale[4]), riflesso nel tasso di interesse. Questo porta ad un aumento del costo del tempo, non ad un maggiore valore del capitale. Lo stesso quantitativo di beni (la ricchezza) è presente nel momento in cui aumenta l'accumulo. Tuttavia, questa aumentata proporzionalità riduce la produzione a causa del costo più elevato del capitale. Questo crea una *permanente* e composita riduzione della ricchezza poiché il tempo perso nella produzione non è mai recuperato anche a seguito di un successivo disaccumulo. Se tutto il denaro fosse accumulato per un decennio (assumendo che non si faccia ricorso al baratto), le persone, una volta disaccumulato, scoprirebbero che esso avrebbe perso significativamente valore a seguito di una marcata riduzione del quantitativo di beni disponibili.

Indipendentemente dalla crescita economica (o dalla contrazione), la variazione nella domanda per una moneta di mercato implica una variazione proporzionale nella domanda, o nell'offerta dei beni scambiati per quella moneta, in contrapposizione ad un'altra moneta o al baratto. L'offerta di beni è il livello per il quale la moneta è accettata per scambiarli. Una moneta manifesta valore monetario solo per la sua capacità di essere scambiata direttamente o indirettamente per cose caratterizzate da valore d'uso[5], così come direttamente implicato dalla relazione monetaria stessa. Il valore di una moneta deriva dalle persone che sono disposte ad accettarla ai fini dello scambio (i.e. l'economia

Riferimenti

[1] Capitolo: Consumo Speculativo

[2] https://en.wikipedia.org/wiki/Pump_and_dump

[3] Capitolo: Fallacia della Preferenza Temporale

[4] Capitolo: Relazione del Risparmio

[5] https://en.wikipedia.org/wiki/Use_value

propriamente detta). Data la fungibilità[1] della moneta, vendere moneta[2] ad un'altra persona implica che non vi è alcun cambiamento nella sua accettazione.

Per quanto riguarda la moneta commodity, questo principio è basato sull'assunzione che il quantitativo di beni richiesto per produrre la moneta rimanga costante. Il prezzo dei beni espressi nella moneta viene quindi mantenuto costante dalla relazione monetaria. Tuttavia, se il quantitativo di beni necessario per produrre una moneta commodity aumenta o diminuisce, viene rispettivamente implicata una decrescita od una crescita dei prezzi espressi in quella moneta. Di conseguenza, indipendentemente dalla domanda, la relazione monetaria è controllata dal tasso di variazione dei fattori di produzione necessari. Si presume che tali cambiamenti non siano predicibili in quanto sono già incorporati nel prezzo. Per questa ragione ciò costituisce un errore speculativo.

Riferimenti

[1] https://en.wikipedia.org/wiki/Fungibility

[2] Capitolo: Fallacia del Dumping

Lavoro e Tempo Libero

Lavoro e tempo libero sono azioni umane[1] complementari che si riferiscono alla produzione e al consumo[2] di beni economici[3]. Il lavoro è il processo di consumo che porta a produrre un bene economico (produzione). Il tempo libero è il processo di consumo che non produce un bene economico. Il consumo senza utilità rappresenta il processo di spreco[4]. Secondo Murray Rothbard[5] nel suo *Man, Economy and State*[6]:

> Il lavoro implica sempre la rinuncia al tempo libero, un bene desiderabile.
>
> *Murray Rothbard: Man, Economy and State*

Questo sottile errore implica che sia il lavoro che il tempo libero sono beni economici. Tuttavia, solo le azioni creano o consumano i beni[7]. Il lavoro (produzione di beni economici) e il tempo libero (produzione di beni non economici) sono azioni umane che creano e consumano beni nel tempo. Nel più puro senso del termine, la produzione implica il consumo del corpo della persona che agisce, mentre il consumo ne implica la sua produzione.

Riferimenti

[1] https://en.wikipedia.org/wiki/Action_axiom

[2] Capitolo: Produzione e Consumo

[3] https://it.wikipedia.org/wiki/Bene_(economia)

[4] https://it.wikipedia.org/wiki/Rifiuto

[5] https://it.wikipedia.org/wiki/Murray_Rothbard

[6] https://mises.org/library/man-economy-and-state-power-and-market/html/p/926

[7] Capitolo: Principio di Espressione

In ogni ora egli concentrerà il suo sforzo verso la produzione del bene il cui prodotto marginale è il più alto nella sua scala di valori. Se deve rinunciare ad un'ora di lavoro, egli rinuncerà ad un'unità di quel bene la cui utilità marginale è la più bassa nella sua scala di valori. In ciascun istante egli confronterà l'utilità del prodotto nella sua scala di valori con la disutilità di lavoro ulteriore. Sappiamo che per una persona l'utilità marginale dei beni prodotti dallo sforzo diminuirà all'aumentare dello sforzo speso per essi. D'altro canto, per ogni nuovo sforzo compiuto, la disutilità marginale dello sforzo continua ad aumentare. Pertanto, una persona continuerà a compiere lavoro fino a quando l'utilità marginale relativa al rendimento eccede la disutilità marginale dello sforzo dovuto al lavoro. Una persona smetterà di lavorare quando la disutilità marginale del lavoro sarà più grande dell'utilità marginale dei beni aggiuntivi prodotti dallo stesso sforzo.

Successivamente, quando lo sfruttamento del tempo libero aumenta, l'utilità marginale del tempo libero diminuirà, mentre l'utilità marginale dei beni a cui si è rinunciato aumenta, fino al punto in cui l'utilità marginale del prodotto a cui si è rinunciato diventa maggiore dell'utilità marginale del tempo libero, e l'attore tornerà di nuovo a lavorare.

Questa analisi delle leggi relative al lavoro sono state dedotte dalle implicazioni dell'assioma dell'azione e dell'assunzione relativa al tempo libero come un bene di consumo.

Non risulta né corretto né necessario assumere che il tempo libero sia un bene (economico), e facendo questo arrivare all'implicazione che il lavoro sia un "non-bene". Allo stesso modo non è necessario costruire l'artificio dell'utilità negativa ("disutilità"). Il valore è semplicemente una preferenza di una maggiore utilità rispetto ad una più bassa. Sia il lavoro che il tempo libero producono beni di utilità (positiva).

È la preferenza temporale[1] ad implicare che l'utilità del tempo libero sia maggiore dell'utilità del lavoro. Considerando in maniera appropriata il corpo di una persona come una proprietà, "la preferenza del tempo libero" segue direttamente dalla preferenza temporale. Come implica la citazione riportata sopra, questo è il risultato di uno scambio del tempo passato senza il proprio corpo (tempo speso nel lavoro), al fine di ottenere l'interesse atto a compensare il valore che un individuo attribuisce al tempo speso con il proprio corpo (tempo libero).

Riferimenti

[1] Capitolo: Fallacia della Preferenza Temporale

Tempo, spazio e beni economici sono fattori di ogni produzione, mentre il lavoro rappresenta il *processo* della produzione. **Lavoro/tempo libero e produzione sono nomi distinti che indicano la medesima azione umana.** L'atto di produrre è lavoro o tempo libero; l'atto di lavorare o usufruire del tempo libero è produzione. La Banca Pura[1] fornisce il modello di ogni produzione. Questo ciclo risulta evidente nel caso del lavoro autonomo che è proprio l'esempio della produzione. Nel caso delle persone stipendiate ci sono due produttori, l'impiegato ed il datore di lavoro.

Un puro impiegato stipendiato ottiene capitale preso a prestito e così lo scambia per cibo, educazione e attrezzatura richiesta per un lavoro. Una parte del suo capitale è accumulata e il rimanente è dato in prestito al datore di lavoro. Il datore di lavoro paga all'impiegato un interesse (lo stipendio) per la durata di questo prestito. L'impiegato riscatta il suo "principale" deprezzato e lo stipendio alla fine del lavoro.

Il livello salariale compensa sia la preferenza temporale per il quantitativo (di tempo) dato in prestito (il tasso di interesse nominale) sia la svalutazione del "principale" per tutta la durata del prestito. Il quantitativo di principale e l'interesse, diminuiti della svalutazione della frazione riservata, è restituita al creditore dell'impiegato. Nel caso in cui l'investimento sia stato preso a prestito dal suo stesso capitale accumulato, l'impiegato è creditore di sé stesso. Il ritorno viene poi accumulato o reinvestito in lavoro futuro (o in altra forma).

Nella realtà, un datore di lavoro ed un impiegato ottengono ciascuno un tasso di interesse di mercato. Il tasso di interesse dell'impiegato è il suo livello salariale. Il tasso di interesse del datore di lavoro è il prezzo ottenuto per il lavoro prodotto per la durata della produzione. La spesa di produzione del datore di lavoro rappresenta il consumo del suo capitale preso a prestito, riservato[2] fino a quel momento, allo stesso modo del suo

Riferimenti

[1] Capitolo: Modello di Banca Pura

[2] Capitolo: Principio di Riserva

impiegato. La quantità per la quale l'interesse eccede la svalutazione è l'incremento di ricchezza[1] di entrambe le parti.

Il tasso di interesse ottenuto da ambo le parti è lo stesso. La differenza nei ritorni (dell'investimento) dipende strettamente dal capitale investito, sia nella produzione individuale (per l'impiegato), che nella gestione collettiva della produzione (per il datore di lavoro). La massima valutazione del tempo libero di una persona può essere inferita dallo stipendio che accetta, scontando[2] opportunamente il principale al tasso di interesse di mercato.

```
stipendio = valutazione-tempo-libero * (1 + tasso-di-interesse + tasso-
svalutazione-corpo)
```

L'impiegato scambia il tempo libero con il tempo speso nel lavoro nella misura in cui egli valuta la quantità di interesse più del valore che attribuisce al tempo libero. La preferenza per il tempo libero è una riformulazione della preferenza temporale, dove il corpo di ciascuno è il bene economico che viene dato in prestito alla produzione in cambio di un interesse.

La ricchezza in denaro è generalmente più bassa in giovane età e implica una preferenza temporale più alta per la moneta. Con il passare del tempo la ricchezza viene accumulata e la preferenza temporale si abbassa. Ma è anche vero l'opposto per la preferenza per il tempo libero. Il denaro ed il proprio corpo non sono lo stesso tipo di proprietà e non sono in generale scambiabili. In giovane età un individuo ha la più bassa preferenza temporale per il tempo libero. Poiché il corpo di una persona si svaluta con l'età, il suo equivalente si riduce nonostante la ricchezza in denaro, incrementando la preferenza per il tempo libero. Questo può portare a richiedere un tasso di interesse più elevato di quello del mercato, che porta infine ad optare per il pensionamento. La preferenza temporale per il

Riferimenti

[1] Capitolo: Principio di Svalutazione

[2] https://it.wikipedia.org/wiki/Valore_attuale

denaro e per il tempo libero si influenzano vicendevolmente in quanto tendono a muoversi in direzioni opposte. Nella misura in cui l'obiettivo del lavoro è quello di incrementare la ricchezza, una minore ricchezza abbassa la preferenza temporale del tempo libero mentre una maggiore ricchezza la aumenta. Questa circostanza, allo stesso modo, può portare ad optare per il pensionamento.

Produzione e Consumo

Produzione e Consumo sono le due azioni umane[1] complementari volte a produrre e a consumare beni economici[2]. I ruoli di produttore e di consumatore che riguardano gli esseri umani non dovrebbero essere confusi[3] con le azioni relative alla produzione e al consumo. Un ruolo si riferisce all'intento, non all'azione in sé. Tutti i produttori consumano e tutti i consumatori producono. Il consumo che produce un bene economico è produzione, altrimenti si ha alternativamente un processo di tempo libero[4] o spreco[5].

La Banca Pura[6] fornisce il modello per ogni tipo di produzione. Un produttore puro ha preso a prestito del capitale consumandolo nella creazione di un prodotto. La frazione consumata in ogni istante è stata investita nella produzione. La frazione non consumata in ogni istante è stata riservata[7] sotto forma di liquidità disponibile. Il nuovo prodotto viene venduto, dando luogo ad un interesse sulla frazione consumata, e restituita sotto forma di dividendo[8]. Il quantitativo messo a riserva rappresenta la stessa necessaria spesa produttiva analoga alla riserva di liquidità della banca pura. **La riserva può venire reintegrata solamente da maggiore capitale preso a prestito, che include il reinvestimento del dividendo/dei ricavi.**

Un produttore reale converte tempo e capitale in interesse al prezzo di mercato del prodotto realizzato, così come una banca reale ottiene l'interesse al prezzo di mercato. La banca sta semplicemente ottenendo l'interesse di un altro produttore costituendosi come

Riferimenti

[1] https://en.wikipedia.org/wiki/Action_axiom

[2] https://it.wikipedia.org/wiki/Bene_(economia)

[3] Capitolo: Principio di Svalutazione

[4] Capitolo: Lavoro e Tempo Libero

[5] https://it.wikipedia.org/wiki/Rifiuto

[6] Capitolo: Modello di Banca Pura

[7] Capitolo: Definizione di Riserva

[8] https://it.wikipedia.org/wiki/Dividendo_(economia)

suo investitore. Questo mostra la fondamentale equivalenza dell'investimento sotto forma di debito e di capitale sociale (*equity*), indipendentemente da distinzioni di tipo *statuario* (la tassazione).

Un consumatore puro accumula capitale senza investirlo nella produzione. Tutto il capitale è preso in prestito e riservato. Con una riserva del 100% non vi è né interesse né rendimento e alla fine si giunge a completa svalutazione. In questo caso il capitale preso a prestito viene considerato un regalo (beneficienza[1]). In aggiunta, un consumatore reale è soggetto alla tassazione e al sussidio che incrementano e diminuiscono rispettivamente il tasso di svalutazione di quanto accumulato.

Riferimenti

[1] https://it.wikipedia.org/wiki/Beneficenza

Modello di Banca Pura

Il concetto di una Banca Pura può essere utile nel dimostrare il comportamento generale dell'imprestare il denaro.

Una Banca Pura fornisce solamente i seguenti servizi:

- prende a prestito denaro (ha un debito con i creditori)
- dà in prestito denaro (vanta un credito nei confronti dei debitori)
- accumula denaro (detiene una riserva)

Le differenze essenziali con una banca reale sono:

- la mancanza di intervento dello stato (regime di *free banking*)
- nessun costo operativo (efficienza perfetta)

La banca è di proprietà dei suoi creditori in proporzione al credito posseduto da ciascuno di essi, cosa che avviene in ogni società. Esistono banche di primaria importanza che sono possedute dai loro correntisti, ad esempio USAA[1] e Vanguard[2], cosa che non rappresenta una distinzione rispetto ad una banca reale. Né una Banca Pura né una banca reale possiedono "capitale proprio" da imprestare, in quanto tutto il capitale è preso a prestito dagli investitori in una forma o in un'altra. L'obiettivo dei creditori è quello di massimizzare il loro ritorno sull'investimento. L'obiettivo dei debitori è quello di minimizzare le spese dovute all'interesse.

Riferimenti

[1] https://www.usaa.com/

[2] https://investor.vanguard.com/

I conti dei creditori sono dei sostituti monetari[1]. Questo aspetto distingue la banca da un fondo di investimento. I sostituti monetari possono essere sia dei depositi a vista[2] che dei fondi monetari[3]. La distinzione tra i due dipende dal modo con cui vengono trattate le riserve insufficienti (tasso di rendimento negativo), nel primo caso sulla base dell'ordine di arrivo[4] (*first come, first served*), mentre nel secondo attraverso la "rottura della parità con il dollaro"[5] (*breaking the buck*).

La mancanza dell'intervento di stato è assimilata al noto concetto di free banking[6], dove non vi è controllo statuario[7], assicurazione di stato[8], capitale a sconto[9], o signoraggio[10]. La banca utilizza una moneta commodity[11] se non specificato diversamente, cosa che semplifica i calcoli eliminando[12] il bisogno di compensare l'inflazione[13] o la deflazione[14] del prezzo.

Rispetto ad una banca reale, l'ipotesi di efficienza perfetta differisce solo nel tasso di ritorno, in quanto non viene consumato nulla in spese operative. Tutti i ricavi sono conseguenza della preferenza temporale[15]. Viene assunto un tasso di interesse uniforme,

Riferimenti

[1] https://wiki.mises.org/wiki/Money_substitutes
[2] https://en.wikipedia.org/wiki/Demand_deposit
[3] https://en.wikipedia.org/wiki/Money_market_fund
[4] https://it.wikipedia.org/wiki/Panico_bancario
[5] https://en.wikipedia.org/wiki/Money_market_fund#Breaking_the_buck
[6] https://it.wikipedia.org/wiki/Free_banking
[7] https://it.wikipedia.org/wiki/Federal_Reserve_System
[8] https://www.fdic.gov/
[9] https://en.wikipedia.org/wiki/Discount_window
[10] https://it.wikipedia.org/wiki/Signoraggio
[11] Capitolo: Tassonomia della Moneta
[12] Capitolo: Principio di Inflazione
[13] https://en.wikipedia.org/wiki/Inflation
[14] https://en.wikipedia.org/wiki/Deflation
[15] Capitolo: Fallacia della Preferenza Temporale

in quanto l'arbitraggio[1] tra tassi è una spesa. Il demurrage[2] è definito come la spesa dovuta al deposito del denaro. Il rapporto di spesa (inclusivo del *demurrage*) è pari a 1 per la banca pura.

Il capitale riservato[3] è il denaro con cui viene effettuato il settlement[4] di crediti e debiti (tempo zero di maturità[5]). La svalutazione[6] rappresenta il costo opportunità[7] dello stesso capitale a non essere investito, anche noto come "*cash drag*". Si assume che le relazioni di interesse valgano per un singolo periodo di interesse composto[8], avente tasso fissato per quel periodo. Queste semplificazioni, per come sono state presentate, non hanno rilevanza per le relazioni implicate.

Date la precedente definizione di banca pura, le seguenti relazioni valgono in maniera assoluta.

```
[capitale] riservato = preso-in-prestito - investito
demurrage = tasso-di-demurrage * riservato
svalutazione = tasso-di-interesse * riservato
interesse = tasso-di-interesse * investito
ritorno = rapporto-di-spesa * interesse
```

Riferimenti

[1] https://it.wikipedia.org/wiki/Arbitraggio

[2] https://it.wikipedia.org/wiki/Demurrage_(moneta)

[3] Capitolo: Definizione di Riserva

[4] https://en.wikipedia.org/wiki/Settlement_(finance)

[5] https://en.wikipedia.org/wiki/Maturity_(finance)

[6] Capitolo: Principio di Svalutazione

[7] https://it.wikipedia.org/wiki/Costo_opportunit%C3%A0

[8] https://it.wikipedia.org/wiki/Interesse#Interesse_composto

Per la Banca Pura, il rapporto di riserva[1] determina interamente il rapporto di capitale[2], il rapporto di debito[3], e il rapporto di risparmio.

Rapporto di Riserva

```
rapporto-di-riserva = riservato / preso-in-prestito
rapporto-di-riserva = (preso-in-prestito - investito) / preso-in-prestito
```

Rapporto di Capitale

```
rapporto-di-capitale = riservato / investito
rapporto-di-capitale = (preso-in-prestito - investito) / investito
```

Rapporto di Debito

```
rapporto-di-debito = preso-in-prestito / riservato
rapporto-di-debito = preso-in-prestito / (preso-in-prestito - investito)
```

Rapporto di Risparmio

```
rapporto-di-risparmio = investito / riservato
rapporto-di-risparmio = investito / (preso-in-prestito - investito)
```

Riferimenti

[1] https://en.wikipedia.org/wiki/Reserve_requirement

[2] https://en.wikipedia.org/wiki/Capital_requirement

[3] https://en.wikipedia.org/wiki/Debt_ratio

Stato Patrimoniale

La Banca Pura non ha fonti di indebitamento ma solamente capitale sociale (*equity*) apportato dagli azionisti.

Asset della banca - Attività	Capitale Sociale - Passività
investito + riservato	preso-in-prestito

Tasso di Rendimento

Il tasso di rendimento del creditore (ritorno) è, in aggiunta, una funzione del tasso di interesse. Il tasso di rendimento del creditore è inferiore al tasso di interesse del debitore a causa del *cash drag*, la spesa necessaria per sostenere la domanda di prelievo. Per ridurre queste spese sono tipicamente inclusi dei vincoli temporali nei contratti delle banche reali[1]. Ad esempio, per legge, ogni prelievo da un conto corrente con interesse degli Stati Uniti può essere ritardato di 7 giorni. Il creditore può eliminare il cash drag[2] tenendo il debito in un fondo di investimento (i.e. senza assicurazioni sul *settlement*).

```
tasso-di-rendimento = tasso-di-interesse * (investito / preso-in-prestito)
```

Come mostrato nella Relazione del Risparmio[3] il rapporto di capitale individuale determina completamente il tasso di interesse del mercato. Quando si considera che ogni persona operi come una banca pura, risulta chiaro che il rapporto di capitale determina il tasso di interesse. Un rapporto di capitale dello 0% per tutte le persone implica che il capitale è gratuito e non ha rendimento. Con rapporti di capitale via via crescenti il tasso

Riferimenti

[1] https://www.chase.com/content/dam/chasecom/en/checking/documents/deposit_account_agreement.pdf

[2] https://www.investopedia.com/terms/p/performance_drag.asp

[3] Capitolo: Relazione del Risparmio

di interesse cresce in maniera concorde. Con un accumulo totale il costo del capitale è "infinito" - nessuna parte di esso può essere impiegata nella produzione.

L'assunzione della relazione monetaria[1] è che il prezzo sia proporzionale al rapporto della domanda rispetto all'offerta. Tuttavia, come mostrato nella Relazione del Risparmio, offerta e domanda di capitale esistono in una relazione a somma zero. Un incremento nell'accumulo implica una corrispondente diminuzione nel dare in prestito e l'opposto implica un aumento. Per questa ragione, né il rapporto di capitale né il tasso di interesse sono grandezze lineari in rapporto alle variazioni dell'ammontare accumulato (o dato in prestito). Questo fenomeno ha portato alla ricerca di un "rapporto aureo"[2] per queste grandezze. Tuttavia, data la soggettività del valore, ciò si rivela sostanzialmente un esercizio inutile.

Tuttavia, i rapporti di capitale determinano il tasso di interesse. Poiché tutte le persone, individualmente, provano ad ottenere un rapporto aureo basato sulle loro preferenze, il tasso di interesse del mercato deriva da queste ultime. Sostituendo il rapporto di capitale al tasso di interesse viene dimostrato l'effetto della riserva sulla Banca Pura, sotto l'ulteriore assunzione che ognuno operi come una Banca Pura e con lo stesso rapporto di capitale. Il rapporto di capitale include la svalutazione dei bene presenti, che nel caso della moneta è rappresentata dal *demurrage*. Il rapporto di *demurrage* della Banca Pura è pari a 1, così tale termine si semplifica.

```
tasso-di-rendimento = (riservato * demurrage / investito) * (investito /
preso-in-prestito)
tasso-di-rendimento = (riservato / preso-in-prestito) * demurrage
tasso-di-rendimento = riservato / presto-in-prestito
```

Il tasso di ritorno sull'investimento per una Banca Pura diventa così il rapporto di riserva. Ciò non implica che una singola Banca Pura possa fissare il suo ritorno fissando il suo

Riferimenti

[1] Capitolo: Principio di Inflazione

[2] https://en.wikipedia.org/wiki/Golden_Rule_savings_rate

rapporto di capitale. Ciò riflette semplicemente il fatto che il rapporto di mercato del capitale determina il ritorno sul capitale. Se *tutti i prestatori* raddoppiassero il loro attuale rapporto di capitale il loro ritorno raddoppierebbe necessariamente, poiché il costo per il capitale, e quindi il suo rendimento, raddoppierebbe.

Le Banche Reali

I rapporti di capitale stabiliti indipendentemente dalle persone, basati sulla preferenza temporale, determinano il tasso di interesse di mercato. La sostituzione apportata qui sopra per il rapporto di capitale proprio della banca come tasso di interesse sembra implicare che la banca stia fissando il tasso di interesse. Tuttavia, questo è connaturato al concetto di preferenza temporale. Una banca può fissare il tasso di interesse che preferisce. Non vi è alcuna assunzione che il mercato possa imporre su questo aspetto, di conseguenza vengono assunti l'interesse e quindi il rendimento di mercato.

```
tasso-di-rendimento-di-mercato = tasso-di-interesse-di-mercato * (investito
/ preso-in-prestito)
tasso-di-rendimento-di-mercato = rapporto-di-capitale-di-mercato *
investito / preso-in-prestito)
```

La banca in regime di *free banking* differisce dalla Banca Pura anche per quanto riguarda le spese operative che riducono direttamente il tasso di rendimento.

```
tasso-di-rendimento-free-banking = tasso-di-rendimento-di-mercato *
rapporto-di-spesa
```

A sua volta, la Banca Reale differisce dalla banca in regime di *free banking* per quanto riguarda la tassazione (inclusiva delle spese regolatorie) che riduce direttamente il tasso di rendimento.

```
tasso-di-rendimento-reale = tasso-di-rendimento-free-banking * rapporto-di-
tassazione
```

A sua volta, la Banca Centrale (di stato) differisce dalla banca reale per quanto riguarda il sussidio fornito dai contribuenti (inclusivo dello sconto applicato ai prestiti ricevuti), cosa che incrementa il tasso di rendimento.

```
tasso-di-rendimento-banca-centrale = tasso-di-rendimento-reale * rapporto-
di-sussidio-reddito
```

Ove la tassa includa il signoraggio sulla moneta impiegata dalla banca è necessario applicare l'Equazione di Fisher[1] alle relazioni precedenti per tradurre il tasso di interesse da un tasso nominale ad un tasso reale. Non vi è nessun'altra differenza oltre alla tassa, che è già stata inclusa nell'esempio della Banca Reale riportato sopra. Questa tassa è in generale la fonte del sussidio, di cui si è tenuto conto nell'esempio della Banca Centrale riportato sopra.

Ogni persona, o società di persone, è una Banca Reale e lo stato è una Banca Centrale. Una Banca Reale garantisce il servizio di fornire liquidità agli investimenti, un bene economico[2]. Il costo di produzione è la svalutazione delle sue riserve. Questo rappresenta il modello di tutta la produzione.

Riferimenti

[1] https://it.wikipedia.org/wiki/Equazione_di_Fisher_(economia)

[2] https://en.wikipedia.org/wiki/Goods

Relazione del Risparmio

La preferenza temporale[1] è l'assunzione di natura catallattica[2] per la quale gli individui hanno preferenza dei beni presenti rispetto ai beni futuri. È ormai un fatto ben assodato che la preferenza temporale si rifletta nel tasso di interesse. Secondo Murray Rothbard[3], nel suo *Man, Economy and State*[4]:

> Il livello del puro tasso di interesse è determinato dal mercato in relazione allo scambio di beni presenti rispetto ai beni futuri, un mercato che, come vedremo, permea notevolmente differenti parti del sistema economico. [...] Se, quindi, nel mercato temporale, 100 once d'oro vengono scambiate nella prospettiva di ottenere 105 once d'oro di qui ad un anno, allora il tasso di interesse è approssimativamente del 5% all'anno. Questo è il tasso di sconto temporale della moneta futura rispetto a quella presente. [...] Il puro tasso di interesse sarà quindi il corrente tasso di sconto del tempo, il rapporto di prezzo tra i beni presenti rispetto ai beni futuri.
>
> *Murray Rothbard: Man, Economy and State*

Tuttavia, è il rapporto di capitale[5] individuale a *determinare* il tasso di interesse. Il rapporto di interesse è quello tra il prezzo futuro ed il prezzo presente del bene. È il premio sul prezzo a mercato richiesto per compensare un proprietario per il tempo passato senza il suo bene - ovvero il prezzo del tempo. Come per tutti i prezzi, esso è determinato interamente dalle preferenze individuali, in questo caso dalla preferenza temporale, espressa[6] sotto forma di scambi individuali.

La preferenza temporale di un individuo può essere rappresentata come il rapporto tra il prezzo del suo accumulo e quello del suo investimento. Queste due quantità sommate assieme rappresentano il suo risparmio. Scambiando una frazione del suo accumulo per

Riferimenti

[1] Capitolo: Fallacia della Preferenza Temporale

[2] https://en.wikipedia.org/wiki/Catallactics

[3] https://en.wikipedia.org/wiki/Murray_Rothbard

[4] https://mises.org/library/man-economy-and-state-power-and-market/html/p/989

[5] https://en.wikipedia.org/wiki/Capital_requirement

[6] Capitolo: Principio di Espressione

il suo valore futuro, un individuo esprime che il suo ammontare futuro vale di più, per lui, rispetto a quello presente. Al contrario, non effettuando l'azione, un individuo esprime la valutazione opposta.

Un accumulo rappresenta l'opportunità di investire (dare in prestito) e un investimento rappresenta l'opportunità di consumare. Uno è scambiato per l'altro finché non vi è ulteriore incremento di valore ottenuto nel fare ciò. Investendo, un individuo valuta l'ammontare futuro di più dell'ammontare nel presente non investito. Non investendo, un individuo valuta l'ammontare presente non investito di più dell'ammontare futuro. Se così non fosse stato, ci sarebbe verificato rispettivamente un più basso e un più elevato livello di investimento. Questa valutazione, manifestata attraverso uno scambio, rappresenta l'espressione della preferenza temporale di un individuo.

> Forse sono state commesse il maggior numero di fallacie nelle discussioni riguardanti il tasso di interesse rispetto a qualsiasi altro aspetto dell'economia. È stato impiegato diverso tempo per capire l'importanza cruciale della preferenza temporale nella determinazione del puro tasso di interesse; ed è stato impiegato ancora più tempo dagli economisti per realizzare che la preferenza temporale sia l'unico fattore determinante. La riluttanza nell'accettare un'interpretazione monistica e causale ha afflitto l'economia fino ai giorni nostri.

L'*individuo* non controlla il tasso di interesse del mercato. L'individuo controlla il suo rapporto di capitale in funzione del tasso di interesse del mercato. Il rapporto di capitale è il modo in cui la preferenza temporale individuale viene *espressa*. Il tasso di interesse è il modo in cui quelle preferenze vengono *prezzate* dal mercato.

Il seguente grafico a barre riporta un esempio del risparmio di un individuo.

```
         Rapporto di Capitale Individuale (preferenza temporale)
          |
V         |
A         |
L 21 [    |
O 20 [ A  |
R 19 [ AA |
E ---[----+-------------------- Tasso di Interesse di Mercato
  18 [ AAA|TTTTTTTTTTTTTTTTT    (prezzo del tempo)
U 17 [ AAA|PTTTTTTTTTTTTTTTT
N 16 [ AAA|PPTTTTTTTTTTTTTTT
I 15 [ AAA|PPPTTTTTTTTTTTTTT
T 14 [ AAA|PPPPTTTTTTTTTTTTT
A 13 [ AAA|PPPPPTTTTTTTTTTTT
R 12 [ AAA|PPPPPPTTTTTTTTTTT
I 11 [ AAA|PPPPPPPTTTTTTTTTT
O 10 [ AAA|PPPPPPPPTTTTTTTTT
   9 [ AAA|PPPPPPPPPTTTTTTTT
O  8 [ AAA|PPPPPPPPPPTTTTTTT
R  7 [ AAA|PPPPPPPPPPPTTTTTT
D  6 [ AAA|PPPPPPPPPPPPTTTTT
I  5 [ AAA|PPPPPPPPPPPPPTTTT
N  4 [ AAA|PPPPPPPPPPPPPPTTT
A  3 [ AAA|PPPPPPPPPPPPPPPTT
L  2 [ AAA|PPPPPPPPPPPPPPPPT
E  1 [ AAA|PPPPPPPPPPPPPPPPP
     =======================
       abc|defghijklmnopqrst
UNITA' PER VALORE MARGINALE DECRESCENTE
```

Ciascun incremento ordinale rappresenta un incremento marginale di valore. I simboli A, P, e T rappresentano rispettivamente gli incrementi di valore dell'Accumulo, del Presente e del Tempo. Il valore dell'Accumulo è il valore attuale di un'unità non data in prestito. Il valore Presente è quello di un'unità se essa non fosse stata data in prestito. Il valore del Tempo è il valore netto atteso (principale + interesse) di un'unità data in prestito per un certo lasso di tempo al tasso di interesse di mercato per quel periodo.

Ciascuna barra sull'asse orizzontale rappresenta un'unità di moneta, tuttavia ciascuna unità ha un differente valore marginale per il suo possessore a causa dell'utilità marginale[1]. Questo valore è espresso sull'asse verticale sotto forma di altezza della barra.

Riferimenti

[1] https://en.wikipedia.org/wiki/Marginal_utility

Risulta necessario non confondere il valore con il prezzo. Il valore di ciascuna unità posseduta aumenta al diminuire dell'accumulo, e di conseguenza il valore netto dello stesso tasso di interesse (il prezzo per la moneta[1]) decresce al diminuire dell'accumulo finché esso diventa negativo (quando non viene investito più nulla).

La preferenza temporale individuale viene dimostrata dalla valutazione effettuata tra le unità marginali "c" (la prossima unità ad essere potenzialmente imprestata) e "d" (l'ultima unità ad essere stata data in prestito). Il valore attuale[2] della prima unità menzionata è più elevato di quello che può essere compensato dal suo potenziale valore temporale[3], e così essa non viene data in prestito. Per il valore attuale della seconda unità accade il contrario, e perciò essa è data in prestito. Se il tasso di interesse del mercato sale abbastanza da far sì che l'incremento di rendimento ottenuto dando in prestito l'unità "c" ecceda l'incremento di valore cardinale di "b" (i.e. la cella "b19" del grafico), allora l'unità "c" verrà data in prestito. Se il tasso di interesse diminuisce abbastanza da far sì che la diminuzione del rendimento dell'unità "d" ecceda quello nella cella "c18" allora il prestito di "d" verrà liquidato.

Il risparmio totale è pari a 20 unità (unità dalla "a" alla "t"). L'accumulo totale è di 3 unità (dalla "a" alla "c"). Il quantitativo totale dato in prestito è di 17 unità (dalla "d" alla "t"). Il rapporto di capitale individuale è quindi 3/17 (~17.65%), rappresentato sul grafico come una linea verticale tra le unità "c" e "d". Il costo opportunità[4] dell'accumulo è 3 unità moltiplicato il tasso di interesse di mercato. Il ritorno sul prestito è 17 unità moltiplicato il tasso di interesse di mercato.

Riferimenti

[1] Capitolo: Tassonomia della Moneta

[2] https://en.wikipedia.org/wiki/Present_value

[3] https://en.wikipedia.org/wiki/Time_value_of_money

[4] https://en.wikipedia.org/wiki/Opportunity_cost

È importante notare che, poiché il valore è soggettivo[1], solo la valutazione individuale del quantitativo di interesse ha significato in questo contesto. Il tasso di interesse di mercato porta la valutazione ordinale dell'individuo sulle unità date in prestito tra "18" e "19". Il grafico rappresenta quindi il tasso di interesse di mercato come una linea orizzontale tra questi due incrementi.

Solo la scelta tra dare in prestito e non dare in prestito esprime la preferenza temporale. La svalutazione si verifica in ciò che è accumulato non in ciò che è dato in prestito. Come mostrato nel Principio di Svalutazione[2] l'accumulare rappresenta un consumo. La comune intuizione che uno scambio tra "produttore" e "consumatore" costituisca un consumo è un errore evidente. Una persona può diminuire il suo tasso di svalutazione e far durare di più il suo accumulo, **ma per cambiare la propria preferenza temporale un individuo deve cambiare il suo tasso di investimento.**

Riferimenti

[1] https://en.wikipedia.org/wiki/Subjective_theory_of_value

[2] Capitolo: Principio di Svalutazione

Si noti inoltre che, relativamente al grafico precedente, una diminuzione del tasso di interesse al di sotto del 18-esimo incremento ordinale implica che viene data in prestito un'unità in meno.

```
            Rapporto di Capitale Individuale (preferenza temporale)
            |
V           |
A           |
L 21  [     |
O 20  [ A   |
R 19  [ AA  |
E 18  [ AAA |
   ---[-----+---------------------- Tasso di Interesse di Mercato
U 17  [ AAAA|TTTTTTTTTTTTTTTT      (prezzo del tempo)
N 16  [ AAAA|PTTTTTTTTTTTTTTT
I 15  [ AAAA|PPTTTTTTTTTTTTTT
T 14  [ AAAA|PPPTTTTTTTTTTTTT
A 13  [ AAAA|PPPPTTTTTTTTTTTT
R 12  [ AAAA|PPPPPTTTTTTTTTTT
I 11  [ AAAA|PPPPPPTTTTTTTTTT
O 10  [ AAAA|PPPPPPPTTTTTTTTT
   9  [ AAAA|PPPPPPPPTTTTTTTT
O  8  [ AAAA|PPPPPPPPPTTTTTTT
R  7  [ AAAA|PPPPPPPPPPTTTTTT
D  6  [ AAAA|PPPPPPPPPPPTTTTT
I  5  [ AAAA|PPPPPPPPPPPPTTTT
N  4  [ AAAA|PPPPPPPPPPPPPTTT
A  3  [ AAAA|PPPPPPPPPPPPPPTT
L  2  [ AAAA|PPPPPPPPPPPPPPPT
E  1  [ AAAA|PPPPPPPPPPPPPPPP
      =======================
        abcd|efghijklmnopqrst
UNITA' PER VALORE MARGINALE DECRESCENTE
```

Ciò vale per ogni incremento fino al livello tale per cui l'individuo non dà più nulla in prestito.

```
                           Rapporto di Capitale Individuale
                           |         (preferenza temporale)
V                          |
A                          |
L 21 [                     |
O 20 [ A                   |
R 19 [ AA                  |
E 18 [ AAA                 |
  17 [ AAAA                |
U 16 [ AAAAA               |
N 15 [ AAAAAA              |
I 14 [ AAAAAAA             |
T 13 [ AAAAAAAA            |
A 12 [ AAAAAAAAA           |
R 11 [ AAAAAAAAAA          |
I 10 [ AAAAAAAAAAA         |
O  9 [ AAAAAAAAAAAA        |
   8 [ AAAAAAAAAAAAA       |
O  7 [ AAAAAAAAAAAAAA      |
R  6 [ AAAAAAAAAAAAAAA     |
D  5 [ AAAAAAAAAAAAAAAA    |
I  4 [ AAAAAAAAAAAAAAAAA   |
N  3 [ AAAAAAAAAAAAAAAAAA  |
A  2 [ AAAAAAAAAAAAAAAAAAA |
L  1 [ AAAAAAAAAAAAAAAAAAAA|
E ---[---------------------+---- Tasso di Interesse di Mercato
     =======================     (prezzo del tempo)
       abcdefghijklmnopqrst|
UNITA' PER VALORE MARGINALE DECRESCENTE
```

In maniera simile, la relazione vale fino al punto in cui l'individuo dà in prestito tutto il suo capitale.

```
       Rapporto di Capitale Individuale (preferenza temporale)
       |
V      |
A      |
L ---[-+---------------------------  Tasso di Interesse di Mercato
O 21 [ |TTTTTTTTTTTTTTTTTTTT         (prezzo del tempo)
R 20 [ |PTTTTTTTTTTTTTTTTTTT
E 19 [ |PPTTTTTTTTTTTTTTTTTT
  18 [ |PPPTTTTTTTTTTTTTTTTT
U 17 [ |PPPPTTTTTTTTTTTTTTTT
N 16 [ |PPPPPTTTTTTTTTTTTTTT
I 15 [ |PPPPPPTTTTTTTTTTTTTT
T 14 [ |PPPPPPPTTTTTTTTTTTTT
A 13 [ |PPPPPPPPTTTTTTTTTTTT
R 12 [ |PPPPPPPPPTTTTTTTTTTT
I 11 [ |PPPPPPPPPPTTTTTTTTTT
O 10 [ |PPPPPPPPPPPTTTTTTTTT
   9 [ |PPPPPPPPPPPPTTTTTTTT
O  8 [ |PPPPPPPPPPPPPTTTTTTT
R  7 [ |PPPPPPPPPPPPPPTTTTTT
D  6 [ |PPPPPPPPPPPPPPPTTTTT
I  5 [ |PPPPPPPPPPPPPPPPTTTT
N  4 [ |PPPPPPPPPPPPPPPPPTTT
A  3 [ |PPPPPPPPPPPPPPPPPPTT
L  2 [ |PPPPPPPPPPPPPPPPPPPT
E  1 [ |PPPPPPPPPPPPPPPPPPPP
     =======================
       |abcdefghijklmnopqrst
UNITA' PER VALORE MARGINALE DECRESCENTE
```

Consumo Speculativo

La catallattica[1] definisce due categorie d'uso del capitale, consumo e produzione. I prodotti vengono prodotti e consumati. La produzione, ovvero la creazione di prodotti, richiede tempo e di conseguenza capitale risparmiato (sotto forma di investimento). Il consumo richiede anch'esso del tempo e di conseguenza necessita di capitale risparmiato (sotto forma di accumulo).

L'energia umana può essere spesa nel tempo libero o nel lavoro[2], dove la svalutazione dell'energia umana immagazzinata rappresenta un fattore (un costo) di produzione. In ogni caso la conversione di questa energia potenziale[3] in lavoro[4] rappresenta un consumo di capitale immagazzinato. Il lavoro può produrre del cibo e una persona può mangiarlo immediatamente. Si tratta di una forma di economia di assoluta sussistenza[5], dove l'unico risparmio è rappresentato da energia potenziale immagazzinata nel corpo di un individuo. Il prodotto del lavoro, del tempo e dei fattori naturali[6] viene continuamente consumato o nella produzione (e.g. raccogliendo mirtilli) o nel tempo libero (e.g. dormendo). Ci si riferisce a questo paradigma come ad una vita "dalla mano alla bocca". La proprietà risparmiata in questo processo è il corpo della persona. Un bambino comincia a vivere grazie all'"energia potenziale" donata dalla sua madre.

Il risparmio è quindi la sola fonte sia della produzione che del tempo libero. Sorge quindi spontanea la domanda, a che cosa viene applicato il risparmio? Anche nel caso del cibo che è stato digerito, la domanda rimane. Il capitale impiegato nella produzione viene scambiato per la titolarità di ciò che alla fine viene prodotto. Questa titolarità di un bene

Riferimenti

[1] https://en.wikipedia.org/wiki/Catallactics

[2] https://mises.org/library/man-economy-and-state-power-and-market/html/p/926

[3] https://it.wikipedia.org/wiki/Energia_potenziale

[4] https://en.wikipedia.org/wiki/Potential_energy#Work_and_potential_energy

[5] https://it.wikipedia.org/wiki/Economia_di_sussistenza

[6] https://mises.org/library/man-economy-and-state-power-and-market/html/p/939

futuro è chiamata un "risparmio-investimento" (o semplicemente "investimento"). Il capitale non impiegato nella produzione è chiamato "risparmio-accumulo" (o semplicemente "accumulo"). Il risparmio è la somma del capitale accumulato *ed* investito di un individuo. Il processo che porta ad impiegare il capitale accumulato nell'investimento o nel tempo libero è chiamato "disaccumulo"[1]

> Dopo aver venduto i suoi servizi, egli acquisisce il proprio denaro guadagnato dalla produzione e quindi lo aggiunge alla propria riserva di denaro. Egli, quindi, alloca questo guadagno tra consumo e risparmio-investimento, assumendo che non avvenga accumulo o disaccumulo.
>
> *Murray Rothbard: Man, Economy and State*

La catallattica concerne l'*azione* umana e rifiuta esplicitamente l'analisi dei *pensieri* umani. I pensieri sono soggettivi ma espressi oggettivamente solo in un'azione di scambio. Questo principio è incorporato nella teoria del valore soggettivo[2]. Come fattore necessario sia alla produzione che al tempo libero si *assume* che il tempo abbia valore oggettivo. Non vi è alcuna espressione del fatto che i risparmi di un individuo debbano essere usati nella produzione o nel tempo libero finché essi non vengono disaccumulati. Una persona potrebbe preferire di impiegare i risparmi nella produzione, ma mentre sta dormendo essa li consuma sotto forma di tempo libero. In maniera analoga un individuo potrebbe preferire il consumo di mele ma scambiare effettivamente una mela per un'arancia. L'unica espressione oggettiva di una preferenza è rappresentata dallo scambio e ciò include anche il consumo del risparmio nella produzione o nel tempo libero. Quando non viene impiegato nella produzione, il capitale accumulato è chiamato "improduttivo" allo stesso modo di una persona che non è impegnata nella produzione.

L'accumulo è una conseguenza necessaria dell'incertezza. All'aumentare dell'incertezza le persone tendono ad incrementare il loro livello di accumulo a discapito del tempo libero o della produzione. Questo permette al capitale da essi accumulato di essere

Riferimenti

[1] https://mises.org/library/man-economy-and-state-power-and-market/html/p/992

[2] https://en.wikipedia.org/wiki/Subjective_theory_of_value

impiegato in entrambe le attività nel futuro. Tuttavia, il capitale improduttivo subisce un costo del tempo. Il tempo possiede oggettivamente del valore. L'opportunità di usare il capitale nella produzione è stata scambiato contro un'aumentata certezza. Questo è il costo opportunità[1] della certezza, una spesa. Sia gli usi produttivi che quelli improduttivi del capitale danno luogo allo scambio di opportunità per certezza. Ci si riferisce all'accumulo come alla "liquidità", ed essa risulta necessaria solamente per il fatto che esiste l'incertezza[2].

Come mostrato nella Relazione del Risparmio[3], il rapporto tra risparmi accumulati e quelli investiti è un'espressione della preferenza temporale[4] dell'individuo. Come per tutte le valutazioni quella della certezza rispetto al costo opportunità è soggettiva. Benché il tempo abbia utilità oggettiva (i.e. avere più tempo vale di più di averne meno) tale valore rimane relativo e soggettivo. Tuttavia, come per tutte le valutazioni, la conseguenza di ciò è la comparsa di un prezzo oggettivo per il capitale nel tempo, espresso nello scambio e chiamato tasso di interesse. L'interesse rappresenta sia il ritorno sul capitale che il costo del capitale. Il costo opportunità è la perdita di un guadagno produttivo, misurato dal tasso di interesse, che deriva dall'accumulo di capitale.

Un accumulo rappresenta la valutazione soggettiva che esso valga di più rispetto al suo costo opportunità nel corso di quel periodo di tempo. Questo fatto è chiamato "speculazione". Essa è l'espressione della preferenza di possedere un bene rispetto a quella di separarsi da esso, ove il costo è misurato dal mancato interesse. L'opportunità di investire l'accumulo nel tempo in cui esso è stato trattenuto è persa per sempre. In altre parole, l'atto di non investire capitale rappresenta il consumo del capitale. Con tutto il

Riferimenti

[1] https://en.wikipedia.org/wiki/Opportunity_cost

[2] https://mises.org/wire/problem-hoarding

[3] Capitolo: Relazione del Risparmio

[4] Capitolo: Fallacia della Preferenza Temporale

capitale tenuto in accumulo non ha luogo la produzione di nuovo capitale e, alla fine, il capitale verrebbe consumato per intero.

Il modo in cui questa speculazione sia "giustificata" non è rilevante ai fini della distinzione, in quanto il valore è soggettivo. Tuttavia, un certo livello di accumulo risulta necessario poiché vi è sempre incertezza (i.e. del futuro). Una preferenza per il capitale nel presente, che si contrappone a quella nel futuro, è sempre espressa attraverso un accumulo. Una persona può certamente accumulare ad un livello che sia superiore rispetto alla liquidità richiesta per compensare l'incertezza. Ad esempio, una persona potrebbe accumulare per il valore dato dal divertimento dei giochi di sorte[1]. In questo caso il costo opportunità è dato dalla spesa per il divertimento. Una persona potrebbe anche accumulare per attendere il giusto momento per una vendita[2] (*market timing*). In questo caso il costo opportunità viene chiamato *cash drag*. Non importa che una persona abbia anticipato un guadagno o che lo realizzi, l'accumulo rappresenta necessariamente una spesa - perché il tempo ha valore.

Tuttavia, la preferenza temporale viene talvolta erroneamente interpretata come una relazione tra consumo e risparmio. Questo fatto viene spesso vagamente descritto come un "consumo differito" o una "gratificazione posticipata". Tuttavia, come è stato mostrato, l'accumulo è una forma di consumo. Il consumo non è stato differito; la gratificazione non è stata posticipata. Compensare l'incertezza rappresenta una gratificazione (la serenità), il divertimento è una gratificazione (un'attività di svago), il guadagno potenziale basato su una vendita effettuata nel giusto momento è una gratificazione (anticipazione di un prezzo migliore). Tutte queste situazioni consumano capitale. La distinzione introdotta dal concetto della preferenza temporale sta nello scambio di capitale nel tempo in cambio di interesse. Una speculazione non dà luogo ad uno scambio simile.

Riferimenti

[1] https://it.wikipedia.org/wiki/Giochi_di_sorte

[2] https://en.wikipedia.org/wiki/Market_timing

Tutte le proprietà di una persona (i risparmi) vengono accumulati o investiti. L'accumulo erode il valore della proprietà nel tempo. Le macchine si usurano, il cibo viene convertito in energia, i mobili si deteriorano, il capitale perde valore. Il denaro non è differente, esso declina in valore a causa sia del costo di mantenimento[1] (*cost of carry*) che del costo opportunità. Il valore attuale[2] della moneta viene sempre scontato rispetto al suo valore futuro. Ciò viene descritto come il "valore temporale del denaro". Poiché si effettuerà una spesa di valore futuro, l'accumulo di denaro si sta in realtà svalutando di una quantità pari alla quantità di sconto applicata a tutto il periodo dell'accumulo.

Come mostrato nel Principio di Svalutazione[3], acquistare dei beni non rappresenta un consumo. Non vi è mai alcun consumo reale ad eccezione di quello che avviene quando la proprietà si svaluta. Per questa ragione, non c'è distinzione tra il posticipare il consumo di beni o acquistarli subito. Si tratta solamente di uno scambio di un tipo di proprietà con un altro, entrambi soggetti a svalutazione. La preferenza temporale non rappresenta una distinzione tra consumo e risparmio, è una distinzione tra accumulo ed investimento.

L'iniziativa imprenditoriale comporta necessariamente speculazione ed investimento. L'impiego di capitale è richiesto per la produzione e l'imprenditore sta speculando sul prezzo di ciò che verrà prodotto. Questa speculazione su un bene futuro rappresenta infatti l'inevitabile effetto collaterale di produrre dei prodotti senza prezzo già stabilito. L'iniziativa imprenditoriale è quindi una "produzione speculativa" mentre la svalutazione di un bene presente è un "consumo speculativo". Poiché ogni stima di prezzo futura è soggetta ad errore, ogni investimento è, in qualche misura, di tipo imprenditoriale. L'investimento rappresenta la produzione speculativa e l'accumulo rappresenta il consumo speculativo. Ciò risulta evidente dal fatto che se tutto il capitale venisse accumulato non ci sarebbe produzione.

Riferimenti

[1] https://en.wikipedia.org/wiki/Cost_of_carry

[2] https://it.wikipedia.org/wiki/Valore_attuale

[3] Capitolo: Principio di Svalutazione

La discussione affrontata sopra pone una distinzione tra l'uso produttivo e consuntivo del capitale dal punto di vista di un singolo individuo. Ai fini di una trattazione più semplice abbiamo discusso solamente il consumo relativo al tempo libero (i.e. dell'accumulo del consumatore) evitando di analizzare il consumo produttivo (i.e. l'accumulo del produttore). Mentre un singolo individuo può essere sia consumatore che produttore, un produttore deve anche consumare nella produzione. Poiché il termine diventa sovraccarico di significato, è più semplice pensare all'investimento di una persona come all'investimento nell'attività di produzione di un'altra persona.

L'*obiettivo* di una persona è il tempo libero mentre quello di un'attività imprenditoriale è la produzione. Entrambi gli scopi sono consuntivi per natura, tuttavia, il consumo espresso nel contesto di una attività imprenditoriale è riservato alla produzione, non al tempo libero. Come avviene per ogni persona, un'attività imprenditoriale deve determinare il suo rapporto tra accumulo ed investimento basato sulla preferenza temporale. L'investimento di una attività imprenditoriale non può essere nella sua stessa produzione, così come quello di una persona non può essere nel suo stesso tempo libero in quanto entrambi sarebbero circolari. Un'attività imprenditoriale acquisisce asset e li svaluta nel tempo. Benché ci si riferisca informalmente a questi ultimi come a degli investimenti, un'attività imprenditoriale non paga a sé stessa un interesse. Questi asset rappresentano capitale accumulato nel processo di consumo con il fine della produzione. Il capitale rimanente è investito in altre attività, come ad esempio fondi di investimento o conti correnti bancari con interesse. Poiché ogni persona accumula una frazione[1] del suo capitale ed investe il rimanente, il credito[2] si espande sulla moneta[3] in funzione della preferenza temporale.

L'idea che una persona sia contemporaneamente un consumatore ed un produttore solleva un quesito sulla classificazione del lavoro. Benché tutte le persone debbano

Riferimenti

[1] Capitolo: Fallacia della Riserva Intera

[2] Capitolo: Fallacia dell'Espansione del Credito

[3] Capitolo: Tassonomia della Moneta

necessariamente consumare, molte sono anche produttori. Una persona impiegata in un lavoro stipendiato è un produttore. Un impiegato[1] investe capitale nella sua persona (e.g. istruzione, reputazione, cibo) ed investe del tempo senza disporre del suo capitale umano quando la sua persona non gode del tempo libero. Gli stipendi e i benefici associati rappresentano il ritorno sull'investimento. A causa della competizione nell'ambito lavorativo, questi ritorni vanno alla ricerca dell'opportuno livello di interesse in base al loro "valore" a mercato durante la vita lavorativa.

La speculazione è una conseguenza necessaria dell'errore che, a sua volta, è intrinseco sia al consumo che all'investimento. Accumulare è un'azione consuntiva mentre investire è un'azione produttiva. Il concetto economico della preferenza temporale è specificamente la distinzione tra l'accumulo e l'investimento. Ciò risulta evidente nella relazione tra preferenza temporale ed interesse economico. **Una più alta proporzione di accumulo rispetto all'investimento riflette una più elevata preferenza temporale ed implica una minore produzione.**

Riferimenti

[1] https://it.wikipedia.org/wiki/Salaryman

Principio di Inflazione Soggettiva

L'inflazione del prezzo[1] nel libero mercato deriva completamente delle preferenze personali, e pertanto non è riconducibile a nessun altro fattore.

- I prezzi dei beni sono determinati soggettivamente. (Teoria Soggettiva del Valore[2])
- La preferenza temporale determina l'espansione[3] del credito sulla moneta. (Assioma di Preferenza Temporale[4])
- La creazione di moneta[5] non provoca l'inflazione del prezzo. (Principio di Inflazione[6])

Questo principio potrebbe essere ottenuto più semplicemente dalla definizione di libero mercato che, di per sé, è un'entità costruita solamente sulle preferenze personali.

Riferimenti

[1] https://en.m.wikipedia.org/wiki/Inflation

[2] https://en.wikipedia.org/wiki/Subjective_theory_of_value

[3] Capitolo: Fallacia dell'Espansione del Credito

[4] Capitolo: Fallacia della Preferenza Temporale

[5] Capitolo: Tassonomia della Moneta

[6] Capitolo: Principio di Inflazione

Fallacia della Preferenza Temporale

Esiste una teoria secondo la quale avere una più bassa preferenza temporale[1] sia migliore di averne una più alta, in quanto ciò porta ad una maggiore produzione e quindi a maggior ricchezza. Questa affermazione rappresenta semplicemente uno scambio della causa con l'effetto.

La preferenza temporale è un assioma[2] economico che afferma che le persone preferiscono un "bene presente" rispetto allo stesso "bene futuro". A differenza del valore soggettivo[3], questa idea non può essere provata. Il tempo è l'unica entità per la quale viene assunto un valore intrinseco. Questa assunzione viene supportata osservando che le persone possiedono un tempo limitato e che esso è un fattore necessario di ogni produzione.

Il valore deriva dalla percezione umana di utilità. Una persona che scambia un'automobile per un cavallo sta oggettivamente valutando maggiormente l'utilità di possedere un cavallo rispetto a quella di possedere un'automobile. Questo non implica nulla sul perché un bene abbia maggiormente valore di un altro per una persona, anche a seguito dello scambio. Il maggior valore attribuito ad un bene rispetto ad un altro rappresenta una preferenza[4]. Non è possibile dimostrare che una persona possa esprimere una preferenza per ogni bene, anche per la sua stessa vita. La ragione di una preferenza non può essere provata nell'ambito della teoria dell'economia razionale[5] con una sola eccezione - l'effetto della ricchezza sulla preferenza temporale.

Riferimenti

[1] https://en.wikipedia.org/wiki/Time_preference

[2] https://it.wikipedia.org/wiki/Assioma_(matematica)

[3] https://en.wikipedia.org/wiki/Subjective_theory_of_value

[4] https://en.wikipedia.org/wiki/Preference#Economics

[5] https://en.wikipedia.org/wiki/Catallactics

L'utilità marginale[1] decrescente implica che ogni unità addizionale di un bene accumulato da una persona ha, per essa, una più bassa utilità rispetto all'unità precedente. Questo implica che, per un dato tasso di interesse, una maggiore ricchezza implica una maggiore disponibilità a dare in prestito. Questa è l'espressione della preferenza temporale decrescente, che si riflette conseguentemente nella diminuzione del tasso di interesse dovuta alla maggiore offerta di capitale che compete per essere impiegata nei prestiti.

In economia, il tasso di interesse è semplicemente il riflesso della preferenza temporale. Benché potenzialmente qualsiasi fattore possa influenzare la preferenza temporale di una persona, solamente una variazione nella sua ricchezza implica un cambiamento necessario. Un più elevato tasso di interesse implica, per una persona avente una data preferenza temporale, una maggiore propensione ad imprestare. Tuttavia, sarebbe un errore assumere che un più elevato tasso di interesse porti ad aumentare la preferenza temporale. In maniera simile è un errore assumere che una persona diventi più ricca abbassando la sua preferenza temporale. Queste considerazioni rappresentano entrambi un'inversione di causa ed effetto. Per questa ragione la teoria è invalida.

Una preferenza temporale infinita implica l'assenza di ogni forma di prestito e quindi l'assenza di ogni forma di produzione. Una preferenza temporale nulla implica l'assenza di ogni forma di consumo di ciò che è stato prodotto. Poiché la produzione esiste solamente per soddisfare il consumo futuro, una preferenza temporale nulla implica allo stesso modo l'assenza di produzione, in quanto non può essere attribuito alcun valore al consumo dei prodotti. Quindi la più bassa preferenza temporale non è intrinsecamente più produttiva. Per questa ragione la teoria è invalida. La preferenza temporale rappresenta l'equilibrio tra produzione e consumo.

Riferimenti

[1] https://en.wikipedia.org/wiki/Marginal_utility

La ricchezza di una persona aumenta solamente nella misura in cui essa è in grado di soddisfare maggiormente le sue preferenze e che includono anche quelle relative al consumo presente e a quello differito. Gli stati impiegato lo stimolo monetario[1] e quello fiscale nel tentativo di incrementare rispettivamente il consumo o la produzione. Tuttavia, ciò avviene al costo della tassazione. Il risultato è lo spostamento delle decisioni di allocazione del capitale dal mercato allo stato, cosa che porta allo spreco del capitale in prodotti non consumati (che vengono avanzati) o non disponibili (che scarseggiano). Questo implica che le persone sono meno in grado di *soddisfare* le loro preferenze. Tuttavia, questo fatto non implica alcun cambiamento delle preferenze che essi possiedono, eccetto per il fatto che la tassazione diminuisce la loro ricchezza e che il sussidio la incrementa.

L'economia non formula giudizi di valore, essa deduce le loro necessarie conseguenze. La teoria che viene qui analizzata presuppone una moralità che può essere assunta ma che deve essere oggettiva. L'aggressione distingue il libero mercato dall'intervento sul mercato, ad esempio ad opera dello stato. Tuttavia, anche accettando il principio di non-aggressione[2] come linea di demarcazione sul piano morale, non può esserci alcuna distinzione etica tra una più elevata ed una più bassa preferenza temporale. Non vi è rapporto tra consumo e produzione che possa implicare l'aggressione, essa rimane soggettiva benché venga influenzata dalla ricchezza posseduta. Per questa ragione la teoria è invalida.

Riferimenti

[1] https://it.wikipedia.org/wiki/Stimulus

[2] https://en.wikipedia.org/wiki/Non-aggression_principle

Può essere illuminante considerare la soggettività del valore in termini di preferenza sessuale.

```
{ X, Y }
{ X->X, Y->Y }
{ X->X|Y, Y->X|Y }
{ X->Y, Y->X }
```

Si può considerare che questa lista sia ordinata in termini di produzione crescente (i.e. produzione di più esseri umani). Numerosi stati provano a ridurre la preferenza sessuale al gruppo { X->Y, Y->X }. Sia l'aperta criminalizzazione[1] delle preferenze sia l'incentivo economico[2] esplicito sono utilizzati per questo fine. Questo ha un impatto distinguibile sull'espressione della preferenza sessuale, ma non si può dire che essa abbia un impatto sulla preferenza in sé.

In maniera simile dovrebbe essere chiaro che un incremento della produzione non è una circostanza obiettivamente buona. Le persone che fanno ciò che preferiscono rappresentano il bene morale, assumendo sempre il rispetto del principio morale di non-aggressione. Anche assumendo che tutte le persone preferiscano la continuazione della specie[3], questo non implica alcun effetto sulla preferenza sessuale individuale.

Una teoria affine afferma che le persone possono dimostrare minore preferenza temporale accumulando più bitcoin. Un più elevato livello di accumulo a discapito dell'attività di prestito implica una *più elevata* preferenza temporale. Un più elevato livello di accumulo a discapito del consumo sembrerebbe, al contrario, implicare una più bassa preferenza temporale, in quanto il consumo appare differito. Tuttavia, un accumulo rappresenta solamente la liquidità necessaria per il consumo.

Riferimenti

[1] https://it.wikipedia.org/wiki/Diritti_LGBT_nel_mondo

[2] https://en.wikipedia.org/wiki/Marriage_promotion

[3] https://futurism.com/in-order-to-ensure-human-survival-we-must-become-a-multi-planetary-species

Come nei giochi di sorte[1], ogni tipo di speculazione rappresenta il consumo del costo necessario per "partecipare al gioco", sostenuto dalla liquidità richiesta. Questo costo è, come minimo, il costo opportunità[2] di non investire quell'importo (i.e. in cambio dell'interesse). Benché il gioco, come ogni forma di consumo, richieda tempo, la preferenza che viene espressa dall'azione è quella di partecipare al "gioco", non di catturare il valore del tempo. Per questa ragione la teoria è invalida allo stesso modo.

Vi è inoltre una teoria affine secondo la quale la preferenza temporale è espressa da un consumo differito - che ha luogo quando una persona accumula dei risparmi al posto di utilizzarli. Come mostrato nel Consumo Speculativo[3] questa assunzione rappresenta in modo errato il fatto che tutti i risparmi vengano necessariamente investiti. Il risparmio è un termine generalizzato che include sia l'accumulo che l'investimento di una persona.

Il risparmio è la *fonte* di ogni investimento, ma solo il reale investimento è espressione della preferenza temporale. Un accumulo può sicuramente cambiare il suo valore di mercato. **Ma considerare un maggiore accumulo un'espressione di una minore preferenza temporale rappresenta un'assai diffusa ed errata interpretazione del significato economico del termine.** Questa interpretazione porta a ribaltarne il significato e conduce alla conclusione secondo la quale un accumulo totale di tutta la ricchezza porterebbe ad una preferenza temporale nulla. Al contrario con un accumulo totale il tasso di interesse sarebbe infinito ed un tasso di interesse infinito riflette una preferenza temporale infinita. Questa evidente contraddizione mette in luce il fatto che il significato del termine preferenza temporale è stato invertito, rendendo quindi invalida la teoria.

Riferimenti

[1] https://en.wikipedia.org/wiki/Game_of_chance

[2] https://it.wikipedia.org/wiki/Costo_opportunit%C3%A0

[3] Capitolo: Consumo Speculativo

MONETA

Tautologia dell'Oggetto da Collezione

Nel tentativo di applicare il Teorema di Regressione[1] a Bitcoin, si potrebbe postulare che Bitcoin abbia cominciato con l'essere un "oggetto da collezione", circostanza derivante dall'interesse mostrato dai teorici di sistemi monetari. L'oggetto da collezione avrebbe ottenuto un valore d'uso[2] originale dovuto alle loro preferenze personali. E' stato quindi barattato[3] in forza del suo valore d'uso, diventando quindi un mezzo di scambio[4] basato sul ricordo del suo valore emerso dal baratto.

Ciò appare coerente con il teorema[5], che afferma che ogni moneta[6] *debba* trarre origine da una commodity[7] chc ottiene dapprima valore dal baratto e successivamente valore di scambio monetario. Tuttavia, se il valore di una *commodity* può derivare dal potenziale valore come moneta allora il teorema è una tautologia[8] che implica niente di più che la moneta è moneta.

> Ora, il teorema di regressione si prefigge di interpretare la prima apparizione di una domanda di moneta per un bene che prima è stato esclusivamente domandato per necessità industriali, in quanto influenzato dal valore di scambio a lui attribuito in quel momento sulla base del solo servizio non monetario.
>
> *Ludwig von Mises: L'Azione Umana*

Il postulato si avvantaggia della comune ambiguità che esiste sulla parola "*commodity*", a dispetto dell'esplicito riferimento al valore d'uso "industriale" presente nel teorema

Riferimenti

[1] Capitolo: Fallacia del Teorema di Regressione

[2] https://en.wikipedia.org/wiki/Use_value

[3] https://it.wikipedia.org/wiki/Baratto

[4] https://en.wikipedia.org/wiki/Medium_of_exchange

[5] https://mises.org/library/human-action-0/html/pp/778

[6] Capitolo: Tassonomia della Moneta

[7] https://it.wikipedia.org/wiki/Commodity

[8] https://it.wikipedia.org/wiki/Tautologia

stesso. **Se qualsiasi cosa potesse essere definita una commodity allora il Teorema di Regressione implicherebbe, al contrario della sua formulazione, che ogni cosa può essere moneta.**

> In economia una commodity è un bene economico o un servizio che possiede piena o sostanziale fungibilità: che significa che il mercato tratta ogni entità del bene come equivalente o quasi equivalente indipendentemente da chi lo abbia prodotto. [...]
>
> La maggior parte delle commodity sono materiali grezzi, risorse base, prodotti agricoli, prodotti da estrazione come il minerale ferroso, lo zucchero, o i cereali come il riso e l'orzo. Le commodity possono anche essere prodotti di massa non specializzati come materiali chimici e memorie per computer.
>
> *Wikipedia: Commodity*

Il Teorema di Regressione usa la parola "*commodity*" per distinguere la moneta da qualcosa senza valore d'uso originale. Se con questo si intende che *ogni cosa* possa essere una commodity, ciò rappresenta una tautologia, o altrimenti tale postulato è un'errata rappresentazione del teorema.

Fallacia del Loop del Debito

Vi è una teoria secondo la quale la moneta[1], in realtà, non esista nel moderno sistema della valuta[2] di stato . Al suo posto, ciò che viene definito moneta "fiat" è in realtà un sostituto monetario[3] (e.g. un diritto, sotto forma di titolo, a reclamare legalmente della moneta). Un sostituto monetario è un obbligo a redimere la moneta presa a prestito che il titolo stesso rappresenta, così che, anche a livello definitorio, ciò rappresenta un problema - che sta alla base del termine "*loop*". La teoria si basa sull'osservazione che lo stato, allo stesso tempo, emette e accetta la valuta, presupponendo un obbligo nel fare ciò, come ad esempio nella cancellazione del debito verso lo stato (e.g. attraverso le tasse). Per questa ragione la pretesa all'emissione è un credito a compensazione di un futuro *settlement* in termini di tasse, etc. (i.e. la moneta presente).

Tuttavia, i sostituti monetari sono dei diritti a reclamare un ammontare definito di moneta[4], in quanto, altrimenti, non sarebbero fungibili. L'ammontare di un debito d'imposta rappresentato da una banconota da 100$, quantificabile in 100$ di tasse, è definito in termini di sé stesso (i.e. la fallacia logica del ragionamento circolare[5]). Tale ammontare, infatti, è controbilanciato da qualunque cosa lo stato desideri scambiare per esso. Questo comprende potenzialmente ogni moneta, che include 100 once d'oro o 100 unità di moneta fiat. **La moneta non rappresenta alcun ammontare di un altro bene, ma rappresenta qualsiasi cosa possa essere scambiata per essa.**

Lo stato non incorre in alcun debito nel dichiarare che accetterà una moneta, sia essa l'oro o moneta fiat. In maniera simile un'attività commerciale che dichiari l'accettazione di una particolare moneta non incorrerà in alcun debito nel fare ciò. Il debito sotteso ad una

Riferimenti

[1] Capitolo: Tassonomia della Moneta

[2] https://en.wikipedia.org/wiki/Currency

[3] https://wiki.mises.org/wiki/Money_substitutes

[4] https://wiki.mises.org/wiki/Money_substitutes#Nature

[5] https://it.wikipedia.org/wiki/Diallele

moneta rappresentativa[1] (una forma di sostituto monetario), come un certificato d'oro[2], è espresso nello scambio dell'oro con il diritto vantato dal possessore del certificato stesso. L'emissione di moneta non cambia questo fatto. Sia lo stato che un'attività commerciale possono certamente emettere oro in uno scambio senza che l'oro venga considerato un debito. La moneta fiat di stato gode della protezione di monopolio[3] sull'emissione, garantendo allo stato un profitto[4] nel farlo. Ma questo non rileva alla questione se la moneta fiat sia moneta o debito.

Nessuna moneta ha valore intrinseco. La moneta fiat si distingue dalla moneta merce (*commodity*), come l'oro, in base alla presunzione che essa non possieda valore d'uso[5]. Ma poiché il valore è soggettivo[6], questa non è una distinzione essenziale. In realtà non si tratta neanche di una distinzione reale, in quanto la cartamoneta può essere bruciata per riscaldarsi. Se lo stato estraesse, emettesse e accettasse oro o bitcoin, la teoria dovrebbe considerare le unità d'oro e di bitcoin come debito in base agli stessi criteri che vengono applicati alla moneta fiat.

La teoria rappresenta un esempio di errata comprensione della natura dei sostituti monetari. Un diritto non può essere un titolo a riscattare sé stesso. In questo scenario, il diritto da riscattare si finalizzerebbe[7] in sé stesso. In altre parole, se 100 $ rappresentano un diritto vantato su 100 $ in valore di qualsiasi cosa, detenere tale diritto porta a soddisfare il diritto stesso. Non sarebbe un diritto sotto nessuna forma, sarebbe una moneta. Per questa ragione la teoria è invalida.

Riferimenti

[1] https://en.wikipedia.org/wiki/Representative_money

[2] https://en.wikipedia.org/wiki/Gold_certificate

[3] https://it.wikipedia.org/wiki/Contraffazione

[4] https://it.wikipedia.org/wiki/Signoraggio

[5] https://en.wikipedia.org/wiki/Use_value

[6] https://en.wikipedia.org/wiki/Subjective_theory_of_value

[7] https://it.wikipedia.org/wiki/Compensazione_(finanza)

Il passaggio da diritto negoziabile a moneta fiat avviene quando la moneta rappresentativa è abrogata dal suo emittente. Il Dollaro Statunitense venne monetizzato nel 1934[1] quando la possibilità di riscattarlo venne cancellata. Le persone vennero obbligate a scambiare dollari redimibili per dollari irredimibili. Nella misura in cui i dollari precedentemente redimibili rimangono in circolazione, come avviene ancora oggigiorno, essi vengono convertiti quando la Federal Reserve[2] entra in loro possesso. Mantenere la dicitura "*Federal Reserve Note*" su un dollaro irredimibile è anacronistico.

Ogni moneta possiede dei sostituti monetari come conseguenza dell'attività di prestito[3]. Possiamo classificare quattro ipotetici scenari in cui ricadono i sostituti monetari in termini di regressione del debito, dove ogni passo nella regressione è costituito da un titolo promissorio[4] (n.d.t. una cambiale).

- nessuna regressione (moneta)
- singola regressione (moneta rappresentativa)
- regressione finita (sostituto monetario)
- regressione infinita (moneta impossibile)

Un titolo potrebbe costituire un diritto su un altro tipo di diritto, ma non riferito a sé stesso (i.e. a qualunque cosa possa essere scambiata per esso). In caso contrario, non vi è alcuna regressione reale e ciò che si supponeva essere un diritto *è* moneta. Questo vale nel caso il diritto reclamabile sia direttamente o indirettamente circolare, come implicato dal termine "*loop*", in quanto il titolo relativo a tale diritto si finalizza in sé stesso. Così il termine "*loop* del debito" è un altro termine descrittivo del termine

Riferimenti

[1] https://en.wikipedia.org/wiki/Gold_Reserve_Act

[2] https://en.wikipedia.org/wiki/Federal_Reserve

[3] Capitolo: Fallacia dell'Espansione del Credito

[4] https://en.wikipedia.org/wiki/Promissory_note

"moneta". Esempi di questo includono Oro, Bitcoin e l'irredimibile (moderno) Dollaro Statunitense.

Un titolo diretto (singola regressione) contro moneta è una moneta rappresentativa, sebbene questo termine venga generalmente riservato alla banconota tangibile che rappresenta la moneta merce[1] (moneta *commodity*). La banconota rappresenta direttamente la moneta. Il Dollaro Statunitense redimibile era una moneta rappresentativa.

Un titolo indiretto rappresenta ogni progressione finita di diritti su altri diritti. Quando tutti i diritti sono finalizzati, la moneta è nelle mani del suo legittimo proprietario ove tutti gli altri diritti sono estinti e ogni diritto circolare è interamente compensato[2]. Si noti che se il diritto è totalmente circolare non vi è nulla da finalizzare (i.e. il titolo è moneta).

Una regressione infinita di diritti non può esistere[3]. Si consideri un ipotetico titolo emesso dal tesoro di stato riscattabile sotto forma di compensazione del debito di imposta dovuto allo stato.

- 1 $ finalizza il debito d'imposta su 10 $ di introito.
- 10 $ finalizzano il debito d'imposta su 100 $ di introito.
- 100 $ finalizzano il debito d'imposta su 1000 $ di introito.
- e così via...

Nonostante il titolo non rappresenti sé stesso, la sua regressione è infinita. Un diritto può essere reclamato a fronte di un numero finito di altri titoli rappresentanti diritti. In ogni

Riferimenti

[1] https://it.wikipedia.org/wiki/Moneta_merce

[2] https://it.wikipedia.org/wiki/Compensazione

[3] https://it.wikipedia.org/wiki/Ogni_tartaruga_poggia_su_un%27altra_tartaruga

caso, ogni strumento di questo genere non è un titolo e può essere scambiato solo come moneta.

Fallacia della Moneta Ideale

E' stata avanzata una proposta[1] secondo la quale l'esistenza di un "indice di valore" internazionale e non politico (i.e. di tipo obiettivo) porterebbe le persone ad obbligare gli stati ad "agganciare" le loro monete all'indice, eliminando quindi l'inflazione del prezzo[2]. È stato anche suggerito che Bitcoin rappresenti questo tipo di indice e che ciò accelererebbe il verificarsi di questo scenario.

Il vantaggio immaginato in questo contesto è rappresentato dalla possibilità di abbandonare certe monete di stato in favore di altre. Si creerebbe uno spostamento dalle monete a più elevata inflazione a quelle a più bassa inflazione basandosi sul confronto con l'indice. Ne consegue che gli stati dovrebbero allineare in misura via via maggiore i loro tassi di inflazione all'indice. Il risultato è che le monete di stato raggiungerebbero "asintoticamente" la condizione di Moneta Ideale[3] rappresentata dall'indice.

La Moneta Ideale è la moneta di stato avente un tasso di inflazione del prezzo pari a zero:

> ... non esiste un tasso di inflazione ideale che dovrebbe essere selezionato e scelto come obiettivo ma piuttosto il concetto ideale sarebbe quello che contempli necessariamente un tasso nullo di ciò che è chiamato inflazione.
>
> *John F. Nash Jr.: Ideal Money and Asymptotically Ideal Money*

La formulazione della teoria è sia variegata che limitata (la dimostrazione è lasciata al lettore). Tuttavia, il riassunto riportato sopra contiene tutti gli elementi fondamentali. Data la presenza di queste limitazioni può essere utile cominciare l'analisi con assunzioni generose. Assumiamo che esista una moneta che possa esprimere un valore oggettivo (si

Riferimenti

[1] http://sites.stat.psu.edu/~gjb6/nash/money.pdf

[2] https://en.wikipedia.org/wiki/Inflation

[3] https://en.wikipedia.org/wiki/Ideal_money

veda la teoria soggettiva del valore[1]), che Bitcoin sia tale moneta e che le persone siano generalmente in grado di confrontare il valore di Bitcoin con quello della altre più importanti monete di stato. Assumiamo anche che, nonostante l'apparente contraddizione, le persone usino Bitcoin negli scambi (la fonte dell'indice) *e* che preferiscano contemporaneamente l'uso delle monete di stato (una premessa necessaria).

Se assumiamo anche che le persone non siano vincolate dalle leggi sul corso legale[2] e che l'uso di monete tra loro in competizione abbia successo nel forzare gli stati ad "agganciare il valore obiettivo" di Bitcoin, allora il signoraggio[3] verrebbe eliminato. Tuttavia, come mostrato nella Proprietà di Stabilità[4], lo scopo della moneta di stato (fiat[5]) è quello di raccogliere la rendita di signoraggio che è una tassa a tutti gli effetti. Dando per valide le assunzioni riportate sopra, la Moneta Ideale rappresenta il superamento della moneta di stato. **La proposta, quindi, non prende in considerazione la ragione per cui la moneta fiat di stato esista in primo luogo.**

Si riconsiderino ora le assunzioni. La moneta fiat (n.d.t. di stato) necessita dell'esistenza delle leggi sul corso legale e per questa ragione la Legge di Gresham[6] (descritta per la prima volta da Nicola d'Oresme[7] nel *De origine, natura, jure et mutationibus monetarum*, circa 1360) governa sempre tale ambito:

Riferimenti

[1] https://en.wikipedia.org/wiki/Subjective_theory_of_value

[2] https://en.wikipedia.org/wiki/Legal_tender

[3] https://en.wikipedia.org/wiki/Seigniorage

[4] Capitolo: Proprietà di Stabilità

[5] https://en.wikipedia.org/wiki/Fiat_money

[6] https://en.wikipedia.org/wiki/Gresham%27s_law

[7] https://it.wikipedia.org/wiki/Nicola_d%27Oresme

> Questi esempi mostrano che, in assenza di leggi efficaci a tutela del corso legale, la Legge di Gresham funziona al contrario. Se viene data la scelta di quale moneta accettare, le persone transeranno con la moneta che essi ritengono di maggior valore nel lungo termine. Tuttavia, se non viene data loro la possibilità di scegliere e viene loro imposto di accettare tutte le monete, buone o cattive che siano, essi tenderanno a tenere in loro possesso la moneta di maggior valore percepito e spendere la moneta cattiva verso qualcun altro. In breve, in assenza di leggi sul corso legale, il venditore non accetterà altro che moneta di un certo valore (moneta buona), mentre l'esistenza di leggi sul corso legale faranno sì che il compratore offra solo moneta con il più basso valore-merce (moneta cattiva) in quanto il creditore è obbligato ad accettare questa moneta al valore nominale.
>
> *Wikipedia: Legge di Gresham*

La proposta assume scorrettamente che si applichi la Legge di Thiers[1]. Se ciò fosse vero le persone non userebbero la moneta fiat (di stato). Essa inoltre ignora l'esistenza del controllo sul cambio in valute estere[2], che esiste specificamente per evitare la fuga di capitali[3]. Tali controlli si acuiscono all'aumentare della fuga di capitali in modo da preservare il gettito fiscale. Infine, questi controlli limitano materialmente il processo di scoperta del prezzo dell'indice stesso, rendendolo meno utile di quanto immaginato dalla proposta.

La proposta non offre alcuna spiegazione razionale su come le persone saranno in grado di spostarsi tra le monete di stato a fronte di tali controlli. Essa assume inoltre che le persone saranno maggiormente in grado di riconoscere la tassa del signoraggio grazie alla presenza dell'indice e alla loro abilità nell'effettuare comparazioni, e che quindi saranno in grado di controllare efficacemente l'appetito dello stato nei confronti di questa tassa. Dato l'utilizzo universale dell'oro come indice obiettivo confrontabile prima dell'evoluzione su scala globale della moneta fiat, non è chiaro come le valute fiat abbiano potuto prendere piede se assumiamo che le persone possano reagire secondo le modalità descritte.

Riferimenti

1 https://en.wikipedia.org/wiki/Gresham%27s_law#Reverse_of_Gresham's_Law_(Thiers'_Law)

2 https://en.wikipedia.org/wiki/Foreign_exchange_controls

3 https://it.wikipedia.org/wiki/Fuga_di_capitali

Esiste un'ipotesi secondo la quale il Bitcoin sia un indice obiettivo mentre l'oro non lo sia. Questa considerazione è basata sull'offerta di tipo inflazionario dell'oro al contrario dell'offerta fissa di Bitcoin. Questo fatto, a sua volta, presume che l'inflazione monetaria implichi una moneta instabile mentre una offerta fissa implichi una moneta stabile. Come mostrato nella Proprietà di Stabilità, entrambe le monete sono stabili. L'ipotesi non riesce a riconoscere che il valore, per come indicato dall'indice, è influenzato sia dall'offerta che dalla domanda. La domanda di oro è stabilizzata dall'inflazione e la domanda di Bitcoin è stabilizzata dalle commissioni.

Questa teoria è di conseguenza invalida. O le monete fiat di stato cesseranno di esistere o permetteranno sempre la riscossione della tassa di signoraggio implicata dalla loro esistenza. Gli stati rinunceranno alla tassa solo sotto estrema pressione e, in tal caso, solo per breve tempo. Al limite, la "moneta ideale" sarà Bitcoin e non potrà essere scambiata liberamente con le monete di stato (nel caso esse dovessero rimanere in circolazione).

Fallacia dell'Inflazione

Le regole di consenso di Bitcoin hanno dato luogo ad un periodo di inflazione monetaria[1]. Esiste una teoria secondo la quale ciò causerebbe la perdita del potere d'acquisto[2] della moneta stessa. Come mostrato nel Principio di Inflazione[3], **nessun cambiamento del potere d'acquisto si può verificare dall'aumento di offerta di una moneta di mercato.** La teoria è quindi invalida.

Il fatto che Bitcoin non sia inflazionario in termini di prezzo implica che i possessori non "sussidiano" il mining. Il capitale consumato dai miner è di loro stessa proprietà (rappresenta un investimento), la moneta creata è il loro prodotto ed il ritorno sull'investimento (l'interesse) è conseguenza dell'aumento di domanda che loro stessi provvedono a soddisfare - compensando il costo opportunità[4] di impiegare il loro capitale nel tempo.

Riferimenti

[1] https://en.wikipedia.org/wiki/Monetary_inflation

[2] https://en.wikipedia.org/wiki/Purchasing_power

[3] Capitolo: Principio di Inflazione

[4] https://it.wikipedia.org/wiki/Costo_opportunit%C3%A0

Tassonomia della Moneta

La moneta fiat non ha valore d'uso[1]. Ha però utilità come moneta solo nella misura in cui le persone sono disposte ad utilizzarla per effettuare degli scambi. Spesso tra questi soggetti si trova anche uno stato emittente, sebbene questa non ne sia una caratteristica distintiva. Il nome deriva dal fatto che ne è decretata l'esistenza[2] ("dixitque Deus fiat lux et facta est lux") come moneta. Tuttavia, anche questa definizione non ne è una caratteristica distintiva. **La moneta fiat è semplicemente una moneta che non possiede valore d'uso.** Ci si riferisce ad una moneta con valore d'uso con il termine moneta merce[3] (moneta *commodity*).

Nonostante il valore sia soggettivo[4], cosa che rende impossibile definire il valore d'uso nella pratica, la classificazione è di per sé chiara. Ad esempio, la cartamoneta può essere bruciata per riscaldarsi, ma ciò non è tipicamente considerato un suo valore d'uso reale. Bitcoin può essere utilizzato per il timestamping[5], ma anche questo non è tipicamente considerato un valore d'uso principale. Si ritiene, al contrario, che oro, argento, rame e altri materiali di conio abbiano un valore d'uso reale. Quando il valore nominale di una moneta merce diventa minore del suo valore come merce, si ha una transizione ad una pura commodity[6] ed essa viene quindi fusa o accumulata[7].

Riferimenti

[1] https://en.wikipedia.org/wiki/Use_value

[2] https://en.wikipedia.org/wiki/Let_there_be_light#Origin_and_etymology

[3] https://it.wikipedia.org/wiki/Moneta_merce

[4] https://en.wikipedia.org/wiki/Subjective_theory_of_value

[5] https://en.wikipedia.org/wiki/Trusted_timestamping

[6] https://it.wikipedia.org/wiki/Bol%C3%ADvar_venezuelano#Bolivar_fuerte

[7] https://it.wikipedia.org/wiki/Legge_di_Gresham

Un sostituto monetario[1] è una obbligazione contrattuale[2] relativa ad una determinata somma di denaro, rimborsabile a richiesta. Come tale, un sostituto monetario rappresenta un "bene futuro", mentre la moneta rappresenta un "bene presente". La moneta fiat non è un sostituto monetario[3] perché non è riscattabile per nessuna somma definita di denaro, è essa stessa denaro. Il debito è spesso cartolarizzato[4] e garantito dal prestatore come un sostituto monetario, noto come banconota[5]. Allo stesso modo, poiché il valore è soggettivo, non è possibile distinguere se una persona dia valore al rimborso o all'obbligazione del rimborso stesso; ma si assume, in generale, che ad avere valore sia il rimborso vero e proprio e non il documento sul quale tale rimborso è scritturato. Quando un sostituto monetario viene abrogato, ma viene ancora utilizzato negli scambi significa che è passato ad una condizione di moneta fiat[6].

La moneta rappresentativa[7] viene spesso rappresentata erroneamente come un bene presente, ma poiché essa è in realtà un'obbligazione (di ciò che essa stessa rappresenta), si tratta di un sostituto monetario. Il Dollaro Statunitense basato sull'oro era un sostituto monetario mentre il Dollaro Statunitense moderno è una moneta fiat. I dollari in giacenza sul conto corrente sono sostituti monetari elettronici[8], così come lo sono tutti i Bitcoin custoditi da terze parti e quelli scambiati mediante transazioni non confermate. Tutte queste sono promesse di rimborso rispettivamente in dollari o in bitcoin.

I dollari che possono essere tenuti in mano sono vera moneta fiat, così come lo sono i bitcoin che possono essere spesi con la propria chiave privata. Come tale il termine "fiat"

Riferimenti

[1] https://wiki.mises.org/wiki/Money_substitutes

[2] https://financial-dictionary.thefreedictionary.com/Contractual+Claim

[3] Capitolo: Fallacia del Loop del Debito

[4] https://it.wikipedia.org/wiki/Cartolarizzazione

[5] https://it.wikipedia.org/wiki/Banconota

[6] https://en.wikipedia.org/wiki/Gold_certificate

[7] https://en.wikipedia.org/wiki/Representative_money

[8] https://www.investopedia.com/terms/e/electronic-money.asp

non fornisce una distinzione tra Dollaro e Bitcoin. *Tuttavia, va ricordato che questa distinzione non si è mai resa necessaria prima dell'avvento di Bitcoin.* Monete di mercato senza valore d'uso non erano ritenute possibili[1]. Tuttavia, vi è in realtà una reale distinzione tra questi due tipi di moneta, di cui nessuna delle due possiede valore d'uso. Questo richiede l'impiego di una nuova caratteristica distintiva.

Il Dollaro (come tutte le monete fiat di stato) differisce da Bitcoin a causa della protezione di monopolio[2] esercitata sulla sua produzione. È il divieto di competere sul mercato che permette allo stato di limitare l'offerta monetaria e quindi di estrarre una rendita di signoraggio[3].

> Il monopolio è una garanzia di uno speciale privilegio affidato dallo stato che riserva una certa area della produzione ad un particolare individuo o gruppo.
>
> *Murray Rothbard: Man, Economy and State*

Il monopolio sulla produzione di moneta fiat di stato è creato sotto forma di statuto di anti-contraffazione[4]. Un'unità di una moneta è considerata invalida a meno che non venga prodotta da un agente autorizzato[5] dello stato. Ciò è differente da quanto avviene in Bitcoin in quanto esso è prodotto dalla competizione di mercato e la contraffazione è preclusa attraverso un accordo basato su registro pubblico. Con il termine "moneta di monopolio" ci si può ragionevolmente riferire ad una moneta che si difende dalla contraffazione sulla base di uno statuto (da non confondere con la moneta del Monopoly[6]), e riferirsi a Bitcoin come ad una "moneta di mercato". Quando il valore

Riferimenti

[1] Capitolo: Fallacia del Teorema di Regressione

[2] https://mises.org/library/man-economy-and-state-power-and-market/html/pp/1054

[3] https://it.wikipedia.org/wiki/Signoraggio

[4] https://en.wikipedia.org/wiki/Counterfeit_money

[5] https://www.moneyfactory.gov/

[6] https://monopoly.fandom.com/wiki/Monopoly_Money

nominale di una moneta fiat è ridotto fino al suo costo di produzione, essa è passa allo stato di moneta di mercato[1].

La moneta merce è anch'essa una moneta di mercato, in quanto essa non dipende da un privilegio di monopolio che restringe la sua offerta. Se l'offerta di una moneta merce è troppo grande, essa smette di essere utile come moneta per mancanza di portabilità. La distinzione tra moneta merce e Bitcoin deriva dai principi della criptodinamica[2]. L'offerta di una moneta merce è controllata dalla competizione di mercato che esiste per fornirla come conseguenza della sua domanda di mercato. Non è classificabile come moneta fiat in forza di un suo presunto valore d'uso.

Sia le monete che i sostituti monetari vengono considerati valuta[3]. Ci si riferisce talvolta alla moneta come ad una base monetaria. Tutte le monete sono soggette all'attività di prestito e sono quindi sono soggette all'espansione del credito[4] (i.e. in forma di sostituti monetari) che porta ad una loro corrispondente riserva frazionaria[5].

Riferimenti

[1] https://it.wikipedia.org/wiki/Dollaro_zimbabwese

[2] Capitolo: Principi della Criptodinamica

[3] https://it.wikipedia.org/wiki/Valuta

[4] Capitolo: Fallacia dell'Espansione del Credito

[5] Capitolo: Definizione di Riserva

La tabella seguente fornisce gli esempi di ogni classificazione menzionata in precedenza:

- valuta
    - moneta [*presente*]
        - merce (*commodity*) [*valore d'uso*]
            - di monopolio
                - **Moneta di Dollaro Statunitense**
            - di mercato
                - **Lingotto**
        - fiat [*nessun valore d'uso*]
            - di monopolio
                - **Banconota di Dollaro Statunitense**
            - di mercato
                - **Bitcoin**
    - sostituto monetario [*futuro*]
        - elettronico [*intangibile*]
            - conto
                - **Circuito Visa**
        - rappresentativo [*tangibile*]
            - banconota
                - **Silver Certificate Statunitense**

Fallacia del Teorema di Regressione

Il Teorema di Regressione[1] si basa sull'assunzione secondo la quale le prime persone che attribuiscono valore di moneta[2] a qualche bene devono necessariamente fare ciò basandosi sul ricordo del suo precedente valore d'uso[3], ove questo bene ottiene dapprima un'utilità nel baratto[4] e infine valore monetario[5].

> Nessun bene può essere impiegato per funzionare come mezzo di scambio se, immediatamente prima del suo uso per questo scopo, esso non abbia un valore di scambio basato su altri usi.
>
> *Ludwig Von Mises: L'Azione Umana*

Va notato che la teoria non prova semplicemente a spiegare l'origine del concetto di moneta, ma di *qualsiasi cosa possa essere considerata moneta*. In altre parole, se un bene non segue questa progressione non è moneta.

Il teorema contraddice la teoria del valore soggettivo[6] sul quale esso stesso si basa. Il valore è soggettivo, il che implica che può essere basato su qualsiasi cosa, anche se oggettivamente tale base appare irrazionale.

Il teorema non pone termine alla sua stessa regressione, poiché non spiega come una persona sia portata a dare valore a qualcosa per la sua utilità originale. Una persona deve assumere (non ricordare) che qualcosa sarà utile anche se nessuno ha mai tentato di usarla prima. Questa assunzione di utilità rappresenta la prima valutazione, che rimane

Riferimenti

[1] https://wiki.mises.org/wiki/Regression_theorem

[2] Capitolo: Tassonomia della Moneta

[3] https://en.wikipedia.org/wiki/Use_value

[4] https://it.wikipedia.org/wiki/Baratto

[5] https://mises.org/library/human-action-0/html/pp/778

[6] https://en.wikipedia.org/wiki/Subjective_theory_of_value

soggettiva. La prima valutazione di una bene, come tutte quelle successive, può essere fatta per qualsiasi ragione, che include il suo uso come moneta[1].

Poiché esiste un concetto preesistente di moneta, è stato suggerito[2] che stabilire in anticipo lo *status* di moneta relativo al bene è di per sé sufficiente a soddisfare il teorema. In altre parole, la moneta non deve seguire la progressione indicata dal teorema nella pratica effettiva. In questo caso, poiché vi è un concetto preesistente di moneta, qualsiasi cosa può essere moneta fin dall'inizio della sua esistenza. Questa interpretazione rende il teorema tautologico - qualsiasi cosa cui le persone attribuiscono il valore di moneta può essere moneta. In altre parole, ciò si riduce al primo valore soggettivo.

Il teorema è in realtà basato sulle osservazioni *empiriche* dell'evoluzione monetaria. Tuttavia, la teoria economica razionale[3] sulla quale è basato, così come il teorema stesso, rifiutano esplicitamente l'empirismo.

> Tutte queste proposizioni implicate dal teorema di regressione sono enunciate apoditticamente per come implicato nell'apriorismo della prasseologia. Deve accadere necessariamente in questo modo. Nessuno potrà mai avere successo nella costruzione di un caso ipotetico nel quale le cose abbiano luogo in maniera differente.

Uno dei molti problemi che affliggono l'economia empirica è che le nuove osservazioni possono invalidare le conclusioni tratte in precedenza. Bitcoin ha fatto ciò con questo teorema che aveva la pretesa di essere una dimostrazione non empirica. È possibile osservare chiaramente che Satoshi intendeva creare una moneta[4], il cui uso fosse quello monetario fin dal principio.

Riferimenti

[1] Capitolo: Tautologia dell'Oggetto da Collezione

[2] https://mises.org/library/cryptocurrencies-and-wider-regression-theorem

[3] https://en.wikipedia.org/wiki/Catallactics

[4] https://bitcoin.org/bitcoin.pdf

L'idea alla base del teorema rappresenta una ragionevole *teoria* empirica dell'evoluzione del concetto di moneta, ma tuttavia invalida sotto forma di *teorema* razionale per distinguere la moneta da ciò che non è moneta. La moneta si distingue da certi comportamenti espressi dalle persone. Concludere che qualcosa è moneta consiste nell'osservare questi comportamenti, un metodo strettamente empirico.

Definizione di Riserva

Una riserva è il capitale posseduto da una persona. Si tratta di capitale presente, al contrario del capitale investito. Il capitale presente si svaluta[1] e per questa ragione rappresenta un costo continuo per il suo possessore. Il rapporto tra capitale riservato ed investito è un riflesso[2] della preferenza temporale[3] del possessore.

Il capitale messo a riserva con lo scopo di finalizzare[4] i debiti è il mezzo con cui si effettua il *settlement*. Ad esempio, quando l'oro è il mezzo di *settlement*, l'oro rappresenta il capitale a riserva. Una promessa sull'oro, come può essere un certificato sull'oro[5], è un prestito e di conseguenza non rappresenta una riserva per quel tipo di debito. Se il debito può essere finalizzato con certificati aurei, allora il possesso dei certificati costituisce una riserva.

Benché la detenzione di un certificato come riserva rispetto al debito rappresentato dal certificato sembri contraddire la definizione di riserva come capitale presente, essa in realtà non è contraddittoria. In qualità di mezzo di *settlement* il certificato stesso non è altro che un documento cartaceo per la persona che lo tiene in riserva. I termini specificati su di esso hanno valenza sull'emittente del certificato. Nessun costo o guadagno viene subito in un'operazione di *settlement* da parte della persona che tiene a riserva il certificato. Per lui, il costo di *settlement* è solo la conseguenza di trasferire il documento al suo creditore.

Riferimenti

[1] Capitolo: Principio di Svalutazione

[2] Capitolo: Relazione del Risparmio

[3] Capitolo: Fallacia della Preferenza Temporale

[4] https://en.wikipedia.org/wiki/Settlement_(finance)

[5] https://en.wikipedia.org/wiki/Gold_certificate

La riserva viene spesso confusa con la gestione delle maturità (maturity matching[1]). La gestione di differenti maturità[2] e tassi di interesse rappresenta una strategia di gestione del rischio finanziario. Benché la riserva di capitale sia essa stessa una strategia di gestione del rischio, **la distinzione per una riserva è che il capitale riservato è "presente" ovvero ha una maturità pari a zero.**

Riferimenti

1 https://en.wikipedia.org/wiki/Asset%E2%80%93liability_mismatch

2 https://en.wikipedia.org/wiki/Maturity_(finance)

Fallacia del Rendimento Risk Free

Il concetto ipotetico di tasso di rendimento risk free[1] rappresenta il tasso di interesse economico ottenibile con un rendimento garantito sul principale del prestito. Esiste una teoria secondo la quale Bitcoin ammetta nella pratica l'esistenza di tale rendimento attraverso l'imposizione della restituzione del principale. Un corollario di questa teoria afferma che questa proprietà consente anche di limitare l'espansione del credito[2] in generale.

La teoria richiede l'esistenza dimostrabile di una garanzia (covenant[3]) a scadenza temporale fissa sulle unità della moneta date in prestito dal creditore. La garanzia assicura che il creditore non possa spendere le unità fino a quando il prestito non arrivi a maturità[4] e che le unità tornino in possesso del creditore solo in quel momento. Il creditore scambia con il debitore queste unità bloccate in cambio di un interesse. Il costo opportunità[5] del prestatore imposto dalle unità bloccate dalla garanzia è compensato dall'interesse.

Tuttavia, le unità bloccate non forniscono alcuna utilità a colui che le ha prese in prestito. Il pieno controllo delle unità ritorna in maniera dimostrabile al prestatore, lasciando ogni persona che le ha accettate con nulla in mano al momento del prestito. **Questo valore nullo è necessariamente attribuito ad ogni scambio precedente al termine del prestito e di conseguenza al prestito stesso, rendendo invalida la teoria.**

Esiste è una teoria collegata secondo la quale il costo opportunità del prestatore può essere usato per rappresentare una spesa dimostrabile, come avviene con la proof-of-

Riferimenti

[1] https://en.wikipedia.org/wiki/Risk-free_interest_rate

[2] Capitolo: Fallacia dell'Espansione del Credito

[3] https://en.wikipedia.org/wiki/Covenant_(law)

[4] https://en.wikipedia.org/wiki/Maturity_(finance)

[5] https://it.wikipedia.org/wiki/Costo_opportunit%C3%A0

work. Questo espediente può essere usato in maniera simile ad hashcash[1], ovvero come un modo per mitigare il denial of service[2]. Ciò è vero, ma questo rappresenta una spesa e, come tale, essa può avverarsi solo spendendo unità (anche attraverso la loro distruzione). Così come nella *proof-of-work*, questo rappresenta uno scambio tra un costo dimostrabile di capitale e unità della moneta. Per questa ragione esso non costituisce un prestito (i.e. non dà luogo ad interesse), invalidando la teoria.

Esiste, inoltre, una teoria collegata secondo la quale le unità prese a prestito possono essere invece usate dal debitore per tracciare un asset di valore perpetuo. Poiché il tracciamento termina con la scadenza del prestito, la teoria è invalida per la stessa ragione. In aggiunta, esiste una teoria collegata secondo la quale le unità prese a prestito possono essere usate per tracciare un asset a scadenza definita che termina alla scadenza del prestito (e.g. un biglietto del teatro). Ciò risulta possibile, tuttavia il costo di tracciamento, per qualsiasi durata, è limitato in BTC dalla regola di consenso del limite di trasferimento (dust *limit*) fissato ad una unità. Così il costo opportunità è limitato ad un'unità in aggiunta alle commissioni di transazione necessarie per stabilire il prestito.

L'utilità per il debitore è rappresentata dalla riduzione del costo di tracciamento per il tempo del prestito. Con un tasso di interesse del 10% e una scadenza superiore approssimativamente a 7,2 anni[3] diventa meno costoso spendere un'unità rispetto a prenderla in prestito. Spendendo immediatamente un'unità l'asset verrebbe tracciato indefinitamente.

Sebbene lo scenario economico finale di quanto appena proposto sia economicamente razionale, esso non può essere descritto accuratamente come un prestito, poiché le unità non possono essere né scambiate né distrutte dalla persona identificata come il

Riferimenti

[1] https://it.wikipedia.org/wiki/Hashcash

[2] https://it.wikipedia.org/wiki/Denial_of_service

[3] https://it.wikipedia.org/wiki/Regola_del_72

destinatario del prestito. Sarebbe più appropriato riferirsi a questo costrutto come ad un "affitto" delle unità, per la sola ragione di distinguerlo da un vero prestito.

Ciononostante, un rendimento può essere teoricamente ricavato sull'affitto di un'unità, fino al limite economico imposto dal tasso di interesse (e.g. circa 7,2 anni al 10%). Tuttavia, la commissione richiesta dall'operazione, per essere economicamente razionale, dovrebbe essere di 0 unità, in quanto è richiesta una transazione che dia avvio al prestito, cosa che non avviene quando vengono usate le proprie unità per fini di tracciamento. Così nel caso la domanda di transare ecceda l'offerta fissa di conferma, questo scenario non è economicamente razionale. Questa relazione è valida per ogni valore del *dust limit* maggiore di 0 nella misura in cui esso rappresenti una commissione insufficiente per finanziare la conferma.

Fallacia della Creazione dal Nulla

Esiste una teoria secondo la quale il sistema bancario a riserva frazionaria[1] dia intrinsecamente alle banche la capacità di creare moneta senza alcun costo reale. La teoria non dipende dal privilegio di stato del signoraggio[2]. Essa è considerata altresì una conseguenza delle pratiche contabili del free banking[3]. Talvolta ci si riferisce ad essa come alla creazione di moneta *ex nihilo* o "dal nulla"[4].

> Le banche, contrariamente a quanto affermano tutt'oggi fin troppi libri di testo, non prendono i depositi monetari dai depositanti e li danno in prestito ai soggetti richiedenti: esse creano il credito e la moneta ex nihilo - accendendo il prestito e contemporaneamente accreditando moneta sul conto del debitore."
>
> *Lord Turner, Presidente dell'Autorità di Vigilanza Finanziaria del Regno Unito fino alla sua abolizione nel marzo 2013.*
> *Stockholm School of Economics Conference: "Towards a Sustainable Financial System"*
> *12 Settembre 2013*

I seguaci della teoria descrivono due visioni della creazione della moneta in competizione tra loro. Come implicato dalle parole di Lord Turner, la visione tradizionale è ritenuta quella più semplice rispetto alla rappresentazione più pratica. La teoria afferma che il sistema bancario crei intrinsecamente non solo il credito, ma anche la moneta.

Visione Semplice

La moneta è creata dai miner ad un costo reale, viene venduta alle persone, e infine data in prestito ad altre persone. La teoria ritiene che il prestatore stia dando in prestito solo il denaro in suo possesso. Come tale il prestatore sta operando a riserva intera[5] e non può

Riferimenti

[1] https://en.wikipedia.org/wiki/Fractional-reserve_banking

[2] https://it.wikipedia.org/wiki/Signoraggio

[3] https://en.wikipedia.org/wiki/Free_banking

[4] https://cdn.evbuc.com/eventlogos/67785745/turner.pdf

[5] Capitolo: Fallacia della Riserva Intera

mettere in pratica operazioni a riserva frazionaria che sono considerate fraudolente. Un prestatore onesto può solo emettere dei titoli (moneta rappresentativa[1]) contro moneta in suo possesso, impedendo l'espansione del credito[2] e quindi una perdurante inflazione del prezzo[3].

Visione Pratica

I sostituti monetari vengono creati dalle banche, senza sostenere alcun costo reale e come conseguenza della riserva frazionaria. L'offerta di questi sostituti si espande ad ogni prestito e si contrae quando il prestito si estingue[4]. Poiché non viene posto alcun vincolo all'espansione del credito, il debito complessivo cresce senza limiti creando una perdurante inflazione del prezzo.

In un libero mercato le persone possono svolgere le stesse operazioni delle banche, senza necessariamente chiamarsi banche. Di conseguenza, la distinzione tra queste due possibilità deve basarsi sul modo con cui viene celata una supposta frode. La teoria sostiene che questo occultamento è raggiunto usando un trucco contabile che non viene compreso dalle persone su larga scala. Proponiamoci allora di analizzare in profondità tale aspetto. Ogni tipo di moneta risulterà sufficiente per condurre questa ricerca sui sostituti monetari[5] creati al di sopra di essa, e che includono Oro, Bitcoin o moneta di monopolio[6].

Nella visione semplice, il potenziale prestatore ha risparmiato sia la liquidità necessaria per il suo consumo personale (accumulo) sia l'ammontare destinato a ricavare un

Riferimenti

[1] https://en.wikipedia.org/wiki/Representative_money

[2] Capitolo: Fallacia dell'Espansione del Credito

[3] https://it.wikipedia.org/wiki/Inflazione

[4] https://it.wikipedia.org/wiki/Compensazione_(finanza)

[5] https://wiki.mises.org/wiki/Money_substitutes

[6] Capitolo: Tassonomia della Moneta

interesse (investimento). In questo scenario tutta l'attività di prestito deriva dai risparmi, come ad esempio l'oro accumulato dopo averlo trovato passando la bateia[1]. I risparmi sono costituiti dalla somma del denaro accumulato (moneta) e del quantitativo di crediti in eccesso sui debiti: risparmi = moneta + (credito - debito). La moneta è l'oro ed i crediti sono sostituti monetari:

	Risparmi	Moneta	Credito	Debito
Persona	100 oz	100 oz		

Secondo questa visione del prestito personale, la Persona cede 81 once d'oro (oz) al Debitore. Il Debitore accetta l'obbligo di ripagare la Persona assieme ad un interesse alla scadenza del prestito[2]. Per semplificare la contabilità assumeremo che vi sia interesse nullo e non si tenga conto del rischio di controparte (i.e. scontandolo):

	Risparmi	Moneta	Credito	Debito
Persona	100 oz	19 oz	81 oz	
Debitore		81 oz		81 oz

La Persona, in realtà, ha dato in prestito alla sua stessa Impresa (e.g. un'attività di prestito) una frazione dei suoi risparmi, di cui è tenuto conto di seguito. Assumiamo che la Persona tenga da parte (accumuli) il 10% dei suoi risparmi per far fronte alla liquidità necessaria ai consumi di breve termine e che l'Impresa accumuli il 10% per lo stesso motivo:

Riferimenti

[1] https://it.wikipedia.org/wiki/Bateia

[2] https://en.wikipedia.org/wiki/Maturity_(finance)

	Risparmi	Moneta	Credito	Debito
Persona	100 oz	10 oz	90 oz	
Impresa		9 oz	81 oz	90 oz
Debitore		81 oz		81 oz

L'Impresa della persona sta operando con una riserva del 10% in quanto il 90% dei suoi risparmi è diventato capitale di rischio. Applicare questo schema alla visione semplice del sistema bancario richiede solamente di sostituire il termine "Prestatore" (n.d.t. la Persona) con il termine "Depositante" e "Impresa" con "Banca". Non vi è necessità di assumere che questi siano due individui distinti:

	Risparmi	Moneta	Credito	Debito
Depositante	100 oz	10 oz	90 oz	
Banca		9 oz	81 oz	90 oz
Debitore		81 oz		81 oz

Rappresentando correttamente la Persona come un soggetto avente capitale di rischio (i.e. il depositante) possiamo vedere che tutta l'attività di prestito è a riserva frazionaria. In questo scenario dove la riserva è al 10% ci sono due prestiti che danno luogo a sostituti monetari (credito) pari al 171% della moneta sottostante. Data l'assunzione di una preferenza temporale[1] uniforme il Debitore darà in prestito il 90% dei suoi risparmi, come tutti i debitori successivi. Assumendo un prestito minimo pari ad 1 oncia, dopo 43 prestiti l'espansione del credito termina con 8,903 volte il valore della moneta sottostante.

Riferimenti

[1] Capitolo: Fallacia della Preferenza Temporale

Sia r il livello uniforme delle riserve individuali e m la quantità di moneta, l'ammontare totale del credito c per ogni dato numero di prestiti n è dato dalla seguente somma parziale[1]

```
c = ∑(n=1..n)[m * (1 - r)^n] =
(m * (r - 1) ((1 - r)^n - 1))/r =
(100oz * (10% - 1) ((1 - 10%)^43 - 1))/10% = 890,3 oz
```

Il rapporto di riserva[2] rr è dato dal rapporto tra moneta e credito:

```
rr = m/c = 100oz/890,3 oz = ~11,23%
```

Il moltiplicatore monetario[3] è dato dall'inverso del rapporto di riserva:

```
1/rr = 1/(100oz/890,3oz) = 8,903
```

La serie è limitata a 43 iterazioni solamente perché la singola oncia è stata considerata come la più piccola unità di moneta che può essere prestata. Una funzione continua (n.d.t. ovvero la serie geometrica[4] che dà luogo ad un ammontare di credito paria a m * (1-r)/r) porta ad un moltiplicatore monetario di 9 con un livello di riserva del 10%.

Le iterazioni sono riportate nella seguente tabella:

Riferimenti

[1] https://www.wolframalpha.com/input/?i=sum+of+m+*+(1-r)%5En+as+n+goes+from+1+to+infinity

[2] https://en.wikipedia.org/wiki/Reserve_requirement

[3] https://en.wikipedia.org/wiki/Money_multiplier

[4] https://it.wikipedia.org/wiki/Serie_geometrica

Prestito	Accumulo	Prestito	Credito
1	10,00	90,00	90,00
2	19,00	81,00	171,00
3	27,10	72,90	243,90
4	34,39	65,61	309,51
5	40,95	59,05	368,56
6	46,86	53,14	421,70
7	52,17	47,83	469,53
8	56,95	43,05	512,58
9	61,26	38,74	551,32
10	65,13	34,87	586,19
11	68,62	31,38	617,57
12	71,76	28,24	645,81
13	74,58	25,42	671,23
14	77,12	22,88	694,11
15	79,41	20,59	714,70
16	81,47	18,53	733,23
17	83,32	16,68	749,91
18	84,99	15,01	764,91
19	86,49	13,51	778,42
20	87,84	12,16	790,58

21	89,06	10,94	801,52
22	90,15	9,85	811,37
23	91,14	8,86	820,23
24	92,02	7,98	828,21
25	92,82	7,18	835,39
26	93,54	6,46	841,85
27	94,19	5,81	847,67
28	94,77	5,23	852,90
29	95,29	4,71	857,61
30	95,76	4,24	861,85
31	96,18	3,82	865,66
32	96,57	3,43	869,10
33	96,91	3,09	872,19
34	97,22	2,78	874,97
35	97,50	2,50	877,47
36	97,75	2,25	879,72
37	97,97	2,03	881,75
38	98,18	1,82	883,58
39	98,36	1,64	885,22
40	98,52	1,48	886,70
41	98,67	1,33	888,03

42	98,80	1,20	889,22
43	98,92	1,08	890,30

Si noti che, in condizione di espansione completa, affinché una persona spenda il proprio denaro accumulato mantenendo la propria preferenza temporale, un prestito deve essere estinto in modo da compensare la spesa. Il processo di estinzione (*settlement*) del prestito muove il denaro dal precedente debitore al suo creditore, e dà luogo alla cancellazione della nota di debito. La persona che riceverà le monete derivanti dalla spesa le darà necessariamente in prestito per soddisfare la sua preferenza temporale e così via.

Non è possibile alcuna ulteriore espansione senza l'incremento della quantità di moneta o una riduzione complessiva della preferenza temporale. Un incremento della moneta incrementa il quantitativo assoluto di credito disponibile e una riduzione della preferenza temporale incrementa la proporzione di credito rispetto alla moneta. Poiché moneta e credito evolvono assieme, non vi è mai un incremento reale dei sostituti monetari se non derivante da questi cambiamenti.

Nella tipica pratica della contabilità bancaria la Banca non cede il denaro. Al suo posto essa crea delle voci contabili in un processo noto con il nome di "creazione del credito". Il processo crea delle voci di libro contabile[1] che si compensano tra i ricavi e i prestiti del Depositante ("credito" e "debito") e delle voci che si compensano con lo stato patrimoniale[2] della banca stessa ("attività" (*asset*) e "passività" (*liability*)). All'emissione del prestito, i conti appaiono come indicato di seguito:

Riferimenti

[1] https://it.wikipedia.org/wiki/Libro_mastro

[2] https://en.wikipedia.org/wiki/Balance_sheet

	Risparmi	Moneta	Credito	Debito	Attività (Asset)	Passività (Liability)
Depositante	100 oz	10 oz	90 oz		100 oz	
Banca		90 oz	81 oz	171 oz	171 oz	171 oz
Debitore			81 oz	81 oz	81 oz	81 oz

A questo punto le spiegazioni che è in grado di fornire la teoria[1] tendono ad esaurirsi. Le partite di compensazione sia della Banca che del Debitore si controbilanciano, ma il Debitore ha a disposizione 81 once d'oro da spendere e la Banca non ha avuto necessità di cedere alcuna oncia d'oro al Debitore. Ci sono sempre 100 once in moneta, ma il Debitore ha 81 once di sostituto monetario e la Banca ha 81 once d'oro in più di attività. La teoria afferma che quindi la Banca ha creato non solo il credito, ma anche la *moneta*. Si noti che tutto il quadro contabile è ancora bilanciato e tutti i conti possono essere finalizzati, e ciò sembrerebbe dare ragione alla teoria per come esposta da Lord Turner, ovvero che: "...esse creano il credito e la moneta *ex nihilo* - accendendo il prestito e contemporaneamente accreditando moneta sul conto del debitore."

Ciò, tuttavia, dimostra che nessuna spesa reale è stata ancora effettuata a partire dal credito del prestito o dall'asset della banca. Spingiamoci ancora leggermente oltre nel ragionamento assumendo che il Debitore proceda al *clearing* del suo conto e di conseguenza finalizzi le corrispondenti attività e passività della Banca.

Riferimenti

[1] https://www.sciencedirect.com/science/article/pii/S1057521915001477

	Risparmi	Moneta	Credito	Debito	Attività (Asset)	Passività (Liability)
Depositante	100 oz	10 oz	90 oz		100 oz	
Banca		9 oz	81 oz	90 oz	90 oz	90 oz
Debitore		81 oz		81 oz	81 oz	81 oz

Si noti che questo è un esito identico a quello della visione semplice. **Non vi è quindi distinzione tra queste due visioni apparentemente in competizione sulla creazione di moneta,** e ciò rende invalida la teoria. Questo fatto porta a risolve la secolare questione[1], cominciata apparentemente tra Platone[2] e Aristotele[3], che provava a stabilire se la moneta fosse basata sull'attività estrattiva o sul credito. Le teorie sono identiche, in quanto la moneta ed il credito rappresentano una dualità[4].

> Secondo Joseph Schumpeter, il primo seguace conosciuto della teoria del credito fu Platone. Schumpeter descrive il metallismo come l'altra teoria "delle due fondamentali teorie della moneta", aggiungendo che il primo seguace della teoria del metallismo fu Aristotele.

I seguaci delle due teorie stanno semplicemente parlando della stessa cosa[5]. Bitcoin, in qualità di moneta fiat (i.e. una moneta che non ha valore d'uso[6]) che opera in assenza del supporto dello stato[7], ha finalmente reso evidente sia gli errori logici del metallismo[8], che ha provato a dimostrare[9] la necessità di una moneta con valore d'uso, che quelli del

Riferimenti

[1] https://en.wikipedia.org/wiki/Credit_theory_of_money#Scholarship

[2] https://it.wikipedia.org/wiki/Platone

[3] https://it.wikipedia.org/wiki/Aristotele

[4] https://en.wiktionary.org/wiki/duality

[5] https://en.wikipedia.org/wiki/Talking_past_each_other

[6] https://en.wikipedia.org/wiki/Use_value

[7] Capitolo: La Value Proposition

[8] https://en.wikipedia.org/wiki/Metallism

[9] Capitolo: Fallacia del Teorema di Regressione

cartalismo[1], che ha provato a dimostrare[2] la necessità del supporto dello stato alla moneta fiat.

Si deve ricordare che ogni prestito ha una riserva del 10%, così la banca può dare in prestito fino a 8,903 volte l'ammontare di moneta a riserva, ovvero 890,30 once di sostituti monetari contro le 100 once di moneta a riserva. Se la Banca avesse una riserva dello 0% per ogni prestito, l'espansione del credito sarebbe infinita. Tuttavia, questo implica una preferenza temporale pari a zero, equivalente all'idea che il tempo non abbia valore, cosa che implica che tutto il denaro venga imprestato indefinitamente. Nel caso della Banca, lo 0% in riserva implica che non vi sia alcuna liquidità per soddisfare qualsiasi prelievo (i.e. la bancarotta immediata). Tuttavia, assumendo una preferenza temporale nulla, non potrebbe mai esservi alcun prelievo e ciò rende lo scenario non rilevante ai fini pratici. L'espansione del credito è necessariamente finita.

Torniamo ora ad analizzare lo scenario nel quale la Banca crea del credito con una riserva negativa (i.e. dal nulla), considerando questa volta una spesa. Ad esempio, su un deposito di 0 once la Banca ha intenzione di accendere un prestito di 1000 once. Al posto di basarsi sulla moneta a riserva per riuscire alla fine a finalizzare il prestito, la Banca "crea moneta" sul suo stato patrimoniale. La Banca, quindi, procede a creare i conti di credito e debito intestati al debitore che rappresentano rispettivamente la moneta presa a prestito e l'obbligo di ripagare il prestito:

Riferimenti

[1] https://en.wikipedia.org/wiki/Chartalism

[2] Capitolo: Fallacia del Loop del Debito

	Risparmi	Moneta	Credito	Debito	Attività (Asset)	Passività (Liability)
Banca			1000 oz	1000 oz	1000 oz	1000 oz
Debitore			1000 oz	1000 oz	1000 oz	1000 oz

Quando il debitore scambia 1 oncia d'oro (dal suo conto di credito) in cambio di una automobile, il suo conto viene diminuito di 1 oncia e quello del commerciante è incrementato di 1 oncia. Si noti che il Debitore ora deve alla banca 1 oncia che è stata anticipata per mezzo del prestito.

	Risparmi	Moneta	Credito	Debito	Attività (Asset)	Passività (Liability)
Banca			1000 oz	1000 oz	1000 oz	1000 oz
Debitore	-1 oz		999 oz	1000 oz	999 oz	1000 oz
Commer ciante	1 oz		1 oz		1 oz	

Tutto sembra procedere bene finché il commerciante non prova a ritirare dal suo conto. A questo punto la Banca è in default e il Commerciante non può essere pagato. Se il conto del commerciante è con un'altra banca, il pagamento fallisce quando le due banche procedono a fare il *settlement* dei conti. Con una ipotetica riserva negativa, i conti si bilanciano nel seguente modo, implicando che la Banca è in fallimento[1] (moneta negativa):

Riferimenti

[1] https://en.wikipedia.org/wiki/Bank_failure

	Risparmi	Moneta	Credito	Debito	Attività (Asset)	Passività (Liability)
Banca	-1 oz	-1 oz	1000 oz	999 oz	999 oz	999 oz
Debitore			999 oz	1000 oz	999 oz	1000 oz
Commer ciante	1 oz	1 oz	1 oz		1 oz	

La moneta deve essere realmente spostata[1] dal controllo della Banca al Commerciante o alla Banca del Commerciante, cosa che non è possibile. Un esempio più semplice di ciò che accadrebbe è l'impossibilità da parte del Debitore di prelevare[2] dal suo conto. Le Banche possono creare tutta la quantità di sostituti monetari che desiderano, ma le riserve negative rappresentano solamente una mancata promessa[3]. In questo esempio la banca ha creato 1000 once di promesse che non può mantenere.

La mancata comprensione di questi principi deriva probabilmente dalla mancata comprensione del funzionamento del processo di settlement[4]. E questo deriva probabilmente dal non riconoscere la intrinseca *dualità della moneta e del credito*, in quanto la prima deve necessariamente esistere per finalizzare i titoli implicati dal secondo. E ciò deriva probabilmente dall'abitudine di riferirsi alla moneta (e.g. l'oro) negli stessi termini con cui ci si riferisce ai sostituti monetari (e.g. crediti dell'oro).

Le voci contabili di attività e passività a compensazione sono servite solamente per tenere conto dei prestiti emessi ed in sospeso, cosa che sta alla base dello stato patrimoniale della Banca. In maniera simile, la Banca non ha creato la voci di credito e

Riferimenti

[1] https://www.brinks.com/en/public/brinks/logistics

[2] https://it.wikipedia.org/wiki/Sportello_automatico

[3] https://en.wiktionary.org/wiki/empty_promise

[4] https://www.youtube.com/watch?v=IzE038REw2k

debito a compensazione per occultare la creazione di moneta fraudolenta. La Banca ha creato queste voci per due ragioni:

- Precludere la possibilità di trasferimento fisico solo per ri-depositare il denaro nella Banca.
- Incoraggiare il rideposito nella Banca a discapito dei concorrenti (o dell'accumulo da parte del Debitore).

Quando la Banca non ha riserve sufficienti per soddisfare i prelievi, dovuti a prestiti in default o ad una corsa agli sportelli[1], ha solo due opzioni: andare in fallimento oppure chiedere un prestito. Per impedire il verificarsi della prima opzione è stato creato il sistema delle banche centrali[2] atto a fornire la seconda opzione. Questo è il significato del termine "prestatore di ultima istanza"[3]. Il Principio del Sistema Bancario di Stato[4] fornisce una dettagliata spiegazione relativa alla reale fonte dell'inflazione monetaria[5].

Ricapitolando, è stato mostrato che:

- Le banche non hanno il potere di creare moneta.
- La riserva frazionaria è intrinseca all'attività di prestito.
- La frazione a riserva è un'espressione della preferenza temporale.
- Una riserva pari a zero preclude ogni possibilità di effettuare il *settlement* dei conti.
- Non esiste alcuna distinzione tra la visione semplice e la visione pratica come teorie della creazione di moneta.

Riferimenti

[1] https://it.wikipedia.org/wiki/Panico_bancario

[2] https://it.wikipedia.org/wiki/Banca_centrale

[3] https://it.wikipedia.org/wiki/Prestatore_di_ultima_istanza

[4] Capitolo: Principio del Sistema Bancario di Stato

[5] https://en.wikipedia.org/wiki/Monetary_inflation

Fallacia della Moneta non Prestabile

L'equazione di Fisher[1] viene usata per calcolare il tasso di crescita in una moneta soggetta ad inflazione[2], in quanto si deve tenere conto dell'effetto di svalutazione sulla moneta stessa nel futuro. Questo fenomeno porta ad aggiustare il tasso di interesse nominale al fine di ottenere il tasso di interesse reale. La dimostrazione è semplificata usando i rapporti al posto dei tassi. Come mostrato nel Principio di Svalutazione[3], il tasso di svalutazione di una moneta merce è pari allo 0%, ovvero è pari ad un rapporto di crescita del 100%.

La moneta di monopolio[4] è soggetta a svalutazione a causa del signoraggio[5].

```
rapporto-di-crescita-moneta-monopolio = rapporto-di-crescita-moneta-merce /
rapporto-di-signoraggio
100% / 103% = ~97%
```

Una moneta ad offerta fissa può apprezzarsi a causa della deflazione del prezzo[6].

```
rapporto-di-crescita-moneta-offerta-fissa = rapporto-di-crescita-moneta-
merce / rapporto-di-inflazione
100% / 97% = ~103%
```

Si presume che una moneta ad offerta fissa vari il suo potere d'acquisto[7] in proporzione ai prodotti che essa rappresenta (i.e. la domanda). In altre parole, con un quantitativo

Riferimenti

[1] https://en.wikipedia.org/wiki/Fisher_equation

[2] https://en.wikipedia.org/wiki/Monetary_inflation

[3] Capitolo: Principio di Svalutazione

[4] Capitolo: Tassonomia della Moneta

[5] https://it.wikipedia.org/wiki/Signoraggio

[6] https://en.wikipedia.org/wiki/Deflation

[7] Capitolo: Principio di Inflazione

doppio di prodotti, ogni unità della moneta sarà in grado di essere scambiata per il doppio del quantitativo dei prodotti rispetto a prima.

```
potere-di-acquisto-anno-corrente = potere-di-acquisto-anno-precedente *
rapporto-di-crescita-annuale
100 * 103% = 103
```

La presunzione relativa alla deflazione del prezzo di una moneta ad offerta fissata si basa anche sull'assunzione di una crescita economica positiva. Nel caso di una contrazione economica la moneta esibisce un'inflazione del prezzo[1]. Il caso relativo alla crescita economica (aumento di ricchezza) implica che l'interesse superi la svalutazione. Sia l'interesse che la svalutazione devono essere sempre positivi per come implicato dalla preferenza temporale[2].

```
rapporto-di-interesse > rapporto-di-svalutazione > 100%
rapporto-di-interesse / rapporto-di-crescita = rapporto-di-svalutazione
rapporto-di-interesse / rapporto-di-crescita > 100%
rapporto-di-interesse > rapporto-di-crescita
```

La contrazione economica (diminuzione di ricchezza) implica un incremento del tasso di interesse, come implicato dalla teoria dell'utilità marginale[3], finché non viene ristabilita una crescita positiva. Come tale la contrazione è una condizione che porta ad una correzione automatica.

```
rapporto-di-svalutazione > rapporto-di-interesse > 100%
rapporto-di-interesse / rapporto-di-crescita = rapporto-di-svalutazione
rapporto-di-interesse / rapporto-di-crescita  > 100%
rapporto-di-interesse > rapporto-di-crescita
```

Riferimenti

[1] https://en.wikipedia.org/wiki/Inflation

[2] Capitolo: Fallacia della Preferenza Temporale

[3] https://en.wikipedia.org/wiki/Marginal_utility

Si noti che in entrambi i casi di crescita e di contrazione, l'interesse deve eccedere la crescita, in quanto l'attività di prestito è l'unica fonte della crescita. Poiché la crescita è l'unico fondamento della deflazione in una moneta deflazionaria, l'accumulo di moneta rappresenta una svalutazione monetaria (un consumo).

Esiste una teoria secondo la quale è economicamente irrazionale dare in prestito una moneta deflazionaria. **Come è stato mostrato, è razionale imprestare qualsiasi tipo di moneta, inclusa una moneta che è deflazionaria, circostanza che invalida la teoria.** Ogni comportamento differente implica l'esercizio di una scelta di natura puramente speculativa[1] che non è supportata dal fatto che la moneta sia ad offerta fissa.

Riferimenti

[1] Capitolo: Consumo Speculativo

PREZZO

Fallacia Lunare

Vi è una teoria secondo la quale l'accumulare bitcoin garantisca un profitto perpetuo (n.d.t. *to the moon!*). La teoria è basata sulle seguenti leggi economiche.

- Una moneta è meglio di due monete (Legge di Metcalfe[1]).
- La moneta migliore scaccia le altre monete (Legge di Thiers[2]).
- Con un'offerta fissa, il prezzo cresce con la domanda (Legge della Domanda e dell'Offerta[3]).
- L'incremento potenziale della domanda è illimitato (lo scambio è un fenomeno a somma positiva).

L'accumulo è un fenomeno di natura puramente speculativa, con tutti i ritorni che costituiscono un profitto o una perdita. La moneta non viene data in prestito ad una controparte in cambio di un interesse e in questo modo è sempre disponibile per uno scambio, un beneficio che va a compensare l'interesse a cui si è rinunciato.

Un corollario della teoria afferma che non è necessario alcun investimento nella produzione per ricavare un profitto da essa. L'impiego di capitale è necessario in ogni forma di produzione. I prestatori (investitori) guadagno interesse in cambio del tempo passato senza detenere il capitale nella loro disponibilità. **La produzione è la fonte dello scambio commerciale e di conseguenza tutte le attività economiche derivano dall'investimento.** Un accumulo è definito dall'assenza di consumo impiegato nella produzione. Se tutte le persone accumulassero il loro capitale non ci sarebbe nulla da scambiare e di conseguenza non ci sarebbe alcuna domanda per la moneta.

Riferimenti

[1] https://en.wikipedia.org/wiki/Metcalfe%27s_law

[2] https://en.wikipedia.org/wiki/Gresham%27s_law#Reverse_of_Gresham's_Law_(Thiers'_Law)

[3] https://it.wikipedia.org/wiki/Domanda_e_offerta

Sembra che tale teoria sia irrazionale poiché supporta l'idea che Bitcoin sia in realtà la Magica Moneta di Internet[1]. Quando una teoria porta ad una contraddizione, tale teoria è fallace. Una moneta di mercato ad offerta fissa[2] può aumentare il suo potere d'acquisto solo attraverso:

1. la crescita economica – che crea maggiore domanda di utilizzo della moneta negli scambi
2. la monetizzazione – dovuta al trasferimento di domanda da un'altra moneta

Tuttavia, la crescita economica rappresenta strettamente il risultato dell'investimento. La crescita è necessariamente[3] minore del tasso di ritorno sull'investimento (interesse), e un accumulo totale non rappresenta alcun investimento. E, naturalmente, la monetizzazione ha un limite. Infine, la teoria non riconosce la proprietà di stabilità[4] di Bitcoin. Per queste ragioni la teoria non è valida.

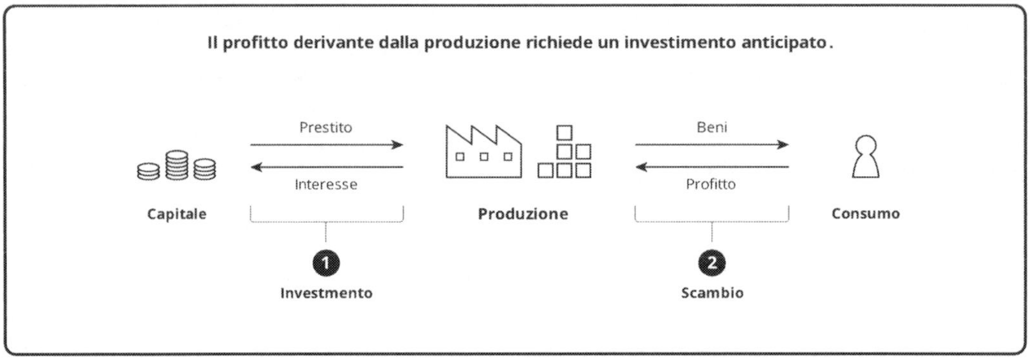

Riferimenti

[1] https://medium.com/@paulbars/magic-internet-money-how-a-reddit-ad-made-bitcoin-hit-1000-and-inspired-south-parks-art-b414ec7a5598

[2] Capitolo: Tassonomia della Moneta

[3] Capitolo: Principio di Svalutazione

[4] Capitolo: Proprietà di Stabilità

Stime di Prezzo

La capitalizzazione potenziale e di conseguenza il prezzo unitario di Bitcoin possono essere stimati in numerosi modi. Un approccio comune è quello di immaginare che Bitcoin sostituisca tutta la moneta di stato[1] o anche il prodotto lordo mondiale[2]. Altri approcci che fanno uso di modelli del prezzo passato[3] per prevedere il prezzo futuro sono economicamente irrazionali[4] e non vengono qui ulteriormente esplorati. L'ipotesi di trattare Bitcoin come la moneta di riserva[5] globale viene scartata per le ragioni discusse nella Fallacia della Valuta di Riserva[6]. Gli effetti dell'accumulo speculativo sui prezzi non vengono considerati poiché la Catallattica[7] dimostra che la speculazione non determina i prezzi[8].

Dato che Bitcoin è moneta[9] e non credito, l'approccio "della moneta" rappresenta l'assunzione di partenza più razionale. Tuttavia, senza una chiara comprensione della fondamentale distinzione tra moneta e credito questo approccio è spesso viziato nella pratica. Come mostrato nella Fallacia dell'Espansione del Credito[10], Bitcoin non può limitare l'espansione del credito. Se esso potesse (ipoteticamente) eliminare l'espansione del credito non vi sarebbe alcuna produzione di sorta ed esso non varrebbe nulla. La più ragionevole ipotesi iniziale che include l'espansione del credito è quella per cui Bitcoin viene riservato allo stesso livello delle altre monete. Il tasso di espansione del credito è

Riferimenti

[1] https://www.fool.com/investing/2017/05/25/could-the-price-of-bitcoin-go-to-1-million.aspx

[2] https://en.wikipedia.org/wiki/Gross_world_product

[3] https://medium.com/@100trillionUSD/modeling-bitcoins-value-with-scarcity-91fa0fc03e25

[4] Capitolo: Fallacia del Rapporto Stock-Flusso

[5] Capitolo: Principio di Riserva

[6] Capitolo: Fallacia della Valuta di Riserva

[7] https://en.wikipedia.org/wiki/Catallactics

[8] https://mises.org/library/man-economy-and-state-power-and-market/html/p/949

[9] Capitolo: Tassonomia della Moneta

[10] Capitolo: Fallacia dell'Espansione del Credito

guidato dalla sola preferenza temporale[1] degli individui, così questa rappresenta un'assunzione coerente con la prassi storica.

Prendiamo in considerazione 5 possibili scelte di "moneta" che Bitcoin può sostituire:

- Moneta tangibile.
- Base monetaria (M0).
- Credito bancario (M3 - M0).
- Tutto il credito (bancario, debito, capitale societario).
- Prodotto lordo totale.

Usare solamente la moneta tangibile (la "liquidità contante") è un approccio irrazionale. La moneta considerata come equivalente monetario della moneta tangibile deve essere inclusa allo stesso modo, in quanto essa fa parte della stessa offerta. Le banche centrali[2], quando richiesto, stampano e coniano moneta tangibile sulla base di "obblighi" da rispettare, e tutto il credito viene espanso su questa base monetaria. Questo concetto viene affrontato nel Principio del Sistema Bancario di Stato[3]. Utilizzare il credito è allo stesso modo un approccio irrazionale, in quanto Bitcoin non è una forma di credito. Essendo moneta esso viene utilizzato per effettuare il settlement[4] delle obbligazioni creditizie. Questo concetto è affrontato nella Fallacia del Loop del Debito[5]. Quindi, l'utilizzo di una combinazione di moneta e credito (ad esempio M1, M2 o M3[6], poiché esse includono M0) è irrazionale per lo stesso tipo di ragionamento. L'impiego del prodotto lordo globale è ingiustificabile in maniera simile, poiché esso non è né una forma di moneta né una forma di credito.

Riferimenti

[1] Capitolo: Fallacia della Preferenza Temporale

[2] https://it.wikipedia.org/wiki/Banca_centrale

[3] Capitolo: Principio del Sistema Bancario di Stato

[4] https://it.wikipedia.org/wiki/Regolamento_(finanza)

[5] Capitolo: Fallacia del Loop del Debito

[6] https://en.wikipedia.org/wiki/Money_supply#United_States

Tuttavia, ai soli fini del confronto, procediamo a stimare ciascuna delle cinque ipotesi riportate sopra. I valori di base impiegati nella seguente tabella sono in Dollari Statunitensi e presi dal capitolo della Fallacia dell'Espansione del Credito. A loro volta, questi valori sono stati incrementati sulla base di una stima della dimensione relativa[1] dell'economia mondiale rapportata alla capitalizzazione del mercato azionario. Il mercato statunitense è approssimativamente pari al 40% del mercato mondiale. Di conseguenza questi valori sono incrementati rispetto a quelli degli Stati Uniti di un fattore 1/40%. Questo approccio favorisce la semplicità sull'accuratezza in quanto l'obiettivo della discussione è quello di dimostrare un metodo razionale di stima. Il quantitativo di Bitcoin preso come ipotesi è pari a 18'952'500 di cui il 95% è stato minato (~ 10 anni nel futuro) e il 5% è stato perso (e.g. le chiavi private perdute di Satoshi).

Le valutazioni sono basate sul 2019 sebbene l'inflazione di Bitcoin sia quella al 2029. Ciò implica che, basandosi sull'assunzione di crescita economica e di inflazione monetaria[2] del Dollaro Statunitense, i valori dovrebbero essere più elevati. L'ultima ipotesi può essere eliminata considerando una proiezione costante del valore del dollaro del 2019. Assumendo un tasso reale annuo di crescita economica[3] del 2% composto su 10 anni, i valori al 2029 vengono incrementati del ~22%.

Riferimenti

[1] https://seekingalpha.com/article/4202768-u-s-of-world-stock-market-cap-tops-40-again

[2] https://en.wikipedia.org/wiki/Monetary_inflation

[3] https://en.wikipedia.org/wiki/Economic_growth

Sostituto	Dimensione (2019)	USD/BTC (2029)
Moneta tangibile	4'347'460'000'000 $	279'852 $
Base monetaria	8'187'102'500'000 $	527'016 $
Credito bancario	36'018'735'000'000 $	2'318'578 $
Tutto il credito	236'812'492'891'206 $	15'243'965 $
Prodotto lordo	80'270'000'000'000 $	5'167'097 $

La stima di prezzo per la sostituzione della base monetaria globale è pari a 527'016 $ per bitcoin. La determinazione del valore attuale netto[1] richiede una stima del costo del capitale. Usando un valore conservativo del tasso di interesse pari al 7.2% è implicato[2] un costo opportunità[3] della speculazione del 100% (n.d.t. raddoppio) in circa 10 anni di tempo, che equivarrebbe ad un valore attuale di circa 263'508 $ per bitcoin.

Consideriamo ora la prima assunzione, relativa alla sostituzione di tutta la moneta. Bitcoin non offre protezione[4] contro il divieto del suo uso negli scambi da parte dello stato. Assumendo che lo stato mantenga i suoi poteri di signoraggio[5] e censura possiamo procedere moltiplicando il valore della prima assunzione per la frazione del mercato nero globale, che è stimata[6] essere dell'ordine del ~28% del mercato globale. La stima riguardante la base monetaria include *tutte* le attività del mercato denominate nella moneta (la stima del credito non le include tutte). Con una sostituzione del 100% di tutti gli scambi del mercato nero il prezzo è pari a 73'782 $ per bitcoin.

Riferimenti

[1] https://en.wikipedia.org/wiki/Net_present_value

[2] https://it.wikipedia.org/wiki/Regola_del_72

[3] https://en.m.wikipedia.org/wiki/Opportunity_cost

[4] Capitolo: Principio dell'Assenza di Permesso

[5] https://it.wikipedia.org/wiki/Signoraggio

[6] https://voxeu.org/index.php?q=node/7964

Tuttavia, anche ipotizzando che tutte le monete di stato vengano esclusivamente usate nel mercato legale, non è possibile assumere che l'attività del mercato nero sia denominata al 100% in Bitcoin. Non vi è una base chiara per stimare questa proporzione, **ma il prezzo di mercato del 2019 pari a circa ~10'000 $ implica una proiezione di adozione nel mercato nero al 2029 pari al ~7.4%.**

Questa stima non considera la proprietà di stabilità[1] di Bitcoin. Inoltre, prima che l'adozione futura attualmente prevista possa essere raggiunta, è possibile che venga imposto negli scambi l'utilizzo dei sostituti monetari[2].

Riferimenti

[1] Capitolo: Proprietà di Stabilità

[2] Capitolo: Principio di Sostituzione

Fallacia della Scarsità

Come concetto *assoluto*, la scarsità[1] economica di una risorsa implica solo che essa non sia disponibile con offerta illimitata. Inoltre, se nessuna persona fa domanda di una risorsa, benché scarsa, tale risorsa non ha valore. Una risorsa scarsa, in presenza di domanda, è una proprietà. Non è implicato alcun grado di difficoltà nel produrre la risorsa.

Ci si può riferire alla scarsità come alla *relativa* disponibilità di una certa proprietà. Per una certa offerta, un aumento di domanda implica una diminuzione di disponibilità (aumentando la scarsità). Tuttavia, un incremento di domanda tende ad incrementare la produzione, e quindi la disponibilità. In maniera simile, per una certa domanda, un incremento di offerta implica un aumento di disponibilità (diminuendo la scarsità). Tuttavia, un aumento di offerta tende a diminuire la produzione, e quindi ciò porta a diminuire la disponibilità. Queste retroazioni negative stabilizzano la disponibilità e in maniera corrispondente il prezzo.

Un solo tipo di moneta possiede un'offerta fissa[2]. Esiste una teoria secondo la quale l'offerta fissa di Bitcoin sia la fonte del suo valore. Così come per Bitcoin, vi è un'offerta fissa della Gioconda[3], ne esiste una sola. La teoria implica che l'unicità del famoso dipinto sia la fonte del suo valore. Tuttavia, vi è una innumerevole quantità di opere uniche per le quali non vi è alcuna domanda e quindi nessun valore. **Bitcoin non può aumentare di valore solo per la sua scarsità assoluta.** Al contrario, esso diventa necessariamente più scarso all'aumentare del suo valore. La diffusione non rappresenta una proprietà monetaria importante eccetto che per quanto riguarda la portabilità e la divisibilità.

Riferimenti

[1] https://en.wikipedia.org/wiki/Scarcity

[2] Capitolo: Principio di Inflazione

[3] https://it.wikipedia.org/wiki/Gioconda

Un risvolto della teoria è che l'offerta fissa di Bitcoin sia la fonte della sua utilità in quanto ciò garantisce che la sua disponibilità non venga aumentata. Tuttavia, ciò richiede che la sua domanda non diminuisca. Bitcoin è unico nel dominio delle proprietà in quanto il costo per trasferirlo aumenta intrinsecamente con l'aumento di domanda nell'effettuare questa operazione. Ciò porta effettivamente a creare la stessa retroazione negativa di domanda[1] che si osserva nei beni senza offerta fissa.

A differenza della Gioconda, esso è soggetto ad una effettiva capacità di essere sostituito[2]. Poiché la mancata diminuzione della domanda non può essere data per certa, la teoria è invalida. Come spesso accade nelle fallacie economiche, l'errore deriva, in parte, dal considerare solo una parte della relazione di domanda-offerta.

Un'altra causa dell'errore va ricercata nell'errata interpretazione del comportamento delle monete merce (monete *commodity*). A causa della sua bassa diffusione sulla superficie della terra, l'oro ha conservato la sua portabilità[3] nel corso della storia rispetto a materiali più diffusi come il ferro e il sale. Tuttavia, la portabilità della moneta elettronica[4] è indipendente dal numero di unità esistenti. Mettendo da parte la questione della sufficiente divisibilità, il numero totale di unità di Bitcoin è completamente arbitrario e quindi indipendente dalla sua utilità.

Un'altra causa dell'errore sta nell'errata interpretazione del comportamento delle monete di stato. Per mezzo delle leggi anti-contraffazione[5] lo stato controlla l'offerta della sua moneta limitando la competizione. Può quindi riscuotere una tassa di inflazione[6] espandendo l'offerta senza consumare la stessa quantità di capitale nella

Riferimenti

[1] Capitolo: Proprietà di Stabilità

[2] Capitolo: Principio di Sostituzione

[3] https://en.m.wikipedia.org/wiki/Money#Properties

[4] Capitolo: Tassonomia della Moneta

[5] https://en.wikipedia.org/wiki/Counterfeit_money

[6] https://it.wikipedia.org/wiki/Signoraggio

produzione, incrementando quindi il rapporto tra moneta e capitale. Senza limitare la competizione l'offerta si espanderebbe attraverso le forze di mercato, in risposta alla domanda, eliminando la tassa. In altre parole, la moneta si comporterebbe come una commodity diffusa con scarsa portabilità (almeno fino a quando non viene ri-denominata dallo stato). La scarsa portabilità è spesso una conseguenza reale dell'iperinflazione.

La scarsità è una funzione sia dell'offerta che della domanda e di conseguenza non può essere una caratteristica intrinseca di una moneta, anche nel caso essa sia dotata di offerta fissa. Sia la moneta merce che Bitcoin eliminano la tassa di inflazione, tuttavia la moneta merce è soggetta alla retroazione negativa data dall'inflazione monetaria (n.d.t. aumento dell'offerta dovuto a produzione/estrazione e.g. dell'oro) mentre Bitcoin è soggetto alla retroazione negativa data dall'incremento delle commissioni.

Proprietà di Stabilità

Il valore è soggettivo[1] e di conseguenza la costanza dei prezzi rappresenta una finzione economica. I prezzi di scambio di una monta sono determinati dalla sua domanda e offerta[2] che, a sua volta, dipende dalla curva di domanda di tutte le persone per tutti i prodotti. La stabilità di una moneta non è la tendenza verso un prezzo costante di tutti gli altri beni ma è una relazione di smorzamento[3] tra la domanda di moneta e la sua offerta.

È possibile classificare le monete in tre categorie di offerta:

- Offerta di mercato (moneta merce[4] e Bitcoin delle prime fasi)
- Offerta di monopolio (monopolio[5])
- Offerta fissa (bitcoin[6] dell'ultima fase)

In ogni moneta, la distruzione di unità diminuisce l'offerta e di conseguenza incrementa il valore delle unità rimanenti. Assumendo che non vi sia incentivo economico nella distruzione di unità, ciò non impatta la stabilità.

L'offerta di una moneta di mercato aumenta grazie all'incentivo finanziario di produrne in quantità maggiore[7] quando ci si attende che il suo prezzo sia pari o superiore al prezzo di produzione (inclusivo del costo del capitale). Come mostrato nel Principio di Inflazione[8], la relazione tra domanda e offerta (il prezzo) è stabile nonostante l'offerta

Riferimenti

[1] https://en.wikipedia.org/wiki/Subjective_theory_of_value
[2] https://it.wikipedia.org/wiki/Domanda_e_offerta
[3] https://en.wikipedia.org/wiki/Damping_ratio
[4] https://en.wikipedia.org/wiki/Commodity_money
[5] Capitolo: Tassonomia della Moneta
[6] https://it.wikipedia.org/wiki/Bitcoin
[7] https://en.wikipedia.org/wiki/Gold_mining
[8] Capitolo: Principio di Inflazione

non sia fissa. La competizione garantisce che la produzione di moneta di mercato è controllata dalla domanda. La retroazione data dalla diminuzione di domanda dovuta all'aumento di offerta riduce l'incentivo a produrre, garantendo quindi stabilità.

Come moneta di mercato, l'incremento di offerta di Bitcoin nelle prime fasi non ha effetto sul prezzo. Tuttavia, poiché il suo tasso di emissione è fisso, la sua stabilità è basata sui cambiamenti della domanda. A differenza della moneta merce, il costo di produzione di Bitcoin cresce e diminuisce in funzione della domanda per esso. Poiché il prezzo rappresenta la relazione tra domanda e offerta, ciò ha lo stesso effetto. Lo scopo dell'inflazione monetaria di Bitcoin è quello di distribuire razionalmente le unità, e alla fine questa fase giunge al termine.

L'offerta di una moneta di monopolio viene incrementata arbitrariamente (o tassata sotto forma di demurrage[1]) dal sovrano[2] in ragione della ricompensa finanziaria derivante dal signoraggio[3].

Quando questa inflazione monetaria diventa prevedibile essa può essere capitalizzata, andando a scontare il ritorno sul signoraggio. Per questa ragione i cambiamenti nell'offerta non vengono spesso pubblicati[4]. A causa della protezione di monopolio[5] di stato (i.e. la produzione non autorizzata rappresenta il crimine di contraffazione), la competizione non può effettivamente limitare i rendimenti. Il profitto (la tassa) del sovrano è la ricompensa del signoraggio ed è la ragion d'essere della moneta di monopolio[6]. La protezione di monopolio è la sola distinzione economica tra la moneta

Riferimenti

[1] https://it.wikipedia.org/wiki/Demurrage_(moneta)

[2] https://it.wikipedia.org/wiki/Sovranit%C3%A0

[3] https://it.wikipedia.org/wiki/Signoraggio

[4] https://www.reuters.com/article/us-venezuela-economy/crisis-hit-venezuela-halts-publication-of-another-major-indicator-idUSKBN16S1YF

[5] https://it.wikipedia.org/wiki/Monopolio_di_Stato

[6] Capitolo: Principio di Riserva

merce e la moneta di monopolio. L'incremento di offerta causato dal signoraggio è mitigato solamente dall'instabilità politica dovuta alle persone che resistono alla conseguente diminuzione del valore. Questa tensione si manifesta inizialmente attraverso la fuga di capitali[1] che viene contrastata con il controllo del cambio estero[2].

Come moneta ad offerta fissa, Bitcoin dell'ultima fase rimane stabile. Poiché le commissioni crescono necessariamente con la domanda, la soglia di utilità[3] va ad eliminare la domanda di transazioni aventi valore al di sotto di tale soglia. Più in generale, il livello delle commissioni cresce al punto in cui i sostituti monetari[4] sono più economici per un dato valore della transazione. **Quindi la stabilità deriva dal limitare direttamente la domanda al posto di affidarsi ad un incremento di offerta per ottenerla.** La stabilità implica che il prezzo venga limitato, ma esso può salire all'aumentare dell'effettiva capacità di sostenere più transazioni[5] da parte della moneta, e con un incremento di utilità rispetto ai sostituti.

Riferimenti

[1] https://it.wikipedia.org/wiki/Fuga_di_capitali

[2] https://en.wikipedia.org/wiki/Foreign_exchange_controls

[3] Capitolo: Proprietà della Soglia di Utilità

[4] Capitolo: Principio di Sostituzione

[5] Capitolo: Principio di Scalabilità

Fallacia del Rapporto Stock-Flusso

Storicamente, il rapporto stock-flusso[1] descrive la relazione tra capitale ed entrate, permettendo la stima di un determinato capitale futuro a partire da un livello atteso di entrate. In un momento successivo questo concetto basilare è stato applicato all'offerta di moneta in generale.

Il rapporto stock-flusso rappresenta una misura di tempo. Con un rapporto più levato, lo stock crescerà più lentamente. Esiste una teoria secondo la quale una moneta con rapporto stock-flusso intrinsecamente più elevato sarà proporzionalmente soggetta ad un minor effetto di inflazione monetaria[2] rispetto ad una moneta avente un rapporto più basso. La teoria afferma che un rapporto più alto implica una moneta "più forte" ovvero definita come più resistente agli effetti dell'inflazione monetaria.

La teoria non considera correttamente la fonte dei flussi. Essa assume necessariamente che il tasso di produzione rappresenti semplicemente una proprietà di una sostanza. Ma la produzione di qualsiasi cosa ha luogo quando il suo prezzo anticipato rende la produzione profittevole. Un profitto potenzialmente più elevato si traduce in maggiore competizione, accelerando l'incremento dell'offerta. Un maggior numero di persone che scava alla ricerca dell'oro ne aumenta il flusso.

In altre parole, il flusso è una funzione della domanda. Una perdita che viene anticipata non dà luogo ad alcuna produzione di sorta. La mancanza di qualsiasi flusso non è *intrinseca della sostanza* ma è una conseguenza della *mancanza di domanda*. Poiché sia l'offerta che la domanda determinano il flusso, la teoria è invalida. Questo errore,

Riferimenti

[1] https://it.wikipedia.org/wiki/Stock_e_flussi

[2] https://en.wikipedia.org/wiki/Monetary_inflation

compreso da lungo tempo[1], non rappresenta una proprietà del basilare concetto del rapporto stock-flusso, ma una sua errata applicazione.

La presenza delle leggi anti-contraffazione fa in modo che la competizione alla produzione di moneta di stato venga limitata, permettendo il controllo dell'offerta da parte dello stato, indipendentemente dalle forze di mercato. Come per altre monete, domanda e offerta sono generalmente imprevedibili. Uno stato può "agganciare" la sua emissione di banconote[2] ad un'altra moneta come ad esempio all'oro. Questa relazione può rimanere valida anche per diversi decenni. In questo caso il rapporto stock-flusso indicherebbe in maniera non corretta una "robustezza" confrontabile con quella dell'oro.

Poiché il rapporto stock-flusso di una moneta rappresenta il tasso di inflazione invertito della stessa, la sua relazione con l'inflazione monetaria è tautologica. La relazione, infatti, non implica alcunché sull'inflazione monetaria futura. Essa può essere usata per analizzare relazioni storiche e calcolare un futuro stock basato su un flusso futuro *assunto*, ma non può essere usata per *predire* l'inflazione monetaria futura. Ogni dichiarazione relativa al fatto che un tipo di speculazione sarà più profittevole di un altro basato sull'andamento storico del rapporto stock-flusso rappresenta un errore.

Riferimenti

[1] https://mises.org/library/theory-money-and-credit/html/ppp/1234

[2] Capitolo: Principio di Riserva

SCALABILITÀ

Fallacia della Verificabilità

La solvibilità di un custode di Bitcoin non può essere verificata. Un custode è una persona che ha discrezione sia sulla restituzione di un asset che sull'emissione di un titolo che lo rappresenti. Se entrambe le operazioni di restituzione dell'asset e di emissione del titolo rappresentativo ad esso associato sono controllate da regole di consenso allora la relazione intrattenuta, in realtà, non è una relazione di custodia. Questa è la distinzione che si configura tra una riserva[1] ed un layer. Un *layer* soggiace all'applicazione del protocollo (non ad una custodia) e di conseguenza non necessita di verifica.

La verifica della solvibilità richiede la prova di esistenza contemporanea (atomica) sia dell'intero quantitativo dell'asset detenuto dal custode sia dei titoli emessi a sua rappresentazione. In caso di una riserva nazionale di Bitcoin questo richiederebbe la prova completa di tutto il rappresentativo fiat (e.g. il titolo) emesso a valere sulla riserva, sia la prova del quantitativo di Bitcoin detenuto in riserva. Anche qualora il titolo rappresentativo venga emesso su una catena distinta di tipo pubblico il requisito di atomicità non risulta soddisfatto.

In alcuni casi potrebbe risultare sufficiente rinunciare al requisito di atomicità, accettando la non correttezza del sistema sotto l'ipotesi che deviazioni materiali dal suo funzionamento regolare verrebbero alla fine scoperte. Tuttavia, nel caso del sistema bancario di stato[2] non è sufficiente rivelare una deviazione. Storicamente non è stato difficile scoprire queste deviazioni. La difficoltà risiede nel fermarle.

Riferimenti

[1] Capitolo: Principio di Riserva

[2] Capitolo: Fallacia della Valuta di Riserva

Principio di Scalabilità

La scalabilità[1] è l'incremento proporzionale di alcune prestazioni di un sistema quando viene impiegato più hardware. Il *throughput* (n.d.t. capacità di processamento nell'unità di tempo) delle transazioni bitcoin è perfettamente non scalabile in quanto nessun quantitativo di hardware aggiuntivo può incrementarlo.

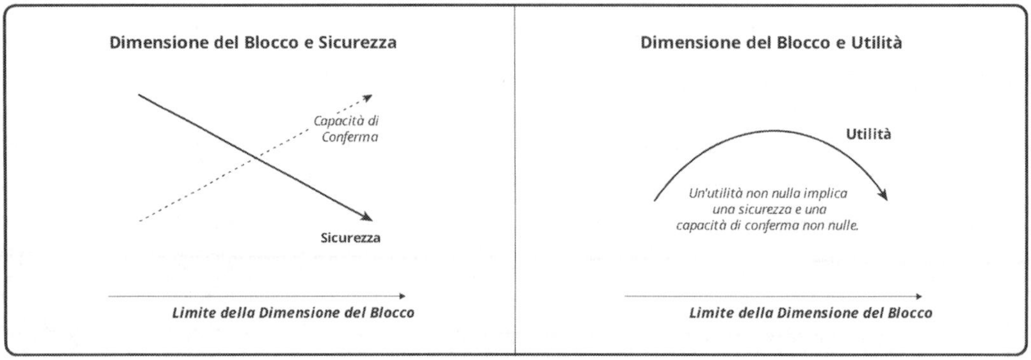

La regola di consenso relativa al limite della dimensione del blocco stabilisce un compromesso arbitrario tra l'utilità e la sicurezza del sistema. Un aumento della dimensione del blocco incrementa marginalmente il *throughput* delle transazioni e di conseguenza incrementa il costo delle risorse nella validazione delle stesse (i.e. elaborazione, storage, e banda). All'aumentare del costo di validazione, la sicurezza economica è influenzata negativamente da un più elevato rischio di centralizzazione[2]. Poiché il compromesso è arbitrario per natura, non può esistere una dimensione ideale.

Riferimenti

[1] https://it.wikipedia.org/wiki/Scalabilit%C3%A0

[2] Capitolo: Rischio di Centralizzazione

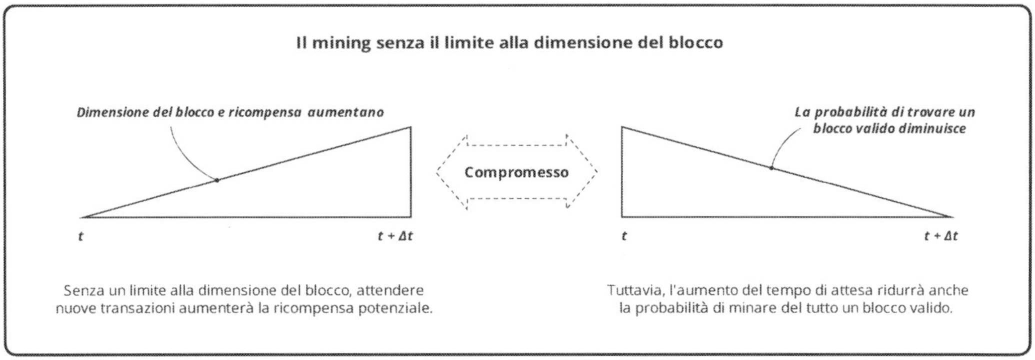

Per ogni dimensione del blocco adottata, il sistema non è scalabile poiché risulta necessario attendere la finalizzazione delle transazioni attraverso la conferma. Poiché solo un numero finito di transazioni può essere selezionato per l'inclusione in un blocco, altre transazioni potrebbero risultare escluse. A livello finanziario questa esclusione è motivata dal costo opportunità[1] di non utilizzare il capitale impiegato nel mining e rappresenta la manifestazione della non-scalabilità. Questa scarsità intrinseca necessita di un mercato competitivo delle conferme che viene finanziato in proporzione alla domanda di moneta[2].

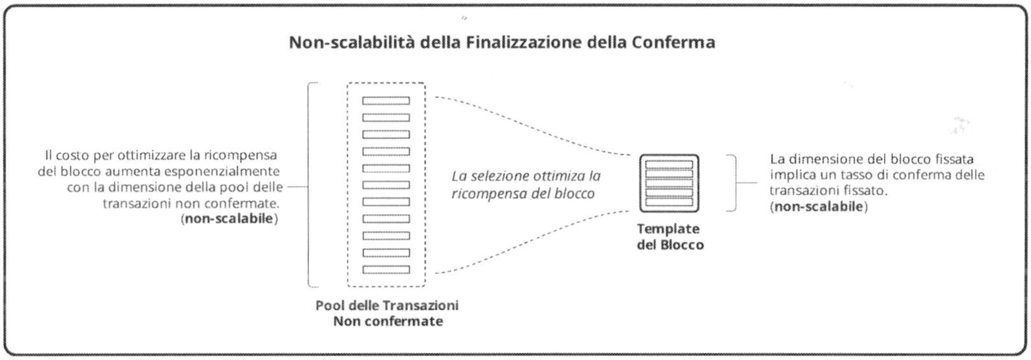

Riferimenti

[1] https://it.wikipedia.org/wiki/Costo_opportunit%C3%A0

[2] Capitolo: Tassonomia della Moneta

L'effettiva capacità di supportare transazioni aggiuntive, e di conseguenza l'utilità, può essere incrementata dal layering. Questo rappresenta un compromesso di sicurezza di tipo *locale* e *limitato nel tempo* che si differenzia dal compromesso di sicurezza di tipo *sistemico* e *persistente* che caratterizza l'aumento della dimensione del blocco.

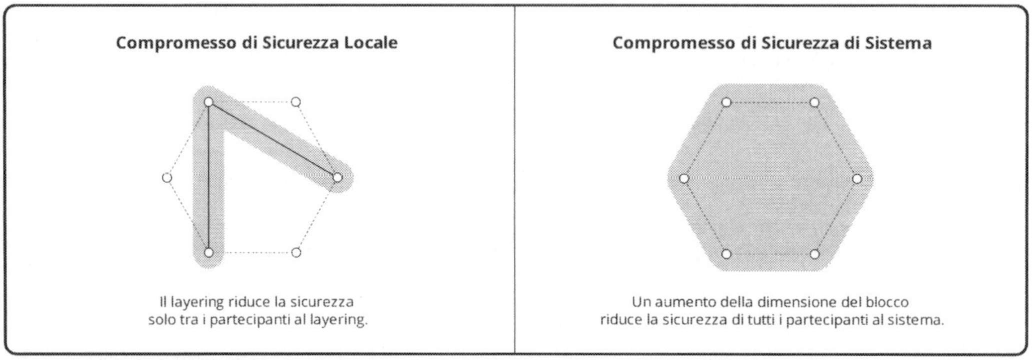

Entrambi i compromessi abbassano ma non eliminano la soglia di utilità[1], cosa che implica la conservazione della proprietà di stabilità[2].

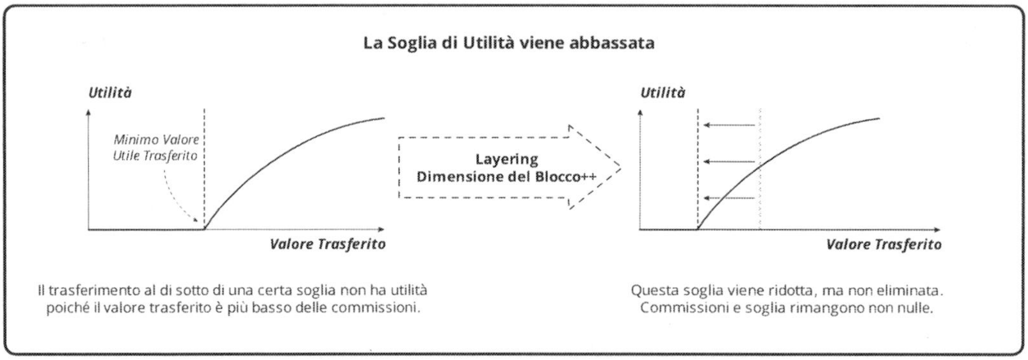

Riferimenti

[1] Capitolo: Proprietà della Soglia di Utilità

[2] Capitolo: Proprietà di Stabilità

Di conseguenza la stabilità e la non-scalabilità esistono per ogni dimensione del blocco e per ogni livello di layering.

Principio di Sostituzione

Un bene sostituto[1] è un bene che può essere utilizzato al posto di un altro. Quando il prezzo di un prodotto cresce, ad un certo punto le persone si muovono verso dei beni sostituti o cessano del tutto l'uso del primo bene.

Nonostante un bene sostituto avente lo stesso prezzo del prodotto originale possa essere meno desiderabile, il suo prezzo più basso compensa questa preferenza. In questo modo la presenza dei beni sostituti riduce la domanda del bene originale. I sostituti competono con l'originale allo stesso modo di un incremento di offerta di quest'ultimo.

Data una moneta con una offerta fissa, viene comunemente assunto che nessun incremento dal lato dell'offerta possa ridurre la pressione all'incremento del prezzo. Tuttavia, come mostrato nella Proprietà di Stabilità[2], Bitcoin incorpora delle commissioni di transazione che aumentano necessariamente con l'uso. Questa caratteristica, unica nel suo genere, crea una pressione alla riduzione del prezzo attraverso una riduzione della domanda. **L'aumento di costo rende i beni sostituti un'opzione percorribile, creando una pressione alla diminuzione del prezzo attraverso un aumento effettivo dell'offerta.**

Non vi è nulla che possa impedire tale evoluzione in molte monete simili. È possibile che esse esibiscano proprietà monetarie praticamente indistinguibili, minimizzando il *trade-off* della loro sostituzione. Come mostrato nel Principio di Consolidamento[3], vi è sempre una pressione verso una singola moneta in quanto essa elimina i costi di scambio. Tuttavia, questa pressione contrasta con i costi crescenti e, ad un certo livello d'uso, essa deve lasciare il posto alla sostituzione (o all'abbandono).

Riferimenti

[1] https://it.wikipedia.org/wiki/Bene_succedaneo

[2] Capitolo: Proprietà di Stabilità

[3] Capitolo: Principio di Consolidamento

Vi è una teoria secondo la quale, poiché la creazione di una nuova moneta non costa nulla, il principio di sostituzione implichi che Bitcoin debba diventare senza valore a causa della sua illimitata offerta gratuita. Questa teoria ignora il fatto che Bitcoin richiede che le persone paghino per utilizzarlo. Questo è valido per una seconda moneta così come lo è per la prima.

E inoltre, l'aumento di offerta mitiga la domanda. Ad un certo punto la domanda non è sufficiente per produrre/garantire un ulteriore quantitativo di offerta e per questa ragione la teoria è invalida. Questa è la stessa relazione che vale per le monete merce (monete *commodity*) e, di fatto, per ogni prodotto.

Proprietà della Soglia di Utilità

L'utilità viene espressa come la preferenza di una moneta rispetto ai sostituti, per trasferimenti di valore confrontabile. Un'utilità più elevata implica un livello di commissioni più elevato, sotto l'ipotesi che vi sia un più elevato volume di transazioni. La competizione per la conferma porta ad aumentare le commissioni. Poiché nel corso del tempo si assiste a delle differenze nel mercato del prezzo delle commissioni (*fee*), un individuo può offrire una commissione non competitiva nell'aspettativa di attendere un tempo più lungo per ottenere la conferma della sua transazione. Altri individui non transeranno sulla catena affidandosi invece ai sostituti.

La più elevata utilità, quindi, implica l'aumento del valore medio transato in quanto le commissioni crescenti porterebbero il costo del trasferimento ad eccedere il valore trasferito. Una maggiore profondità (n.d.t. delle transazioni "sepolte" dentro la catena) implica una maggiore sicurezza della conferma. Di conseguenza è possibile scambiare del tempo in cambio di una *maggiore* sicurezza contro la doppia spesa. Tuttavia, al fine di ottenere una più *bassa* sicurezza, il tempo non può essere ridotto al di sotto del periodo di un blocco. I più bassi livelli di sicurezza sono rispettivamente: nessuna sicurezza (come transazione non confermata) e sicurezza minima (una conferma). Non può essere effettuato nessuno scambio tra questi due livelli.

Commissioni più elevate implicano un hash rate più elevato, cosa che mitiga la necessita di aumentare la profondità di conferma per valori di trasferimento più elevati. **Poiché non vi è modo di ridurre la sicurezza per valori di trasferimento più piccoli, il più piccolo valore utile di trasferimento cresce assieme all'utilità.** Il mancato supporto ai trasferimenti in un certo intervallo di valori implica che i sostituti sono meno cari in quell'intervallo. Questo implica la possibilità che coesistano differenti monete al fine di servire distinti intervalli di valore. Tuttavia, tutti i tipi di Bitcoin[1] possiedono intrinsecamente questa proprietà.

Differenze nelle regole in termini di periodo o dimensione del blocco non cambiano questa relazione. L'effetto di queste variazioni tra monete è strettamente proporzionale. Anche un sistema con blocchi di dimensione illimitata deve produrre dei livelli di commissione che portano fuori mercato i trasferimenti di basso valore.

Riferimenti

[1] Capitolo: Etichette di Bitcoin

APPENDICE

Glossario

Accumulare

Possedere per un uso futuro.

Aggiustamento

Cambiamento della Difficoltà.

Aggregazione

La tendenza alla ridotta partecipazione nel Mining o nella Validazione.

Altezza (Height)

Il numero di Blocchi precedenti contenuti in un Ramo.

Annuncio

La prima Comunicazione di un Blocco ad un'altra Persona.

Applicazione delle Regole (Enforcement)

L'atto di rigettare dati Invalidi.

Attacco

Utilizzo di Hash Power al fine di realizzare una Doppia Spesa.

Attivazione

L'iniziare ad Applicare una nuova Regola.

Bitcoin

L'insieme dei principi che proteggono una Moneta dallo Stato. Il termine ed i principi sono stati definiti da Satoshi in "Bitcoin: A Peer-to-Peer Electronic Cash System".

Blocco

Insieme Valido di Transazioni dotate di Timestamp e Prova.

Blocco Genesi

Il primo Blocco di tutti i Rami di una Moneta.

Block Pool

L'insieme dei Blocchi Deboli. Pool dei Blocchi Orfani è un nome fuorviante di questo termine.

Candidato

Un Blocco potenziale con una Prova non definita.

Capitalizzazione

Il Prodotto del Prezzo per l'Offerta.

Catena

Il Ramo avente la maggior Prova cumulata.

Censura

Conferma soggettiva.

Centralizzazione

La tendenza verso l'esistenza di pochi Commercianti. I Commercianti controllano direttamente la validazione. Si può riferire anche al Raggruppamento.

Centro di Mining (Mine)

Uno Strumento che compie Lavoro.

Client-Server

Un Protocollo asimmetrico.

Coercizione

Ricorso all'aggressione al fine di indurre una Attivazione.

Coinbase

Una Transazione che Trasferisce una Ricompensa.

Commerciante

Una Persona che accetta Unità in uno Scambio. Utente è un sinonimo comune di questo termine.

Commissione di Transazione (Fee)

Un Trasferimento implicito ad un Miner.

Comunicazione

Trasmissione di dati tra due Macchine.

Conferma

Inclusione di una Transazione in un Blocco.

Consenso

Un accordo tra Persone. Indica anche l'insieme di persone che partecipano ad un accordo.

Contratto

Uno Script che esprime le condizioni di Trasferimento. Public Key Script è una formulazione anacronistica per questo termine.

Cooptazione (Co-option)

Ricorso all'aggressione al fine di controllare dell'Hash Power.

Correlazione

L'abilità di Tracciare usando metodi statistici di analisi della Catena (*chain analysis*).

Custode (Custodian)

Una Persona che controlla la proprietà di un'altra.

Dare in Prestito - Investire

Scambiare tempo privandosi di Unità per acquisire una proprietà di maggiore Utilità. Investire è un sinonimo di questo termine.

Decentralizzazione

La tendenza che si oppone alla Centralizzazione.

Delegazione

La tendenza verso l'esistenza di pochi Proprietari. I Proprietari controllano direttamente la Spesa.

Denial of Service (DoS)

Utilizzare la Comunicazione per sfruttare difetti nel Protocollo o nell'Implementazione che portano a degradare le prestazioni. DoS è un acronimo di questo termine.

Developer - Sviluppatore

Una Persona che crea una Implementazione.

Difficoltà

Il livello di Prova richiesto per la Validità.

Disaccoppiamento (Decouple)

Un Centro di Mining che condivide la Ricompensa con un altro al fine di ridurre la Varianza.

Dispositivo di Mining (Grind)

Uno Strumento che compie operazioni di Hashing.

Distorsione

Aggressione al Mercato che altera il costo del Mining.

Doppia Spesa

L'Endorsement dello stesso Output in due Spese distinte.

Dust

Un numero insufficiente di Unità necessarie per effettuare un Trasferimento attraverso un Output. Le Regole di Consenso di BTC proibiscono il trasferimento di meno di un'unità.

Economia

L'insieme di tutti i Commercianti.

Endorsement

Uno Script che soddisfa un Contratto. *Signature Script* (*ScriptSig*) è una formulazione anacronistica per questo termine.

Fork

Una divergenza nelle Regole di Consenso.

Halving - Dimezzamento

Riduzione (pari alla metà) della quantità di Sussidio.

Hard Fork

Un Fork che implica una Separazione. Porta ad un'espansione dell'insieme dei Blocchi potenzialmente Validi.

Hash

Una singola computazione svolta per Provare la Validità di un blocco Candidato.

Hash Power

Una frazione dell'Hash Rate di tutti i Centri di Mining.

Hash Power Apparente

Una frazione di Blocchi in un Segmento di Catena. Le stime pubbliche dell'Hash Power di un Miner sono basate su questa definizione.

Hash Rate

La quantità di Hash calcolati nell'unità di tempo.

Identità

I modi di associare una Comunicazione ad una Persona.

Implementazione

Uno specifico insieme di Strumenti.

Inflazione

L'aumento di Offerta dovuta al Sussidio. Il termine si riferisce all'inflazione monetaria, che non va confusa con l'Inflazione del Prezzo.

Inflazione del Prezzo

Aumento del Prezzo nel tempo.

Input

Un Output Point collegato ad un Endorsement.

Interesse

Il tasso relativo all'aumento di Utilità nel Dare in prestito.

Latenza

Il ritardo intrinseco nella Comunicazione.

Lavoro (Work)

Il processo di produzione di un Blocco.

Layering

Effettuare degli scambi utilizzando una sequenza di Transazioni Non Confermate che possono essere Finalizzate da ambo le controparti.

Limite (Cap)

Il limite posto all'Offerta nel tempo.

Locktime

Un'espressione relativa alla più recente Validità di una Transazione.

Macchina

Un esecutore di istruzioni.

Maggioranza dell'Hash Power

Un sottoinsieme di Miner dotato di sufficiente Hash Power tale da compiere un Attacco sostenuto nel tempo. Il 51% è una comune approssimazione di sufficiente hash power per portare a compimento l'attacco.

Maturità

La Profondità alla quale un Output della Coinbase diventa Trasferibile.

Mercato

Lo Scambio di certa proprietà.

Miner

Una Persona che opera un Centro di Mining.

Moneta

Un Consenso che riguarda un mezzo di Scambio mutuamente accettato. BTC è una Moneta.

Nodo

Uno Strumento che esegue l'operazione di Validazione.

Non Confermata

Una Transazione che non è inclusa in alcun Blocco della Catena.

Offerta

L'insieme di tutte le Unità emesse.

Onesto

Un Miner che costruisce sui Blocchi di altri.

Operatore di Dispositivo di Mining (Grinder)

Una Persona che opera un Dispositivo di Mining.

Operazione

Dichiarazione atomica (univoca) di intenti.

Organizzazione

Un Annuncio relativo all'aggiunta di un Blocco alla Catena.

Ottimizzazione

Uno Strumento che riduce il costo del Mining.

Output

Un Trasferimento esplicito collegato ad un Contratto.

Output precedente

L'Output al quale si riferisce un Input.

Partizionamento

La tendenza verso Partizioni persistenti.

Partizione

L'impossibilità di certi Nodi di Comunicare.

Peer-to-Peer

Un Protocollo simmetrico.

Perdita

Fallimento nel percepire il tasso di Interesse di Mercato in un Investimento.

Periodo

Il Tempo medio trascorso tra due Organizzazioni.

Persona

Un decisore.

Point

Riferimento ad un Output o ad un Input.

Politico

Che concerne le azioni degli Stati.

Potere

Il livello relativo di controllo di una Persona su una Catena o una Moneta.

Potere Economico

Una frazione di tutte le proprietà offerte in Scambio.

Prendere in Prestito

Scambiare tempo per Unità che garantiscono al Prestatore maggiore Utilità.

Prezzo

Una media o un'istantanea del valore di Scambio.

Profitto

Un ritorno sull'investimento al di sopra del tasso di Interesse di Mercato.

Profondità (Depth)

Il numero di Blocchi più uno dopo una Conferma.

Proof-of-Memory - Prova di Memorizzazione

Prova probabilistica relativa ad un quantitativo di memoria computazionale utilizzabile (PoM).

Proof-of-Stake

Prova crittografica del possesso di un quantitativo di Proprietà (PoS).

Proof-of-Work - Prova di Lavoro

Prova probabilistica di un quantitativo di Lavoro svolto (PoW).

Propagatore (Relay)

Uno Strumento che propaga nuovi Blocchi.

Proprietario

Una Persona che ha il controllo di certe Unità. Detentore è un sinonimo comune di questo termine.

Protocollo

Un insieme di convenzioni adottate nella Comunicazione.

Prova

Una dimostrazione Valida.

Raggruppamento (Pooling)

La tendenza verso l'esistenza di pochi Miner, che include il consolidamento per mezzo dei Propagatori.

Ramo (Branch)

Una sequenza Valida di Blocchi.

Ramo Debole (Weak Branch)

Un Ramo avente meno Prova cumulata rispetto ad un altro. Ramo orfano è un nome fuorviante di questo termine.

Ramo Forte (Strong Branch)

Un Ramo avente maggiore Prova cumulata rispetto ad un altro.

Regola

Un sottoinsieme delle Regole di Consenso.

Regole di Consenso

L'insieme dei vincoli che definisce una Moneta.

Relayer

Una Persona che opera un Propagatore.

Ricompensa (Reward)

La somma del Sussidio e delle Commissioni per un Blocco.

Ricorrente (Claimant)

Una Persona che detiene un titolo di una proprietà sotto il controllo di un Custode. Si riferisce anche ad un detentore di ipoteca, un azionista, un prestatore, un depositante.

Riorganizzazione

Un Annuncio che promuove un Ramo Debole sulla Catena. *Reorg* è una abbreviazione di questo termine.

Scambio (Trade)

Un passaggio volontario di proprietà tra due Persone.

Scambio di Unità (Exchange)

Lo Scambio di Unità per altra proprietà.

Script

Insieme di Operazioni che autorizzano un Trasferimento.

Segmento

Un sottoinsieme contiguo (di Blocchi) in un Ramo.

Segnalazione (Signal)

Indicazione di un Miner, veicolata dai dati di un Blocco, relativa all'intenzione di Applicare una nuova Regola.

Selfish Miner

Un Miner che non si dimostra Onesto.

Separazione (Split)

Una biforcazione di una Moneta.

Settlement – Finalizzazione

Conferma di Transazioni Layerizzate.

Soft Fork

Un Fork che implica una Separazione a meno che il cambiamento nelle regole non sia Applicato dalla Maggioranza dell'Hash Power. Viene ridotto l'insieme dei Blocchi potenzialmente Validi.

Speculare

Possedere nell'aspettativa di un aumento di Prezzo. Anche Prendere a Prestito nell'aspettativa di una diminuzione del prezzo.

Spesa

La prima pubblicazione di una Transazione.

Stallo

L'assenza di incremento di Altezza.

Stato

Un insieme di Persone che utilizzano l'aggressione al posto dello Scambio. Opera tipicamente in un regime di impunità all'interno di limiti geografici.

Strumento (Tool)

Un insieme di istruzioni Macchina.

Sussidio (Subsidy)

L'emissione di nuove Unità ad un Miner.

Tempo Mediano Trascorso

Una media dei Timestamp dei precedenti Blocchi.

Timestamp – Marcatura Temporale

Una dichiarazione relativa al tempo di produzione di un Blocco.

Tracciamento (Taint)

Determinazione della Proprietà.

Transaction Pool

L'insieme delle Transazioni Non Confermate. *Memory Pool* (*Mempool*) è un nome fuorviante per questo termine.

Transazione

Una registrazione Valida di un Trasferimento.

Trasferimento

Il cambio di titolarità che coinvolge un certo numero di Unità.

Trattenimento (Withholding)

Il ritardo intenzionale di un Annuncio.

Unità

Una minima frazione di proprietà che può essere Trasferita rappresentata da una Moneta. Il satoshi è l'unità di Bitcoin.

Utilità

Il grado di beneficio che ha una certa proprietà per una Persona.

Validazione

Il Processo volto a determinare la Validità.

Validità

Conformità alle Regole di Consenso.

Valore

La preferenza accordata da una Persona su una proprietà rispetto ad un'altra.

Varianza

La frequenza variabile con cui si ottiene la Ricompensa.

Variazione

Differenze nel costo della risorsa del Mining.

Volatilità

Variazione del Prezzo che avviene nel corso tempo.

Wallet

Uno Strumento che crea Transazioni.

Made in United States
Orlando, FL
04 November 2026

90218339R00201